KB070180

◉ 유형에서 실전까지 단계적으로 대비한다!

Listening TAPA Level 1 ~ Level 2	Listening TAPA Level 3
• Special Section 발음을 잡아라	
• 유형 01~12	• 대표 유형 01~08
• 실전 모의고사 5회분	• 실전 모의고사 8회분
	• Special Section 수능 맛보기

도전하는 네게 용기를 주는
비 밀 신 호

하트~
뿅!

10

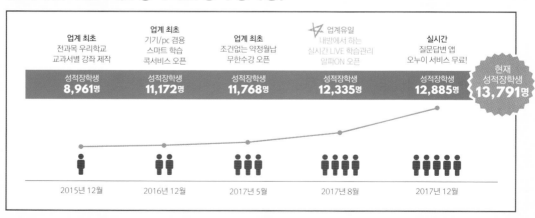

LISTENING
TAPA

LEVEL 1

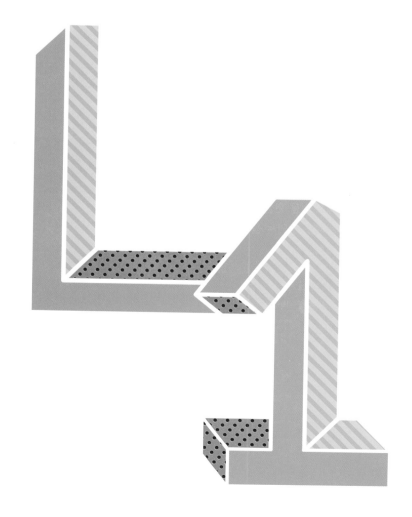

How to Study

구성과 특장

SPECIAL SECTION

발음을 잡아라

- 듣기를 방해하는 연음, 동화, 탈락 등의 10가지 대표 발음 현상을 정리
- 문제를 풀면서 듣기가 안 되는 이유를 파악하도록 구성

PART 1 유형을 잡아라

유형 잡는 대표기출

- 최신 기출문제를 분석하여 핵심 유형 12개 선별
- 각 유형별 3개의 대표 기출문제로 유형 분석 및 전략 파악
- 유형별 표현 모음 제공

핵심 유형 파고들기

- 기출문제를 통해 익힌 유형을 다양한 문제로 재확인
- 영국식 발음 문제 및 고난도 문제 제공
- 일반 속도와 빠른 속도의 두 가지 버전의 MP3 파일 제공

핵심 유형 받아쓰기

받아쓰기 전용으로 제작된 MP3 파일을 듣고 받아쓰기하며 학습 마무리

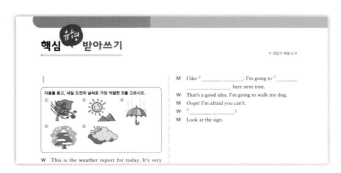

PART 2 실전에 대비하라

WORKBOOK

실전 모의고사

- 최신 기출문제와 동일한 유형과 난이도로 구성된 실전 모의고사 5회로 실력 다지기
- 기출문제의 비율에 맞춘 영국식 발음 문제 제공
- 일반 속도와 빠른 속도의 두 가지 버전의 MP3 파일 제공

실전 모의고사 Dictation Test

받아쓰기 전용으로 제작된 MP3 파일을 듣고 받아쓰기하며 학습 마무리

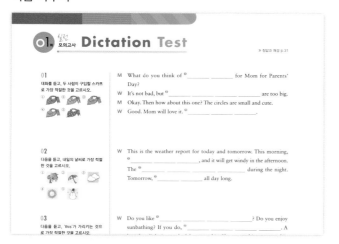

- Special Section의 듣기를 방해하는 발음 현상을 워크북 문제를 통해 점검
- Part 1과 Part 2에서 학습한 어휘와 주요 표현의 이해도를 다양한 유형의 문제를 통해 점검

해당 회차에서 꼭 알아야 할 어휘를 퀴즈를 풀어보며 익히도록 구성했어요.

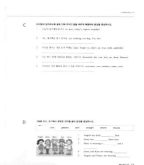

해당 회차에서 꼭 익혀야 할 주요 대화문을 다양한 유형의 문제를 통해 풀어보며 익히고, 내신에도 대비할 수 있도록 구성했어요.

Contents

차례

PART 2
실전에
대비하라

Great hopes make great men.

- Thomas Fuller

큰 희망이
큰 사람을 만든다.

– 토마스 풀러

Special Section

발음을 잡아라

듣기를 방해하는 **발음**

01 리듬을 타라! (문장 강세)

🎧 MP3

한 자 한 자 또박또박 발음되는 우리말과는 달리 영어에서는 강세가 중요한 역할을 해요. 각각의 강세를 가진 단어가 모인 문장에서도 내용적으로 중요한 단어들은 강하게 읽히고 그렇지 않은 단어들은 약하게 읽히는데, 이것이 바로 영어 특유의 리듬을 만들어 내요. 영어를 잘 듣기 위해서는 이 리듬감에 익숙해지는 것이 중요해요.

따라 해봅시다

I go **to** church **on** Sunday.

She exercises **in the** park **every day.**

tip 주요 내용을 전달하는 단어들이 문장에서 주로 강하게 읽히므로 이를 '내용어'라고 하고, 문법적으로 내용어를 이어 주는 역할을 하는 것을 '기능어'라고 합니다.

A 다음을 듣고, 알맞은 내용어로 빈칸을 채우시오.

》 정답과 해설 p.2

1 I _____ _____ and _____ for _____.

2 _____ do you _____ of our _____ _____?

3 She was _____ for her _____.

4 It is _____ of you to _____ me.

5 I am _____ to the _____ _____.

B 다음을 듣고, 알맞은 기능어로 빈칸을 채우시오.

1 _____ wanted _____ eat pizza _____ salad _____ lunch.

2 Who _____ _____ think _____ new teacher _____ _____?

3 _____ looked _____ _____ watch _____ _____ sister.

4 _____ _____ nice _____ help _____.

5 _____ _____ having _____ party _____ Saturday.

워크북 p.2 ←

02 다른 소리로 바뀌어 버려 (동화 현상)

🎧MP3

-t나 -d 소리로 끝나는 단어 다음에 you가 오면 you는 각각 우리말의 [츄], [쥬]와 비슷한 소리로 바뀌어서 소리가 나요. 발음할 때 혀의 위치가 서로 달라 두 개의 소리를 각각 내려다 가 아예 중간 정도의 다른 소리로 바뀌며, 이는 발음을 더 쉽게 하려고 나타나는 현상이에요.

🍃따라
해봅시다

Would I do it again?
[우드 아이]

◀비교▶ **Would you do it again?**
[우   쥬]

**She didn't look at me
at all!**
[엩 미]

◀비교▶ **She didn't look at you
at all!**
[에 츄]

A 다음을 듣고, 단어 사이 연결되는 자음의 소리에 주목하여 맞는 것을 고르시오.   » 정답과 해설 p.2

1 ① meet you   ② me too   ③ met you

2 ① may you   ② made you   ③ make you

3 ① heard you   ② hear you   ③ hurt you

4 ① towards   ② through you   ③ toward you

5 ① voucher   ② about you   ③ around you

B 다음을 듣고, 빈칸을 채우시오.

1 _____ _____ go to the movies yesterday?

2 Excuse me, but _____ _____ Kate's father?

3 Jeff will _____ _____ around the city.

4 I didn't _____ _____ sandwiches.

5 Marie is mad _____ _____ because she _____ _____ say that.

➡ 워크북 p.3

03 한 단어야? 두 단어야? (같은 자음 간 탈락 현상) 🎧 MP3

어떤 단어의 끝 자음이 그 다음에 오는 단어의 첫 자음과 같으면 두 자음 모두 발음하기 쉽지 않겠죠? 이럴 경우에 앞 자음은 탈락하여 거의 소리가 나지 않고 뒤 단어의 첫 자음만 소리가 나요. 마치 한 단어처럼 들리니 주의해서 들어야 해요.

따라 해봅시다

We had lunch together. ◀비교▶ **We had dinner together.**
[해드]   [해]

Look at the bus there. ◀비교▶ **Wait at this bus stop.**
[버스]   [버]

tip 영어에서 기본적으로 철자 a, e, i, o, u가 내는 소리를 제외한 다른 모든 소리를 자음이라고 합니다.

A 다음을 듣고, 단어 사이 연결되는 자음의 소리에 주목하여 맞는 것을 고르시오. » 정답과 해설 p.2

1 ① with Tim   ② with them   ③ with their

2 ① third day   ② Thursday   ③ three days

3 ① this street   ② this star   ③ this stream

4 ① for trips   ② first trip   ③ fur strips

5 ① share tracks   ② short tracks   ③ short tents

B 다음을 듣고, 빈칸을 채우시오.

1 I'd like to have a _____ _____.

2 Please _____ _____ of my dog while I am away.

3 How _____ _____ night?

4 There isn't _____ _____ in the box.

5 _____ _____ made _____ _____.

워크북 p.4 ◀

04 단어의 끝이 어딘 거야? (연음 현상)

 MP3

자음으로 끝나는 단어가 모음으로 시작하는 단어를 만나면 하나의 소리처럼 연결되어 발음되고, 이런 현상을 연결되어 발음된다고 해서 연음이라고 해요. 그래서 앞 단어의 자음과 뒤 단어의 모음이 연결되어 두 단어가 한 단어처럼 들리게 돼요.

🍃 따라
해봅시다

He will help me again.
[헬프 미]

◀비교▶ **He will help us again.**
[헬퍼스]

I think you can make this.
[메이크 디스]

◀비교▶ **I think you can make it.**
[메이킽]

tip make는 철자상 e로 끝나지만 발음상으로는 [k]로 끝나요.

A 다음을 듣고, 단어 사이 연결되는 연음에 주목하여 맞는 것을 고르시오.

» 정답과 해설 p.2

1 ① give up ② give off ③ gave up

2 ① look like ② look alike ③ look alive

3 ① interest in ② interest in it ③ interested in

4 ① kick it ② keep fit ③ keep it

5 ① take it out ② check it out ③ taking out

B 다음을 듣고, 빈칸을 채우시오.

1 Miranda and I will go _____ _____ picnic this weekend.

2 I used to _____ _____ the post office.

3 This is a brand-new computer. I _____ _____!

4 I was trying to _____ _____ the phone.

5 _____ _____ the _____ _____ the cage.

➡ 워크북 p.5

05 t, d를 조심해! (t와 d의 약화 현상)

🎧 MP3

t와 d는 공기의 흐름을 막았다가 갑자기 터트리면서 발음되지만, take나 dad와 같이 단어의 처음에 오는 경우를 제외하고는 주변에 어떤 소리가 오느냐에 따라 공기가 파열되지 못하고 묻혀서 거의 들리지 않거나, 약화되어 [ㄹ]처럼 들리게 돼요. 듣기를 방해하는 요소로 작용하므로 많이 들어 보아야 해요.

🌿 따라
해봅시다

You can go if you want. ◀비교▶ **Why do you want it?**
　　　　　　　　　[원트]　　　　　　　　　　　　　　　　　[원]

He is learning to read. ◀비교▶ **He wants to read a book.**
　　　　　　　　　[리드]　　　　　　　　　　　　　　　　　[리 러]

A　다음을 듣고, 약화된 소리에 주목하여 맞는 것을 고르시오.　　　　　》 정답과 해설 p.2

1　① I want a game.　　② I won the game.　　③ I want that game.

2　① and that box　　② ant box　　③ on the box

3　① in the net　　② in her net　　③ Internet

4　① call tonight　　② cold night　　③ cool night

5　① old boys　　② all the boys　　③ old days

6　① light bike　　② ride a bike　　③ like a bike

7　① told the girls　　② the tall girls　　③ told girls

B　다음을 듣고, 빈칸을 채우시오.

1　She will _____ a book someday.

2　First, you have to push the red _____.

3　_____ is the _____ with you?

4　It's on the right _____ of the new building.

5　My grandmother _____ me a _____ story last night.

워크북 p.6 ◀

06 연속된 자음은 하나의 소리처럼 (탈락 현상) 🎧 MP3

first, soft, ask 등과 같이 두 개 이상의 자음으로 끝나는 단어 뒤에 다시 자음으로 시작하는 단어가 올 경우, -st는 [슽]처럼, -ft는 [픝]처럼, -sk는 [슼]처럼 발음이 돼요. 각각의 모든 자음을 일일이 발음하기 힘들기 때문에 이런 현상이 생겨요. 듣기를 방해하는 요소로 작용할 경우가 많으니 주의 깊게 들어야 해요.

🍃 따라
해봅시다

It's a great house. ◀비교▶ **Move to the left side.**
[그레잍 하우스]　　　　　　　　　　　　[래픝 사이드]

Stay on that side. ◀비교▶ **The building is on the east side.**
[댙 사이드]　　　　　　　　　　　　　　　[이슽 사이드]

A 다음을 듣고, 단어 사이 연결되는 자음의 소리에 주목하여 맞는 것을 고르시오. 　》 정답과 해설 p.3

1 ① test for ② task force ③ that's for
2 ① lasting ② let strings ③ last things
3 ① first stop ② for stops ③ pole's top
4 ① mustache ② must have ③ mustard
5 ① soap rings ② soft drugs ③ soft drinks

B 다음을 듣고, 빈칸을 채우시오.

1 I don't _____ _____ boy because he lied to me.

2 I will _____ _____ man to give me some _____ _____.

3 Sally is a girl who lives _____ _____.

4 _____ _____ thought that he was wrong.

5 At the _____ _____, I saved the file in your _____ _____.

➡ 워크북 p.7

07 동사원형만 기억하면 안 돼! (동사의 변형)

동사는 명사와는 달리 다양한 형태로 변해요. 같은 동사 see라도 주어가 he일 경우에는 sees로, 과거일 경우는 saw로 변하기 때문에 동사원형 see만 알면 나머지는 듣기 힘들 수 있어요. 특히 -ed가 붙지 않고 불규칙 과거형으로 변하는 동사들은 듣기를 방해하는 요소로 작용할 수 있으니 다양한 동사의 변형을 소리로 기억해 두세요.

따라
해봅시다

I want to see them. ◀비교▶ **I saw them.**
[씨] [쏘]

I ask him to leave. ◀비교▶ **I asked him to leave.**
[에스크] [에슥트]

A 다음을 듣고, 맞는 것을 고르시오. » 정답과 해설 p.3

1 ① He asks questions. ② He asked questions.

2 ① boat and airplane ② bought an airplane ③ but an airplane

3 ① walked at the park ② works at the park ③ walks at the park

4 ① new book ② know the book ③ knew the book

5 ① worn away ② went away ③ ran away

6 ① fought with it ② vote with it ③ thought with it

B 다음을 듣고, 빈칸을 채우시오.

1 Ann _____ playing tennis with her dad.

2 The beautiful dress _____ her eye.

3 I _____ running shoes and _____ them in the box.

4 James _____ English in Korea for three years.

5 I _____ that we had _____ before.

워크북 p.8

08 h 소리는 쉽게 약화돼 (h의 약화)

 MP3

공기의 흐름을 좁게 만들어서 새어 나오듯이 내는 소리인 h 소리는 주변 소리에 쉽게 영향을 받아 아예 들리지 않는 경우가 많아요. 특히 인칭대명사 he, his, him, her 등의 h 소리는 문장 중간에 올 경우 약화되어 거의 발음되지 않아 he는 [이]처럼, his는 [이즈]처럼, him 은 [임]처럼, her는 [얼]처럼 소리가 나요.

🍃 따라
해봅시다

Her news was shocking. ◀비교▶ **Did you see her hat?**
[헐]   [얼]

He is very kind.   ◀비교▶ **I think he is very kind.**
[히]   [이]

A 다음을 듣고, 단어 사이 연결되는 자음의 소리에 주목하여 맞는 것을 고르시오. ≫ 정답과 해설 p.3

1 ① like him   ② liken   ③ liking

2 ① taller   ② terror   ③ tell her

3 ① know its mom   ② know his mom   ③ knowing mom

4 ① midterm   ② matter   ③ meet her

5 ① He left with this book.   ② He left with his book.   ③ He left with its book.

B 다음을 듣고, 괄호 안에서 알맞은 것을 고르시오.

1 We all love (it, him) very much.

2 I could finish my work with (a, her) help.

3 Did (he, we) watch TV last night?

C 다음을 듣고, 빈칸을 채우시오.

1 I gave _____ _____ phone number.

2 Everyone can talk about _____ or _____ own opinions.

➡ 워크북 p.9

듣기를
방해하는 **발음**

09 a-로 시작하는 단어는 a-가 안 들려

🎧 MP3

afraid, asleep, around 등과 같이 a-로 시작하는 단어들은 첫 번째 모음인 a가 강세를 받지 않기 때문에 [어] 소리가 빠르게 발음되면서 잘 들리지 않게 돼요. 따라서 a 소리가 약화되어 afraid는 fraid처럼, asleep은 sleep처럼, around는 round처럼 들려요.

🍃 따라
해봅시다

He went to sleep.
[슬립]

◀비교▶ **He fell asleep.**
[어슬립]

This is a round table.
[라운드]

◀비교▶ **Let's look around the house.**
[어라운드]

A 다음을 듣고, 괄호 안에서 알맞은 것을 고르시오.

» 정답과 해설 p.3

1 (Wake, Awake) him. He is (sleeping, asleep).

2 It is a long (way, away) from my apartment.

3 No pain, (not again, no gain).

4 We walked (along, long) the beach in the morning.

5 You can find the store (across, and cross) the street.

B 다음을 듣고, 빈칸을 채우시오.

1 She is so _____ of him.

2 I feel comfortable when you are _____ me.

3 He will _____ the meeting tomorrow.

4 She was late for school _____.

5 I ran _____ from home and went _____.

워크북 p.10 ◀

10 우리말 발음에 속으면 안 돼!

🎧 MP3

쿠폰(coupon), 모델(model) 등은 영어를 우리말 발음에 맞게 변화시켜 사용하고 있는 외래어들이에요. 이런 단어들은 실제 영어 발음과 우리말 발음이 달라서 알아듣지 못할 수 있으니 평소에 많이 사용하는 외래어의 실제 영어 발음을 알아 두도록 해요.

따라 해봅시다

한국식 발음
model
[모델]

◀비교▶

영어 발음
model
[마를]

film
[필름]

◀비교▶

film
[삐엄]

A 다음 우리말에 해당하는 영어 단어를 찾아 쓰고 읽으시오.

≫ 정답과 해설 p.3

1 타깃 _____ **2** 인테리어 _____

3 플랑크톤 _____ **4** 필름 _____

5 오아시스 _____ **6** 실로폰 _____

7 모델 _____ **8** 파마 _____

9 수프 _____ **10** 요구르트 _____

11 알레르기 _____ **12** 디지털카메라 _____

> model   target   oasis   soup   yogurt   film   perm
> digital camera   plankton   allergy   xylophone   interior

B 다음을 듣고, 알맞은 영어 단어를 쓰시오.

1 _____ **2** _____

3 _____ **4** _____

5 _____ **6** _____

7 _____ **8** _____

9 _____ **10** _____

11 _____ **12** _____

➡ 워크북 p.11

Respect yourself and others will respect you.

- Confucius

스스로를 존경해야
다른 사람들도 당신을 존경할 것이다.

– 공자

PART

1

유형을
잡아라

그림 정보

날씨, 사물 및 인물 묘사 등에 관한 내용을 듣고 일치하는 그림을 찾는 문제예요. 그림에 자주 등장하는 주제와 관련된 표현들을 익혀 두고, 듣기 전에 미리 그림을 파악하는 습관을 길러 보세요.

Focus
- **날씨** 내일(오후)의 날씨, 금요일의 날씨, 중국의 날씨 …
- **'it', 'this', 'I'가 가리키는 것** 동물, 전자 제품, 도구 …
- **그 외** 구입할 것, 설명하는 것, 사물 및 인물 묘사, 갖고 싶어 하는 것, 잃어버린 것 …

유형잡는 대표기출 1

다음을 듣고, 내일의 날씨로 가장 적절한 것을 고르시오.

①   ②   ③

④   ⑤

W Good morning. Here's the weather report. It's raining a lot now, but it's going to stop tonight. After today's rain, it will be sunny tomorrow. The sky will not be cloudy anymore. You can enjoy outdoor activities.

③의 오답의 함정!

언제, 어느 지역의 날씨 인가?

여러 시간과 지역의 날씨 정보가 주어지므로 언제, 어느 곳의 날씨를 묻는지를 미리 파악하여 놓치지 말자.

유형잡는 대표기출 2

다음을 듣고, 'this'가 가리키는 것으로 가장 적절한 것을 고르시오.

①   ②  ③

④   ⑤

W You can see this in a kitchen. Usually, this is round and has a handle. You can put this on the stove and make pancakes or fried eggs with this. This gets really hot when you cook. What is this?

②, ④의 오답의 함정!   ③, ⑤의 오답의 함정!

끝까지 듣고 답을 골라라!

담화문에서 설명하는 것을 찾는 문제이다. 비슷한 특징을 갖는 물건이 선택지에 제시되므로 끝까지 들어야 한다.

대화를 듣고, 여자가 꾸민 선물 상자로 가장 적절한 것을 고르시오.

①   ②   ③

④   ⑤

M Sophie, what is that?

W Dad, it's the birthday gift for Mom.

M Oh, you drew beautiful flowers on the box. I love them.

W You know Mom loves flowers.

M You are right. How about putting this big ribbon on the box, too?

W Like this? *[pause]* Wow, it's perfect.

 모양을 묘사하는 단어는 꼭 외워 두어라!

물건 묘사, 인물 묘사, 입은 옷 묘사 등에는 모양이나 무늬와 관련된 단어들이 꼭 나온다. 평소에 미리미리 익혀 두자.

 **Useful Expressions** 문제에 꼭 나오는 표현 모음

● 날씨

- weather report(forecast) 일기예보
- hot and sunny 덥고 화창한
- warm and nice(fine) 따뜻하고 맑은
- cloudy and windy 흐리고 바람이 부는
- cold and snowy 춥고 눈이 오는
- rainy 비가 오는 / clear sky 맑은 하늘
- take an umbrella (with you) 우산을 가져가다

● 사물 설명

- We use this when ~ 우리는 ~할 때 이것을 사용한다.
- It is made of wood(glass). 그것은 나무(유리)로 만들어졌다.
- round 동그란 / square 네모 / circle 동그라미, 원 / triangle 세모 / dot 점 / stripes 줄무늬

● 동물 설명

- head 머리 / fur 털 / wing 날개 / neck 목 / tail 꼬리
- I have four legs and a short tail. 나는 다리가 4개이며 짧은 꼬리를 가지고 있다.

● 인물 묘사

- short and fat 키가 작고 뚱뚱한
- tall and thin 키가 크고 마른

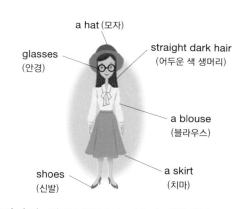

a hat (모자)

glasses (안경)

straight dark hair (어두운 색 생머리)

a blouse (블라우스)

a skirt (치마)

shoes (신발)

- long curly hair 긴 곱슬머리 / short hair 짧은 머리
- wear pants(shorts, jeans, a dress) 긴 바지(짧은 바지, 청바지, 원피스)를 입다
- wear sunglasses(a cap) 선글라스(야구 모자)를 쓰다

● 사물의 위치

- on(under) the table 탁자 위(아래)에
- in front of the door 문 앞에
- by(next to, beside) the desk 책상 옆에
- between the bed and the sofa 침대와 소파 사이에
- beside the chair 의자 옆에

핵심 파고들기

》 정답과 해설 p.4

1 다음을 듣고, 내일 오전의 날씨로 가장 적절한 것을 고르시오.

NOTE

2 대화를 듣고, 남자가 가리키는 표지판으로 가장 적절한 것을 고르시오.

3 다음을 듣고, 'this'가 가리키는 것으로 가장 적절한 것을 고르시오.

①  ②   ③

④   ⑤

4 다음을 듣고, 'they'가 가리키는 것으로 가장 적절한 것을 고르시오.

①

②

③

④

⑤

5 대화를 듣고, 여자가 구입할 시계로 가장 적절한 것을 고르시오.

①

②

③

④

⑤

6 대화를 듣고, 남자가 좋아하는 그림으로 가장 적절한 것을 고르시오.

①

②

③

④

⑤

7 다음을 듣고, 'I'가 무엇인지 가장 적절한 것을 고르시오.

8 다음을 듣고, 뉴욕의 저녁 날씨로 가장 적절한 것을 고르시오.

9 다음을 듣고, 여자의 상태로 가장 적절한 것을 고르시오.

10 다음을 듣고, 남자가 찾고 있는 사람으로 가장 적절한 것을 고르시오.

①
②
③

④
⑤

11 대화를 듣고, 남자가 구입할 에코백으로 가장 적절한 것을 고르시오.

①
②
③

④
⑤

12 다음을 듣고, 베이징의 오후 날씨로 가장 적절한 것을 고르시오.

①
②
③

④
⑤

1

다음을 듣고, 내일 오전의 날씨로 가장 적절한 것을 고르시오.

W This is the weather report for today. It's very cloudy now, and it will ❶_____ _____ in the afternoon. So don't forget to ❷_____ _____ _____ with you. The rain will continue until tonight, and tomorrow morning you can see ❸_____ _____ _____.

2 (★ 영국식 발음 녹음)

대화를 듣고, 남자가 가리키는 표지판으로 가장 적절한 것을 고르시오.

M I like ❶_____ _____. I'm going to ❷_____ _____ _____ here next time.

W That's a good idea. I'm going to walk my dog.

M Oops! I'm afraid you can't.

W ❸_____ _____?

M Look at the sign.

3

다음을 듣고, 'this'가 가리키는 것으로 가장 적절한 것을 고르시오.

● 상기시켜 주기

Don't forget to ~

'~하는 것을 잊지 말라.'라는 뜻으로, 상대방에게 해야 할 일을 상기시켜 줄 때 사용하는 표현이다.

M You need to carry this when you travel to ❶_____ _____ _____. This shows your name, nationality and ❷_____ _____. When you arrive at your destination, an officer ❸_____ _____ _____.

---

¹ in the afternoon 오후에 forget 잊다 continue 계속되다 clear (날씨가) 맑은 again 다시 ² lake 호수 ride a bike 자전거를 타다 walk 산책시키다; 걷다 afraid 유감인; 두려운 sign 표지판 ³ carry 가지고 다니다 foreign 외국의 nationality 국적 travel 여행 destination 목적지

4

다음을 듣고, 'they'가 가리키는 것으로 가장 적절한 것을 고르시오.

① ② ③ ④ ⑤

W They are a small cutting tool. You ❶ ＿＿＿＿＿＿ ＿＿＿＿＿＿ for cutting paper and clothes. They have two blades and two holes. You put your fingers into the holes. Then, you move your fingers ❷ ＿＿＿＿＿＿ ＿＿＿＿＿＿ ＿＿＿＿＿＿. Be careful when you use them, or you may get hurt.

5

대화를 듣고, 여자가 구입할 시계로 가장 적절한 것을 고르시오.

① ② ③ ④ ⑤

● 동의하기

I think so.
'나도 그렇게 생각해.'의 뜻으로, 상대방이 한 말이나 의견에 동의할 때 사용하는 표현이다.

M Hey, look at this clock. ❶ ＿＿＿＿＿＿ ＿＿＿＿＿＿ the sun in the middle.

W Oh, I like it.

M And ❷ ＿＿＿＿＿＿ ＿＿＿＿＿＿ ＿＿＿＿＿＿ umbrellas. They're very cute.

W I think so, too. I'll take it.

6 ⋯ 고난도

대화를 듣고, 남자가 좋아하는 그림으로 가장 적절한 것을 고르시오.

① ② ③ ④ ⑤

● 의견 묻기

What do you think of ~?
'너는 ~에 대해 어떻게 생각하니?'라는 뜻으로, 어떤 사물이나 사람에 대한 상대방의 의견을 물어볼 때 사용한다.

W James, ❶ ＿＿＿＿＿＿ ＿＿＿＿＿＿ the prize winners of the drawing contest.

M Wow! What's your favorite picture?

W I like the mom and baby picture.

M What do you think of this one? The clouds in the sky look like flowers.

W Well, I don't like ❷ ＿＿＿＿＿＿ ＿＿＿＿＿＿ ＿＿＿＿＿＿. What's your favorite?

M I like this one. The empty bench at sunset ❸ ＿＿＿＿＿＿ ＿＿＿＿＿＿ ＿＿＿＿＿＿.

---

⁴ **cut** 자르다 **tool** 도구 **clothes** 옷 **blade** (칼·도구 등의) 날 **careful** 조심하는 **get hurt** 다치다 ⁵ **middle** 가운데 **hand** (시계) 바늘; 손 **cute** 귀여운 **I'll take it.** 난 그것으로 할게(살게). ⁶ **prize winner** 수상 작품; 수상자 **look like** ~처럼 보이다 **empty** 비어 있는 **sunset** 해 질 녘 **peaceful** 평화로운

7

다음을 듣고, 'I'가 무엇인지 가장 적절한 것을 고르시오.

M   My face ❶_____ _____ a cat's. My hair is brown, and I have black dots all over my body. I have four legs, and I can ❷_____ _____ _____. I like eating deer and cows, and I go hunting ❸_____ _____. What am I?

8

다음을 듣고, 뉴욕의 저녁 날씨로 가장 적절한 것을 고르시오.

M   Hello, everyone. I'm Charles Lewis. Here is today's weather report for New York City. It ❶_____ _____ _____ in the morning. But in the afternoon it will get cloudy, and in the evening ❷_____ _____ _____ _____. If you will ❸_____ _____ _____ tonight, don't forget to take an umbrella with you.

9 ⋯ 〈고난도〉

다음을 듣고, 여자의 상태로 가장 적절한 것을 고르시오.

W   It happened ❶_____ _____. I was riding my bike in Great National Park. I hit a rock and ❷_____ _____ _____ _____. I broke my ankle. It hurt very much. I couldn't stand up. My friend Cindy took me to the hospital, and the doctor ❸_____ _____ _____ on my ankle.

10

다음을 듣고, 남자가 찾고 있는 사람으로 가장 적절한 것을 고르시오.

M   Attention, students! We're looking for a student. Yesterday, there was a car accident, and this boy ❶_____ _____ _____ _____. The lady is looking for him. At that time, he was wearing our school uniform. ❷_____ _____ _____ _____ and wears glasses. If you ❸_____ _____, please tell us.

---

⁷ **dot** 점   **all over** ~의 곳곳에, 도처에   **deer** 사슴   **hunt** 사냥하다   ⁸ **sunny** 화창한   **cloudy** 흐린, 구름이 낀   ⁹ **happen** 발생하다   **fall off** ~에서 떨어지다
break one's ankle ~의 발목이 부러지다   **put a cast** 깁스를 하다   ¹⁰ **look for** ~을 찾다   **save** 구하다   **wear** 입다

11

대화를 듣고, 남자가 구입할 에코백으로 가장 적절한 것을 고르시오.

W Hello. May I help you?

M I'm looking for an eco-bag ❶ _____ _____ _____ for my foreign friend.

W How about this one with a traditional Korean house on it?

M Well, ❷ _____ _____ _____ _____ one with the N Seoul Tower on it?

W It's 5,000 won. This Worldcup Stadium eco-bag is also nice.

M Well, ❸ _____ _____ the N Seoul Tower one. Here's 5,000 won.

12 ··· 〈고난도〉

다음을 듣고, 베이징의 오후 날씨로 가장 적절한 것을 고르시오.

M Hello. This is today's weather report for Asia. It's raining ❶ _____ _____ _____. In Jakarta, Singapore, and Manila, ❷ _____ _____ all day long. On the other hand, ❸ _____ _____ in Beijing and Tokyo. However, it'll also start raining in Beijing in the afternoon.

---

¹¹ **present** 선물 **foreign** 외국의 **tower** 탑 **stadium** 경기장 ¹² **Asia** 아시아 **most** 대부분의 **all day long** 하루 종일 **on the other hand** 반면에 **however** 그러나

유형 01 그림 정보 **29**

숫자 정보

대화에서 다뤄진 시각이나 날짜, 물건의 구매 금액, 어떤 일을 하는 총 횟수 등을 묻는 문제예요. 여러 가지 숫자 정보가 동시에 제시되는 경우가 있으니 원하는 답이 무엇인지 집중해서 잘 들어야 해요. 메모 습관을 길러 두는 것이 좋아요.

Focus
- **시각** 만날 시각, 시작 시각, 도착할 시각, 현재 시각 …
- **금액** 지불할 금액, 지불한 금액, 거스름돈 금액 …
- **횟수 / 날짜 / 기간**

유형잡는 대표기출 1

대화를 듣고, 두 사람이 만날 시각을 고르시오.

① 2 : 30 p.m. 　② 3 : 00 p.m. 　③ 3 : 30 p.m.
④ 4 : 00 p.m. 　⑤ 4 : 30 p.m.

[Cellphone Rings.]

M Hello, Jessica!

W Hey, Sam! Where are you?

M I'm on my way to the concert hall now.

W I'm going there, too. But I will be a little late.

M No worries. It's 4 o'clock now.
　　　└─ ④의 오답의 함정!

W Then, let's meet at 4:30 in front of the ticket box.

M Okay.

> **이 시각, 저 시각에 혼동되지 마라!**
>
> 언급되는 여러 시각에 혼동되지 말고 문제에서 묻고 있는 그 시각을 찾아야 한다.

유형잡는 대표기출 2

대화를 듣고, 남자가 지불한 금액을 고르시오.

① $ 10 　② $ 30 　③ $ 60 　④ $ 70 　⑤ $ 80

M This baseball glove looks nice! How much is it?

W It's thirty dollars. Do you need a bat, too? It's on sale.
　　　└─ ②의 오답의 함정!

M May I see one?

W Sure. It's only ten dollars.
　　　└─ ①의 오답의 함정!

M Oh, good! Give me two gloves and a bat, please.

W Then the total is seventy dollars.

M Okay. Here you are.

> **개별 물건 가격을 메모하라!**
>
> 지불한 금액은 물건 가격의 총합이다. 마지막에 점원이 총액을 언급할 때도 있지만, 직접 계산해야 하는 경우도 있음에 주의하자.

대화를 듣고, 남자가 일주일에 하는 운동의 횟수를 고르시오.

① 1~2회
② 2~3회
③ 2~4회
④ 3~4회
⑤ 4~5회

W   What is your hobby?

M   I enjoy mountain biking.

W   Sounds interesting! How often do you go?

M   I go about three to four times a week.   *횟수를 물어보는 표현*

W   Wow, that's a lot.

How often ~?의 대답에 집중하라!

횟수를 묻는 질문인 How often do you ~?에 대답하는 문장에 답이 있다. 평소에 다양한 횟수 관련 표현을 익혀 두자.

Useful Expressions   문제에 꼭 나오는 표현 모음

You should be back by 5:30. (5시 반까지 와야 한다.)

How much are they? (얼마입니까?)

The total is 30 dollars. (총액은 30달러입니다.)

● 시각, 날짜

• start at 2:50   2시 50분에 시작하다
• come back home by 7   7시까지 집에 돌아오다
• in ten minutes / ten minutes later   10분 후에
• an hour earlier   1시간 일찍
• What(How) about 5 p.m.?   5시는 어때?
• January first(second)   1월 1일(2일)
• Today is December thirty first.   오늘은 12월 31일이다.

● 물건 구매

• That'll be ten dollars.   10달러 되겠습니다.
• Here's 10 dollars.   여기 10달러요.

• It's on sale for 20% off.   그것은 20% 할인 판매 중이에요.
• I'll take it.   저는 그것으로 할게요(살게요).

● 횟수

• How often(many times) do you go there?
  당신은 그곳에 얼마나 자주 가나요?
• for the first time   처음으로
• once(twice) a day   하루에 한(두) 번
• five times a week   일주일에 다섯 번
• three times a month   한 달에 세 번
• almost every day   거의 매일
• every Tuesday   매주 화요일

핵심 파고들기

» 정답과 해설 p.7

1 대화를 듣고, 남자가 받을 돈의 금액을 고르시오.

① $2   ② $5   ③ $10   ④ $12   ⑤ $17

NOTE

2 대화를 듣고, 두 사람이 만날 시각을 고르시오.

① 12 : 30   ② 1 : 00   ③ 1 : 30
④ 2 : 00   ⑤ 2 : 30

3 대화를 듣고, 여자가 일주일에 몇 번 동아리 모임을 갖는지 고르시오.

① once   ② twice   ③ three times
④ four times   ⑤ five times

4 대화를 듣고, 여자가 지불할 금액을 고르시오.

① $1   ② $2   ③ $4   ④ $5   ⑤ $6

5 대화를 듣고, 남자가 방과 후 수업을 들어야 하는 총 횟수를 고르시오.

① 2　　　② 4　　　③ 6　　　④ 8　　　⑤ 10

6 대화를 듣고, 남자가 집에 돌아올 시각을 고르시오.

① 3 : 45　　② 4 : 00　　③ 4 : 45　　④ 5 : 15　　⑤ 5 : 30

7 대화를 듣고, 버스가 도착할 시각을 고르시오.

① 4 : 00　　② 4 : 05　　③ 4 : 15　　④ 4 : 25　　⑤ 4 : 30

8 대화를 듣고, 두 사람이 만나기로 한 요일과 날짜를 고르시오.

① Saturday, May 30　　　② Sunday, May 31
③ Saturday, May 31　　　④ Sunday, June 1
⑤ Saturday, June 1

1

대화를 듣고, 남자가 받을 돈의 금액을 고르시오.
① $2   ② $5   ③ $10
④ $12   ⑤ $17

W   John, you ❶_____ _____ _____. What's
wrong with you?

M   Mom, I lost 12 dollars today.

W   Really? Then ❷_____ _____
lunch today?

M   Yes. I borrowed 5 dollars from my friend to pay
for lunch.

W   I'll give you that money. Pay ❸_____ _____
_____ tomorrow.   **M**   Okay, thank you.

2

대화를 듣고, 두 사람이 만날 시각을 고르시오.
① 12 : 30   ② 1 : 00   ③ 1 : 30
④ 2 : 00   ⑤ 2 : 30

○ 제안하기
How about -ing?
'~하는 게 어때?'의 뜻으로, 어떤 일을 제안하거나 권유할 때 사용하는 표현이다.
Let's ~/ Why don't we ~? / Shall we~? 등으로 바꿔 쓸 수 있다.

M   Hey, Lucy. ❶_____ _____ _____
tomorrow?

W   Yes. Why do you ask?

M   Mike and I are going to a book fair at the COEX.
Do you want to join us?

W   ❷_____ _____. When are you going? My
piano lesson finishes at 1 p.m.

M   How about meeting at 1 : 30 ❸_____ _____
_____ our school?

W   Great. See you tomorrow.

3

대화를 듣고, 여자가 일주일에 몇 번 동아리 모임을 갖는지 고르시오.
① once   ② twice   ③ three times
④ four times   ⑤ five times

M   ❶_____ _____ _____ interested in,
Sarah?

W   I'm interested in reading books.

M   Oh, that's ❷_____ _____ _____ the
book club.

W   Yes. We get together every Tuesday and Friday and
❸_____ _____.

4 ··· 고난도

대화를 듣고, 여자가 지불할 금액을 고르시오.
① $1   ② $2   ③ $4
④ $5   ⑤ $6

○ 안부 묻기
How are you doing?
'너는 어떻게 지내니?'라는 뜻으로, 상대방에게 인사를 하거나 건강이나 안부를
물을 때 사용한다. How's it going?으로 물을 수도 있다.

W   How are you doing, Mr. Johnson?

M   Good. Thanks. How may I help you?

W   I want to buy some color pens. May I ❶_____
_____?

M   Sure. ❷_____ _____ _____.

W   How much are the pens?

M   The red pen is 2 dollars, but the other color pens
❸_____ _____ _____ each.

W   Okay, I'll take two red pens and two blue pens.

---

¹ lose 잃어버리다 have lunch 점심을 먹다 borrow 빌리다 pay for ~의 값을 지불하다 ² free 다른 계획이 없는 book fair 도서전 join 함께하다 finish 끝
나다 in front of ~앞에 ³ be interested in ~에 관심이 있다 club 동아리 get together 함께 모이다 ⁴ cost ~의 값이 나가다

5 ★영국식 발음 녹음

W   Mike, what are you going to do after school?

M   ❶_____ _____ _____ take an after-school class.

W   An after-school class? Which class?

M   I am taking math.

W   ❷_____ _____ do you have to take it?

M   Twice a week, and the class ❸_____ _____ _____ three weeks.

6

● 요청하기

Can(Could) you ~?
'당신은 ~해 줄(주실) 수 있나요?'라는 뜻으로, 상대방에게 뭔가를 요청할 때 사용하는 표현이다.

W   Jason, can you come home earlier today?

M   What's the matter, Mom?

W   I ❶_____ _____ _____ to the dentist by 4 : 00. Will you ❷_____ _____ your little brother for me?

M   No problem. I'll come home by 3 : 45. When will you come back?

W   ❸_____ _____ _____ by 5 : 30.

7

W   Excuse me. Can you tell me the time?

M   No problem. It's ❶_____ _____.

W   And do you know when ❷_____ _____ _____?

M   Which bus?

W   The bus to Chuncheon.

M   Let me see.... It'll arrive ❸_____ _____.

W   Thank you so much.

8 … 고난도

W   Hi, Mark. Where are you going?

M   I'm going to ❶_____ _____. We'll give a concert at Children's Hospital.

W   Wow, that's great. Can I go to the concert?

M   Of course. You're always welcome. It's ❷_____ _____.

W   This Saturday is May 31, right?

M   No, it's June 1. The concert ❸_____ _____ 3 p.m. Do you have time?

W   Yeah, I do. Thanks. See you at the concert.

---

⁵ take a class 수업을 듣다 last 지속하다, 계속하다 ⁶ dentist 치과 의사 take care of ~을 돌보다 come(be) back 돌아오다 ⁷ arrive 도착하다 Let me see. 제가 좀 볼게요. ⁸ practice 연습 give a concert 연주회를 하다 go to ~에 가다 welcome 환영받는

의도 · 목적

대화 속 인물이 하는 마지막 말의 의도나 전화를 건 목적을 파악하는 문제예요. 의도를 나타내는 표현이나 전화 대화에 쓰이는 표현들은 정해진 경우가 많으니 자주 나오는 표현들을 익혀 두면 쉽게 공략할 수 있어요.

Focus • **마지막 말의 의도** 충고, 거절, 부탁, 요청, 제안, 감사, 위로, 격려, 사과 …
      • **전화를 건 목적** 문의, 초대, 예약, 주문, 연기 …

유형잡는 대표기출 1

대화를 듣고, 여자의 마지막 말의 의도로 가장 적절한 것을 고르시오.

① 칭찬   ② 승낙   ③ 축하   ④ 위로   ⑤ 거절

M   Wow. There are many people in front of the store!

W   Oh. They're waiting for the free ice cream. The new store is giving away free ice cream.

M   Do you want to get some? You like ice cream.

W   I'd love to, but I can't. I have to go to a swimming lesson now.

> **의도를 나타내는 표현을 외워라!**
> 거절, 동의, 축하 등 대화에 자주 쓰이는 기능적인 표현들을 익혀 두면 쉽게 답을 찾을 수 있다.

유형잡는 대표기출 2

대화를 듣고, 남자가 전화를 건 목적으로 가장 적절한 것을 고르시오.

① 좋은 식당을 물어보려고   ② 요리 방법을 알려 주려고
③ 약속 날짜를 변경하려고   ④ 친구의 이메일을 물어보려고
⑤ 박물관 위치를 확인하려고

[Cellphone rings.]

W   Hello?

M   Hello, Jane. This is Mark. Hey, you live near the Science museum, right?
      └── ⑤의 오답의 함정!

W   Yes. Why?

M   I'm going there with my friends this Saturday.

W   Really?

M   Yeah. Are there any good restaurants near the museum?

W   Yes, there's a good Italian restaurant right next to it.

M   Thanks a lot.

> **전화를 건 사람의 말에 주목하라!**
> 목적을 묻는 문제는 주로 전화 대화가 출제된다. 전화를 건 사람이 누구인지 파악하고 그 사람의 말에 집중하자.

대화를 듣고, 남자의 마지막 말의 의도로 가장 적절한 것을 고르시오.

① 충고   ② 위로   ③ 축하   ④ 거절   ⑤ 승낙

W   Liam, look. I made this soap with my mom at home.

M   What a cute dolphin!

W   Yes. It's my favorite animal.

M   It smells good. I want to make one. Is it difficult to make?

W   No. It's easy. We're making more soaps this Saturday. <u>Would you like to come?</u>

M   Sure! See you on Saturday, then.

마지막 질문과 이어지는 대답에 집중하라!

마지막 말의 의도를 묻는 문제의 경우 질문에 이어지는 응답이 마지막 말일 경우가 많다. 마지막 질문과 대답을 잘 듣자.

Useful Expressions   문제에 꼭 나오는 표현 모음

● 의도

- 격려: Cheer up. 기운 내. / Don't worry. 걱정하지 마.
- 칭찬: I'm really proud of you. 난 네가 정말 자랑스러워.
- 제안: How about going out with me? 나와 함께 외출하는 게 어때? / Why don't you go see a doctor? 가서 진찰 받는 게 어때?
- 수락: Why not? That's a great idea! 왜 안 되겠어? 좋은 생각인 걸! / Sure. I'd love to. 물론. 나도 하고 싶어.
- 거절: I'm afraid I can't. 미안한데 난 안 되겠어.
  Maybe some other time. 다음번에 하자.
- 사과: I'm sorry. It was my fault. 미안해. 그건 내 잘못이었어. / I apologize to you. 너에게 사과할게.
- 충고: I think you should get some rest. 내 생각에 너는 쉬어야 할 것 같아. / You'd better see a doctor. 넌 진찰을 받는 게 좋겠어.
- 허락: Of course, you may. 물론, 해도 돼.

● 전화를 건 목적

- 문의: What time does your restaurant open? 당신의 레스토랑은 몇 시에 여나요?
- 초대: Will you come to my birthday party? 너 내 생일 파티에 와 줄 수 있니?

- 예약: I want to book a single room. 저는 1인실을 예약하고 싶어요.
- 주문: I'd like to order a pizza. 저는 피자를 주문하고 싶어요.

● 전화 대화

May(Can) I speak to Jane? (Jane과 통화할 수 있나요?)

This is Jane. (제가 Jane이에요.)

- Hello. Is Mike there? 여보세요. Mike 있나요?
- Speaking. / This is she(he). 전데요.
- Who's calling(this)? 누구시죠?
- May I take a message? 전하실 말씀 있으세요?
- Do you want to leave a message? 메시지를 남기시겠어요?
- Wallace Hotel. How may I help you? Wallace 호텔입니다. 무엇을 도와드릴까요?

» 정답과 해설 p.9

1 대화를 듣고, 여자가 전화를 건 목적으로 가장 적절한 것을 고르시오.

① 오늘 결석을 알리려고
② 내일 일정을 확인하려고
③ 현장 견학 장소를 물어보려고
④ 내일 점심 약속을 하려고
⑤ 내일 준비물이 무엇인지를 물으려고

2 대화를 듣고, 남자의 마지막 말의 의도로 가장 적절한 것을 고르시오.

① 후회   ② 격려   ③ 사과   ④ 축하   ⑤ 감사

3 대화를 듣고, 남자가 전화를 건 목적으로 가장 적절한 것을 고르시오.

① 동아리 모임 시간을 물어보려고
② 동아리 모임 장소를 물어보려고
③ 동아리 모임 불참을 알리려고
④ 테니스 수업 시간을 확인하려고
⑤ 테니스 동아리 가입을 권유하려고

4 대화를 듣고, 남자의 마지막 말의 의도로 가장 적절한 것을 고르시오.

① 동의   ② 제안   ③ 충고   ④ 금지   ⑤ 부탁

5 대화를 듣고, 남자가 전화를 건 목적으로 가장 적절한 것을 고르시오.

① 책을 빌리려고
② 빌린 책을 반납하려고
③ 책 대여일수를 연장하려고
④ 분실한 책의 제목을 물어보려고
⑤ 분실한 책의 변상 방법을 물으려고

6 대화를 듣고, 남자의 마지막 말의 의도로 가장 적절한 것을 고르시오.

① 부탁 　　② 제안 　　③ 명령 　　④ 격려 　　⑤ 사과

7 대화를 듣고, 여자의 마지막 말의 의도로 가장 적절한 것을 고르시오.

① 제안 　　② 부탁 　　③ 충고 　　④ 허락 　　⑤ 권유

8 대화를 듣고, 여자가 선생님을 찾아온 목적으로 가장 적절한 것을 고르시오.

① 보건실 위치를 물으려고　　② 두통약을 얻으려고
③ 조퇴를 허락 받으려고　　　④ 부모님의 말씀을 전하려고
⑤ 전화기를 빌리려고

1

> 대화를 듣고, 여자가 전화를 건 목적으로 가장 적절한 것을 고르시오.
> ① 오늘 결석을 알리려고 　　② 내일 일정을 확인하려고
> ③ 현장 견학 장소를 물어보려고 　④ 내일 점심 약속을 하려고
> ⑤ 내일 준비물이 무엇인지를 물으려고

[Cellphone rings.]

M Hello.

W Hello, John. ❶_____ _____ Kate.

M Hi, Kate. Are you okay? You were absent today.

W I'm okay. Thanks. By the way, ❷_____ _____
_____ _____ for the field trip tomorrow?

M You need to bring your lunch. ❸_____
_____.

W Okay, thanks. See you tomorrow.

2

> 대화를 듣고, 남자의 마지막 말의 의도로 가장 적절한 것을 고르시오.
> ① 후회　　② 격려　　③ 사과　　④ 축하　　⑤ 감사

⊙ 불만족의 원인에 대해 묻기

What's wrong?

'무슨 일 있니?, 문제가 뭐야?'라는 뜻으로, 상대방의 기분이 좋지 않아 보일 때
사용하는 표현이다. What's the matter? / What's the problem?으로 물
을 수 있다.

M You ❶_____ _____. What's wrong?

W I wrote a computer program, but it doesn't work.

M Oh, that's too bad. Didn't you say ❷_____
_____ _____ _____ doing that?

W Yes, I couldn't sleep a wink. I guess I don't have
❸_____ _____ _____ _____.

M Don't say that. You'll do better next time.

3

> 대화를 듣고, 남자가 전화를 건 목적으로 가장 적절한 것을 고르시오.
> ① 동아리 모임 시간을 물어보려고
> ② 동아리 모임 장소를 물어보려고
> ③ 동아리 모임 불참을 알리려고
> ④ 테니스 수업 시간을 확인하려고
> ⑤ 테니스 동아리 가입을 권유하려고

[Telephone rings.]

M Hello. ❶_____ _____ _____ _____
Suji? This is Mike.

W This is she. What's up, Mike?

M I'm sorry, but I ❷_____ _____ _____
_____ meeting tomorrow.

W Why not?

M I have a tennis lesson.

W That's okay. No problem.

M Sorry. I'll attend the ❸_____ _____.

4 ◈ 고난도

> 대화를 듣고, 남자의 마지막 말의 의도로 가장 적절한 것을 고르시오.
> ① 동의　　　② 제안　　　③ 충고
> ④ 금지　　　⑤ 부탁

M Sally, you don't look good. What's wrong?

W I ❶_____ _____ _____ _____ in
class, so my teacher got angry at me.

M Why don't you go and say sorry to her?

W I don't want to go to the teachers' room.

M Why not?

W There are ❷_____ _____ _____. I don't
want the other teachers to hear me say sorry.

M How about ❸_____ _____ _____ then?

---

¹ **absent** 결석한 　**by the way** 그런데 　**field trip** 소풍, 견학 　**bring** 가져오다 　² **work** 작동하다 　**stay up late** 늦게까지 안 자다 　**couldn't sleep a wink**
한숨도 못 자다 　**talent** 재능 　³ **attend** 참석하다 　**meeting** 모임 　**lesson** 수업 　⁴ **make noise** 시끄럽게 떠들다 　**get angry at** ~에게 화나다

5

대화를 듣고, 남자가 전화를 건 목적으로 가장 적절한 것을 고르시오.
① 책을 빌리려고
② 빌린 책을 반납하려고
③ 책 대여일수를 연장하려고
④ 분실한 책의 제목을 물어보려고
⑤ 분실한 책의 변상 방법을 물으려고

⊙ 생각할 시간 요청하기
Just a moment (while I think).
'(생각하는 동안) 잠시만 기다려 달라.'는 뜻으로, 잠시 생각할 시간이 필요할 때 사용하는 표현이다.

[Telephone rings.]
W Watson Library. How may I help you?
M I borrowed the book *Fun Stories* from the library, ❶_____ _____ _____ _____. What should I do?
W In that case, ❷_____ _____ _____ _____ the price of the book.
M Okay. Let me know the price.
W ❸_____ _____ _____ _____ .... [typing sounds] It's 10,000 won.
M Thanks a lot.

6

대화를 듣고, 남자의 마지막 말의 의도로 가장 적절한 것을 고르시오.
① 부탁　　② 제안　　③ 명령
④ 격려　　⑤ 사과

W Dad, I didn't ❶_____ _____ _____ _____ on the math test.
M Why not? You studied really hard.
W I did, but ❷_____ _____ the wrong unit.
M Oops, ❸_____ _____ _____ .
W I'm so sad.
M Cheer up. You can do better next time.

7 ★영국식 발음 녹음

대화를 듣고, 여자의 마지막 말의 의도로 가장 적절한 것을 고르시오.
① 제안　　② 부탁　　③ 충고
④ 허락　　⑤ 권유

W Hi, Jake. Where is Mike?
M ❶_____ _____ _____. Maybe he's in the music room.
W ❷_____ _____ _____ back soon?
M I'm not sure. What's the problem?
W I need to return this racket to Mike. Can you ❸_____ _____ _____ _____ _____ for me?

8 ··· 고난도

대화를 듣고, 여자가 선생님을 찾아온 목적으로 가장 적절한 것을 고르시오.
① 보건실 위치를 물으려고
② 두통약을 얻으려고
③ 조퇴를 허락 받으려고
④ 부모님의 말씀을 전하려고
⑤ 전화기를 빌리려고

⊙ 의무 표현하기
You should ~
'너는 ~해야 한다.'라는 의미로, 의무를 표현할 때 사용한다. You have to ~로도 쓸 수 있다.

W Mr. Anderson, I think I should go home.
M What's the matter?
W I have a headache, and ❶_____ _____ _____ _____ .
M Did you take any medicine?
W Yes, but ❷_____ _____ _____ .
M You should see a doctor then.
W May I go home now?
M Okay, but ❸_____ _____ _____ your mom first.

---

⁵ **lose** 잃어버리다　**in that case** 그 경우에는　**price** 가격　⁶ **get a good(bad) grade** 좋은(나쁜) 성적을 받다　**hard** 열심히; 어려운　**wrong** 잘못된　⁷ **sure** 확신하는　**problem** 문제　**return** 돌려주다　⁸ **headache** 두통　**can't stand** ~을 참을 수 없다　**take medicine** 약을 복용하다　**see a doctor** 병원에 가다

심정 · 이유

대화 속 인물이 느끼는 심정을 파악하거나, 인물이 하는 말이나 행동의 이유를 묻는 문제예요. 심정 관련 문제는 전체적인 분위기나 어조를 통해서 파악하는 것이 좋으며, 이유 관련 문제는 지시문에 무엇에 대한 이유인지 주어지므로 미리 읽고 접근해 보세요.

Focus
- **심정** 기쁜, 화난, 실망스러운, 안심한, 지루한 …
- **이유** 특정 장소에 간 이유, ~을 좋아하는(하지 못한) 이유 …

유형잡는 대표기출 1

대화를 듣고, 여자의 심정으로 가장 적절한 것을 고르시오.

① 지루한   ② 신나는   ③ 부끄러운
④ 걱정스러운   ⑤ 자랑스러운

W   Ted. You're late.
M   I'm sorry, Ms. Johnson. I woke up late.
W   You don't look well. Are you all right?
M   I couldn't sleep well because I had a fever.   부정적인 상황
W   Oh, poor you. Did you go see a doctor?
       동정심을 나타내는 표현

무슨 일이 일어났는가?

심정을 고르는 문제는 화자가 처한 사건이나 상황이 긍정적인지 부정적인지를 알면 대부분 쉽게 답이 나온다.

유형잡는 대표기출 2

대화를 듣고, 남자가 밤에 잠을 늦게 잔 이유로 가장 적절한 것을 고르시오.

① 축구 연습을 했기 때문에   ② 수학 숙제를 했기 때문에
③ 컴퓨터 게임을 했기 때문에   ④ 축구 경기를 보았기 때문에
⑤ 수학 시험이 걱정되기 때문에

W   Sangmin, you look tired. What did you do last night?
M   I watched a soccer match on TV until 2 a.m.
W   Really? Was it a big match?
M   Yeah, it was the final match between Korea and Iran.
W   Did Korea win?
M   Yes, Korea won the match.

무엇에 대한 이유인지 지시문을 읽어라!

지시문에 주어진 행동의 이유를 기대하며 듣자. 대화 속에서 이유를 직접적으로 묻는 경우가 많으므로 이유를 묻는 질문에 이어지는 대답에 주목하자.

대화를 듣고, 남자가 주말에 평창에 간 이유로 가장 적절한 것을 고르시오.

① 스키를 타기 위해서
② 얼음낚시를 하기 위해서
③ 풍경 사진을 찍기 위해서
④ 올림픽을 홍보하기 위해서
⑤ 영화 촬영장을 구경하기 위해서

W Minsu, what did you do last weekend?

M I went to Pyeongchang with my family.

W Pyeongchang? The place for the Olympic Winter Games? Why did you go there?
　　　　　　　　　　　　　　　— ④의 오답의 함정!

M I went there for ice fishing and it was fun. How about you?

W I watched a movie with my friend.
　　　— ⑤의 오답의 함정!

📍 먼저 누구의 일에 관한 이유인지를 파악하라!

두 화자의 서로 다른 이유가 대화에 드러날 경우가 있으므로, 누구의 어떤 이유를 찾아야 하는지를 미리 파악하자.

 Useful Expressions 　문제에 꼭 나오는 표현 모음

excited (흥분된, 신나는)

angry(upset) (화난)

bored (지루한)

tired (피곤한)

● 심정 묻고 말하기

• What's the matter? / What's wrong? / What's up? / What happened? 무슨 일이니?
• pleased 기쁜 / satisfied 만족한 / nervous 긴장한 / lonely 외로운 / disappointed 실망한 / worried 걱정하는
• I really miss him. 나는 그가 정말 그리워(보고 싶어).
• I feel great(awful). 나는 기분이 최고야(엉망이야).
• That's too bad. 그것참 안됐다.

• That's great! 그거 잘됐다!
• I'm glad(sorry) to hear that. 그 말을 들으니 기뻐(유감이야).
• I can't wait! 나는 기대돼!

● 이유 묻기

• Why not? 왜 안 돼? / What for? 무엇 때문이니?
• Why were you late for school? 너는 왜 학교에 늦었니?
• Why do you think so? / What makes you think so? 너는 왜 그렇게 생각하니?
• You look happy(sad). What happened to you? 너 행복해(슬퍼) 보인다. 무슨 일 있었니?

● 이유 말하기

• Because I'm too busy. 왜냐하면 나는 너무 바쁘기 때문이야.
• I'd love to, but I have to go to the hospital. 나도 그러고 싶지만, 나는 병원에 가야 해.
• I'm afraid I can't. I must finish my homework first. 미안하지만 안 돼. 나는 숙제를 먼저 끝내야 하거든.
• I don't like math. It's too difficult. 나는 수학을 좋아하지 않아. 그건 너무 어려워.

핵심 유형 파고들기

» 정답과 해설 p.11

1 대화를 듣고, 여자가 영어 과목을 좋아하는 이유로 가장 적절한 것을 고르시오.

NOTE

① 영어가 쉬워서　　　　② 영어 선생님이 좋아서
③ 영어로 말하는 게 재미있어서　④ 숙제가 많지 않아서
⑤ 재미있는 활동을 많이 해서

2 대화를 듣고, 여자의 심정으로 가장 적절한 것을 고르시오.

① 속상한　　　　② 행복한　　　　③ 미안한
④ 걱정하는　　　⑤ 놀란

3 대화를 듣고, 남자가 학교에 오지 <u>못하는</u> 이유로 가장 적절한 것을 고르시오.

① 할아버지가 아프셔서
② 가족 여행을 가게 되어서
③ 중요한 보고서를 작성하기 위해서
④ 학교 대표로 행사에 참여하게 되어서
⑤ 할아버지 칠순 잔치에 참석하기 위해서

4 대화를 듣고, 여자의 심정으로 가장 적절한 것을 고르시오.

① sad　　　　② lonely　　　　③ scared
④ thankful　　⑤ excited

5 대화를 듣고, 여자가 치마를 바꾸려는 이유로 가장 적절한 것을 고르시오.

① 치마가 변색되어서
② 치마 사이즈가 작아서
③ 치마를 바지로 바꾸려고
④ 치마에 얼룩이 묻어 있어서
⑤ 치마 모양이 마음에 안 들어서

NOTE

6 대화를 듣고, 남자의 심정으로 가장 적절한 것을 고르시오.

① excited
② nervous
③ bored
④ upset
⑤ worried

7 대화를 듣고, 여자의 심정으로 가장 적절한 것을 고르시오.

① 걱정하는
② 부러워하는
③ 슬퍼하는
④ 자랑스러운
⑤ 그리워하는

8 대화를 듣고, Mark가 집에 일찍 간 이유로 가장 적절한 것을 고르시오.

① 몸이 아파서
② 어머니가 편찮으셔서
③ 동생을 돌보려고
④ 숙제를 하려고
⑤ 할머니가 오셔서

핵심 유형 받아쓰기

» 정답과 해설 p.11

1

대화를 듣고, 여자가 영어 과목을 좋아하는 이유로 가장 적절한 것을 고르시오.

① 영어가 쉬워서
② 영어 선생님이 좋아서
③ 영어로 말하는 게 재미있어서
④ 숙제가 많지 않아서
⑤ 재미있는 활동을 많이 해서

W What's your ❶_____ _____?

M Math is my favorite. ❷_____ _____ _____?

W I don't like math. It is difficult.

M Which subject do you like?

W I like English. ❸_____ _____ _____ _____ in English.

2

대화를 듣고, 여자의 심정으로 가장 적절한 것을 고르시오.

① 속상한   ② 행복한   ③ 미안한
④ 걱정하는   ⑤ 놀란

◉ 격려하기
Cheer up.
'기운 내.'라는 뜻으로, 상대방을 격려하거나 위로할 때 쓰는 표현이다.

M Hi, Minji. What's wrong?

W Today is my birthday, but my best friend Sally didn't give me a present.

M She may not know ❶_____ _____.

W No, I ❷_____ _____ _____ _____ last week!

M ❸_____ _____. Everyone forgets things.

3 ★ 영국식 발음 녹음

대화를 듣고, 남자가 학교에 오지 <u>못하는</u> 이유로 가장 적절한 것을 고르시오.

① 할아버지가 아프셔서
② 가족 여행을 가게 되어서
③ 중요한 보고서를 작성하기 위해서
④ 학교 대표로 행사에 참여하게 되어서
⑤ 할아버지 칠순 잔치에 참석하기 위해서

M Ms. Lee, I ❶_____ _____ to school this Friday.

W ❷_____ _____?

M My family will have my grandfather's 70th birthday party. All of my family members will get together.

W Oh, I see. But you should ❸_____ _____ _____ _____ after the family event.

M Okay. I will.

4 ··· 고난도

대화를 듣고, 여자의 심정으로 가장 적절한 것을 고르시오.

① sad   ② lonely   ③ scared
④ thankful   ⑤ excited

◉ 의도 묻기
Are you planning to ~?
'~할 계획이니?'의 뜻이며, '~할 것이니?'의 뜻으로 쓰이는 Are you going to ~?와 같이 계획이나 의도를 물을 때 사용하는 표현이다.

M What are you looking at, Sarah?

W The homepage of Singapore Middle School.

M Why? ❶_____ _____ _____ _____ visit the school?

W No, some students from that school are going to visit my school next week.

---

¹ **subject** 과목 **math** 수학 **fun** 재미있는 ² **present** 선물 **may** ~일지도 모른다 **date** 날짜 **forget** 잊다 **things** (복수형으로) 상황, 형편 ³ **get together** 모이다 **report** 보고서 **family event** 가족 행사 ⁴ **visit** 방문하다 **introduce** 소개하다 **nervous** 긴장되는 **sound** ~하게 들리다 **not at all** 전혀 아니다

M Oh, that's cool. Are you going to do something for them?

W Yes, I'm going to ❷ _____ _____ _____ to them in English.

M Aren't you nervous? That sounds hard.

W Not at all. I'm ❸ _____ _____ _____ them.

5

> 대화를 듣고, 여자가 치마를 바꾸려는 이유로 가장 적절한 것을 고르시오.
> ① 치마가 변색되어서　　　② 치마 사이즈가 작아서
> ③ 치마를 바지로 바꾸려고　④ 치마에 얼룩이 묻어 있어서
> ⑤ 치마 모양이 마음에 안 들어서

M How may I help you?

W I ❶ _____ _____ _____ here, but I want to exchange it.

M What's ❷ _____ _____ _____ ?

W It's not clean. There's a dirty mark on the back.

M Oh, I'm very sorry. I'll change it ❸ _____ _____ .

6

> 대화를 듣고, 남자의 심정으로 가장 적절한 것을 고르시오.
> ① excited　　② nervous　　③ bored
> ④ upset　　　⑤ worried

M Let's go to a baseball game. I have two free tickets.

W Free tickets? ❶ _____ _____ _____ get them?

M From my homeroom teacher.

W ❷ _____ _____ _____ _____ only to you?

M Everyone else wanted to get them, but I ❸ _____ _____ by playing rock-scissors-paper.

W That's great!

7

> 대화를 듣고, 여자의 심정으로 가장 적절한 것을 고르시오.
> ① 걱정하는　　② 부러워하는　　③ 슬퍼하는
> ④ 자랑스러운　⑤ 그리워하는

◉ 동의하기

Same here.
'나도 그래, 나도 마찬가지야.'라는 뜻으로, 상대방이 한 말이나 의견에 동의할 때 사용하는 표현이다.

M What are you looking at?

W ❶ _____ _____ _____ Mike, you, and me. I really like this picture.

M I like it, too. I miss Mike.

W Same here.

M Did you get any e-mail or letters from him ❷ _____ _____ _____ Canada?

W Not yet. Maybe ❸ _____ in his new place.

8 … 〈고난도〉

> 대화를 듣고, Mark가 집에 일찍 간 이유로 가장 적절한 것을 고르시오.
> ① 몸이 아파서　　　② 어머니가 편찮으셔서
> ③ 동생을 돌보려고　④ 숙제를 하려고
> ⑤ 할머니가 오셔서

[Cellphone rings.]

M Hi, Cindy. What's up?

W Hi, Mark. Jake told me that ❶ _____ _____ . Are you okay?

M Did he say that? I'm not sick.

W Then why did you ❷ _____ _____ ?

M I had to be ❸ _____ _____ _____ . My mom was not home today.

W I see. What did you do with your brother?

M I helped him with his homework and cooked *ramyeon* for him.

---

⁵ exchange 교환하다　dirty 더러운　mark 얼룩, 자국　change 바꾸다　another 다른 (하나의)　⁶ free 무료의　win 이기다　play rock-scissors-paper 가위바위보를 하다　⁷ miss ~을 그리워하다　letter 편지　move to ~으로 이사 가다　⁸ sick 아픈　have to ~해야 한다　homework 숙제　cook 요리하다

세부 정보 Ⅰ (한 일/할 일)

대화 속 인물들이 무엇을 할지 또는 무엇을 했는지를 파악하는 문제예요. 제안하는 것이 할 일이 되는 경우가 많으니 자주 출제되는 제안 관련 표현은 미리 익혀 두세요. 지시문과 선택지에 힌트가 숨어 있다는 점도 기억해요!

Focus
- **할 일** 대화 직후 할 일, 오후에 할 일, 주말에 할 일, 두 사람이 할 일 …
- **한 일** 주말(어젯밤)에 한 일 …
- **요청한 일 / 부탁한 일**

유형잡는 대표기출 ①

대화를 듣고, 여자가 대화 직후에 할 일로 가장 적절한 것을 고르시오.

① 양초 만들기　　② 종이접기 배우기　　③ 티셔츠 만들기
④ 페이스 페인팅하기　　⑤ 물풍선 터뜨리기

M　Wow, this school festival is really fun.
W　Yes, it is.
M　What do you want to do next?
W　Let's make a candle in the gym.
M　But it will take too much time. Why don't we do face painting?
W　Sounds good! Let's go right now.
　　└─ 제안하는 표현 ─┘

> **할 일 관련 표현에 주목하라!**
> Why don't we ~?, Let's ~와 같이 제안하는 표현과 내가 앞으로 할 일을 나타내는 I'm going to ~와 같은 표현은 꼭 기억해 두자.

유형잡는 대표기출 ②

대화를 듣고, 여자가 지난 주말에 한 일로 가장 적절한 것을 고르시오.

① 숙제하기　　② 수영하기　　③ 쿠키 만들기
④ 만화 그리기　　⑤ 화분에 물 주기

W　Charlie, what did you do last weekend?
M　I went to the swimming pool with my friends.
　　　　　　　② 의 오답의 함정! (남자가 한 일)
W　Really? Did you have fun?
M　Yes, of course! How was your weekend?
W　It was great! I made cookies for my family.
M　Oh, good!

> **누구의 일인지를 파악하라!**
> 듣기 전에 지시문을 읽고 누가, 언제 한 일인지를 정확히 파악한 후 그 사람이 하는 말 중 과거형의 동사에 주목한다. 상대방이 한 일과 혼동하지 말자.

대화를 듣고, 여자가 남자에게 요청한 일로 가장 적절한 것을 고르시오.

① 손목시계 수리하기 ② 가정 통신문 보내기 ③ 친구 선물 구입하기
④ 영어 편지 검토하기 ⑤ 방과 후 수업 신청하기

W Mr. Robinson. Do you have a minute?

M What is it, Sujin?

W Could you check my English letter? I want to send it to my friend in
Thailand.
└─ 부탁하는 표현

M Well, I don't have enough time for that now. Can you come again after
school? I'll be happy to help you then.

W Sure. Thank you.

부탁하는 표현을 잘 들어라!

대부분 Can(Could) you ~?로 시작하는 문장 속에 답이 있음을 기억하자. 명령문 형태에 답이 있는 경우도 있다.

Useful Expressions 문제에 꼭 나오는 표현 모음

What did you do last weekend? (지난 주말에 무엇을 했니?)

I walked my dog. (개를 산책시켰어.)

● 할(한) 일 묻고 답하기

• What are you going to do after school?
너는 방과 후에 무엇을 할 예정이니?

• We are going to visit a museum next week.
우리는 다음 주에 박물관을 방문할 예정이야.

• I'm going to go climbing. 나는 등산을 할 거야.

• I went to the school library. 나는 학교 도서관에 갔어.

• this afternoon 오늘 오후 / last weekend 지난 주말 /
this Saturday 이번 주 토요일 / summer vacation 여름 방학

● 여러 가지 할(한) 일

• go to the movies 영화를 보러 가다

Can you open the window? (창문 좀 열어 줄래?)

Sure.(물론.)

• take care of my brother 내 남동생을 돌보다

• wash(do) the dishes 설거지하다

• volunteer at the library 도서관에서 자원봉사하다

● 부탁하기

• Can(Could) you bring the books, please?
당신이 그 책들을 가져다줄 수 있어요?

• Clean the table, please. 식탁을 닦아 주세요.

● 제안하기

• Why don't we visit her? 우리 그녀를 방문하는 게 어떨까?

• Why don't you get some rest? 너 좀 쉬는 게 어떠니?

• How about asking him? 그에게 물어보는 게 어때?

• Let's go camping. 캠핑 가자.

핵심 유형 파고들기

» 정답과 해설 p.13

1 대화를 듣고, 두 사람이 대화 직후에 할 일로 가장 적절한 것을 고르시오.

① 공원 산책하기   ② 박물관 가기
③ 만화책 읽기   ④ 빌린 책 반납하기
⑤ 만화영화 시청하기

NOTE

2 대화를 듣고, 여자가 남자에게 부탁한 일로 가장 적절한 것을 고르시오.

① 문 열기   ② 환기시키기
③ 난방기 켜기   ④ 창문 닫기
⑤ 담요 가져오기

3 대화를 듣고, 여자가 지난 주말에 한 일로 가장 적절한 것을 고르시오.

① 부산 여행   ② 프로젝트 활동
③ 시험공부   ④ 사촌 집 방문
⑤ 동대문 쇼핑

4 대화를 듣고, 여자가 어젯밤에 한 일로 가장 적절한 것을 고르시오.

① 콘서트 관람하기   ② 여행 계획 짜기
③ 병문안 가기   ④ 동생 돌보기
⑤ 동생과 영화 보러 가기

5 대화를 듣고, 여자가 남자에게 요청한 일로 가장 적절한 것을 고르시오.

NOTE

① 숙제 줄여 주기
② 교실 자리 바꿔 주기
③ 조퇴 허락해 주기
④ 공부 방법 알려 주기
⑤ 진로 상담해 주기

6 대화를 듣고, 두 사람이 방과 후에 할 일로 가장 적절한 것을 고르시오.

① 게임하기
② TV 시청하기
③ 집에서 쉬기
④ 자전거 타기
⑤ 산책하기

7 대화를 듣고, 여자가 남자에게 부탁한 일로 가장 적절한 것을 고르시오.

① 사진 찍어 전송하기
② 함께 쇼핑하기
③ 커피 주문하기
④ 휴대전화 가져다주기
⑤ 쇼핑 목록 작성하기

8 대화를 듣고, 두 사람이 대화 직후에 할 일로 가장 적절한 것을 고르시오.

① 쇼핑 가기
② 외식하기
③ 수영장 가기
④ 하이킹 가기
⑤ 튜브 사러 가기

1

대화를 듣고, 두 사람이 대화 직후에 할 일로 가장 적절한 것을 고르시오.
① 공원 산책하기　② 박물관 가기　③ 만화책 읽기
④ 빌린 책 반납하기　⑤ 만화영화 시청하기

M　It's a fine, warm day. Let's take a walk ❶_____ _____ _____.

W　Okay. Can you wait for ❷_____ _____ _____?

M　Sure, but why?

W　I borrowed some comic books yesterday, but I haven't ❸_____ _____ _____.

M　I love comic books. Can we read them together?

W　Of course.

2

대화를 듣고, 여자가 남자에게 부탁한 일로 가장 적절한 것을 고르시오.
① 문 열기　② 환기시키기　③ 난방기 켜기
④ 창문 닫기　⑤ 담요 가져오기

W　It's very ❶_____ _____ _____, isn't it?

M　Yes, it is. How about turning on the heater?

W　That's not a good idea. It makes ❷_____ _____ _____.

M　If you say so....

W　Look! The windows ❸_____ _____. Can you close them?

M　No problem!

3

대화를 듣고, 여자가 지난 주말에 한 일로 가장 적절한 것을 고르시오.
① 부산 여행　② 프로젝트 활동　③ 시험공부
④ 사촌 집 방문　⑤ 동대문 쇼핑

M　You look tired today.

W　Yes, I was busy ❶_____ _____ _____.

M　Why? Because of the project?

W　No. My cousin came from Busan. I spent the whole weekend with her.

M　What did you do with her?

W　We ❷_____ _____ at Dongdaemoon. We spent ❸_____ _____ _____ _____ there.

4 ··· 고난도

대화를 듣고, 여자가 어젯밤에 한 일로 가장 적절한 것을 고르시오.
① 콘서트 관람하기　② 여행 계획 짜기　③ 병문안 가기
④ 동생 돌보기　⑤ 동생과 영화 보러 가기

◉ 놀람 표현하기
I can't believe it.
'나는 그것을 믿을 수가 없어.'라는 뜻으로, 놀람을 나타낼 때 사용하는 표현이다. It's unbelievable.로 바꿔 쓸 수 있다.

M　How was the concert last night?

W　I couldn't ❶_____ _____ _____.

M　I can't believe it. Why not?

W　My mom suddenly ❷_____ _____, so I had to take care of my brother ❸_____ _____.

M　What about your dad?

W　He was on a business trip.

M　That's too bad. I'm sorry you missed it.

---

¹ fine (날씨가) 맑은　warm 따뜻한　take a walk 산책하다　half an hour 30분　borrow 빌리다(↔ lend)　² turn on (전기·가스 등을) 켜다　dry 건조한
³ look ~해 보이다　tired 피곤한　spend (시간을) 보내다　weekend 주말　⁴ suddenly 갑자기　get sick 아프다　on a business trip 출장 중인　miss 놓치다

5

대화를 듣고, 여자가 남자에게 요청한 일로 가장 적절한 것을 고르시오.

① 숙제 줄여 주기   ② 교실 자리 바꿔 주기
③ 조퇴 허락해 주기   ④ 공부 방법 알려 주기
⑤ 진로 상담해 주기

◉ 허가 여부 묻기
Can I ~?
'제가 ~해도 될까요?'라는 뜻으로, 어떤 일에 대한 허가 여부를 물을 때 사용하는 표현이다.

W   Mr. Brown, can I talk with you for a moment?
M   Of course, Jina. ❶_____ _____ _____ _____ to talk about?
W   I can't focus during class these days. Can I move ❷_____ _____ _____?
M   Do you think you will be able to focus if you sit at the front of the classroom?
W   I think so.
M   Okay. ❸_____ _____ _____ about it.

6   ★ 영국식 발음 녹음

대화를 듣고, 두 사람이 방과 후에 할 일로 가장 적절한 것을 고르시오.

① 게임하기   ② TV 시청하기   ③ 집에서 쉬기
④ 자전거 타기   ⑤ 산책하기

M   What are you going to do after school?
W   Nothing special.
M   Then ❶_____ _____ _____ ride our bikes?
W   I don't feel like it. I'll ❷_____ _____ TV at home.
M   Come on! You need to ❸_____ _____ _____ _____.
W   Okay, you're right. I'll go with you.

7

대화를 듣고, 여자가 남자에게 부탁한 일로 가장 적절한 것을 고르시오.

① 사진 찍어 전송하기   ② 함께 쇼핑하기
③ 커피 주문하기   ④ 휴대전화 가져다주기
⑤ 쇼핑 목록 작성하기

[Telephone rings.]
M   Hello.
W   ❶_____ _____ you, Jack?
M   Yes, Mom.
W   Oh, good. I ❷_____ _____ _____ the shopping list. Can you take a picture of it and send it to my cellphone?
M   Sure. Where is it?
W   It's ❸_____ _____ _____ the coffeemaker.

8 … 고난도

대화를 듣고, 두 사람이 대화 직후에 할 일로 가장 적절한 것을 고르시오.

① 쇼핑 가기   ② 외식하기   ③ 수영장 가기
④ 하이킹 가기   ⑤ 튜브 사러 가기

◉ 확실성 표현하기
I'm sure (that) ~
'나는 ~을 확신한다.'라는 뜻으로, 어떤 일에 대한 확신을 나타낼 때 쓴다. that 뒤에는 주어와 동사를 갖춘 절이 와야 한다.

M   Look! It's raining outside. We can't go hiking.
W   How about going shopping instead?
M   I hate ❶_____ _____. Let's go to the indoor swimming pool.
W   Sorry, but I can't ❷_____ _____ _____.
M   Come on. I'm sure we can play on a tube together.
W   Okay. I'll ❸_____ _____ _____ _____.
M   Good.

---

⁵ **for a moment** 잠시 동안   **focus** 집중하다   **move** 이동하다   ⁶ **ride** (자전거 등을) 타다   **fresh** 신선한   ⁷ **forget** 잊다   **bring** 가져오다   **take a picture of** ~의 사진을 찍다   ⁸ **outside** 바깥에   **instead** 그 대신에   **hate** 싫어하다   **indoor** 실내의   **give it a try** 시도하다, 한번 해 보다

세부 정보 Ⅱ

대화나 담화의 구체적인 세부 내용에 대해 묻는 문제예요. 지시문과 선택지를 읽고 어떤 내용을 묻는 문제인지 미리 파악하는 게 중요해요. 들리는 것을 모두 기억하는 것은 쉽지 않으므로 메모하며 들어 보세요.

Focus
- 교통수단
- 제안한 것
- ~한(하지 않은) 것 언급하지 않은 것, 선물한 것, 알 수 없는 것 …
- 그 외 세부 정보 집에 갈 방법, 취미, 물건 선택 기준 …

 유형잡는 대표기출 1

대화를 듣고, 남자가 이용할 교통수단으로 가장 적절한 것을 고르시오.

① 도보　　② 기차　　③ 자동차　　④ 자전거　　⑤ 지하철

M　How will you go to Jake's birthday party, Stella?

W　I will walk there after my piano lesson. How about you?

M　My mom said she would take me there by car. ①의 오답의 함정!

W　Okay, see you at the party.

M　See you there.

> 📍 **누가 이용할 교통수단인지 알고 들어라!**
>
> 항상 두 가지 이상의 교통수단이 나오므로 문제에서 누가 이용할 교통수단인지 먼저 파악하고 듣자.

유형잡는 대표기출 2

다음을 듣고, 여자가 Jump Shoes에 대해 언급하지 않은 것을 고르시오.

① 무게　　② 색상　　③ 치수　　④ 할인율　　⑤ 가격

W　Hi, everyone. This is Amy from Happy Shopping. Today, I'm introducing *Jump Shoes*! They're only 400g. Very good for jogging! The shoes come in blue and pink. Buy now and get 20% off. So, they're only $24. To order, call us at 123-4949!

> 📍 **들은 것은 지워라!**
>
> 언급되지 않은 것을 찾는 문제는 선택지 항목들이 대화에 모두 등장한다. 들은 내용을 지워나가면서 들으면 답이 보일 것이다.

대화를 듣고, 여자가 남자에게 제안한 것으로 가장 적절한 것을 고르시오.

① 보건실에서 쉬기   ② 체육관에서 운동하기
③ 영어 숙제 같이 하기   ④ 학교 정원에서 산책하기
⑤ 담임 선생님께 말씀 드리기

W   Tim, why didn't you come to English class this afternoon?

M   Judy, I was at the school nurse's office. I didn't feel well.

W   Really? Are you all right now?

M   No. I still have a headache.

W   Why don't you tell your homeroom teacher? She'll let you go home.
              └── 제안하는 표현

M   Thanks.

Why don't you ~?
문장에 집중하라!
제안을 나타내는 표현에
답이 나오므로 관련 표현
을 미리 익혀 두자.

Useful Expressions   문제에 꼭 나오는 표현 모음

● 교통수단

• How do you get to school? 너는 학교에 어떻게 가니?

• I'd like to take a bus to go there.
  나는 그곳에 가기 위해 버스를 타고 싶어.

• I get to Busan by train(airplane/ship).
  나는 기차(비행기/배)를 타고 부산에 간다.

• You should take the bus(subway).
  너는 버스(지하철)를 타야 해.

• walk to school / go to school on foot 걸어서 학교에 가다

• It's far (from here). 그곳은 (여기서) 멀어.

• The traffic is very heavy(terrible).
  교통이 매우 혼잡하다(나쁘다).

• It takes almost an hour. 거의 한 시간이 걸린다.

● 소개하기 (자신, 타인)

• Let me introduce myself. 나를 소개할게.

• I am from England. 나는 영국 출신이야.

• He lives in Seoul with his family.
  그는 그의 가족과 서울에 살아.

• My favorite season is winter.
  내가 가장 좋아하는 계절은 겨울이야.

• I like listening to K-pop.
  나는 한국 대중음악을 듣는 것을 좋아해.

● 제안하고 답하기

• Why don't you call her? / How(What) about calling
  her? 그녀에게 전화해 보는 게 어때?

• That's a good idea. / Sounds good. 좋은 생각이다.

핵심 유형 파고들기

» 정답과 해설 p.15

1 **대화를 듣고, 두 사람이 주말에 이용할 교통수단으로 가장 적절한 것을 고르시오.**

① 버스 ② 기차 ③ 택시 ④ 비행기 ⑤ 승용차

NOTE

2 **다음을 듣고, 오디션 지원서에 포함되지 않는 것을 고르시오.**

① 이름 ② 학년 ③ 취미
④ 좋아하는 노래 ⑤ 다룰 수 있는 악기

3 **대화를 듣고, 수학여행에 대해 언급하지 않은 것을 고르시오.**

① 장소 ② 가는 데 걸리는 시간
③ 준비물 ④ 참가비
⑤ 참가 인원

고난도

4 **다음을 듣고, 새 영어 선생님에 대해 알 수 없는 것을 고르시오.**

① 국적 ② 한국 체류 기간
③ 이전 거주 도시 ④ 성격
⑤ 현재 거주 도시

5 대화를 듣고, 여자가 남자에게 제안한 것으로 가장 적절한 것을 고르시오.

① 도서관에서 공부하기   ② 인터넷 검색하기
③ 친구 병문안 가기   ④ 방과 후 수업 듣기
⑤ 영어 숙제하기

6 다음을 듣고, 영화 Dave's Adventure에 대해 언급하지 <u>않은</u> 것을 고르시오.

① 장르   ② 개봉 시기   ③ 주연 배우
④ 촬영지   ⑤ 감독

7 다음을 듣고, 비행편에 대해 알 수 <u>없는</u> 것을 고르시오.

① 항공편 번호   ② 출발 시각   ③ 도착지
④ 도착지 날씨   ⑤ 비행시간

8 대화를 듣고, 남자가 여자에게 제안한 것으로 가장 적절한 것을 고르시오.

① 새 컴퓨터 구입하기
② 중요한 파일 정리하기
③ 바이러스 검사하기
④ 서비스 센터에 컴퓨터 맡기기
⑤ 최신 소프트웨어 설치하기

1

대화를 듣고, 두 사람이 주말에 이용할 교통수단으로 가장 적절한 것을 고르시오.

① 버스　　　　② 기차　　　　③ 택시
④ 비행기　　　⑤ 승용차

● 바람, 소원, 소망에 대해 말하기

I'd like to ~
'나는 ~하고 싶다.'라는 뜻으로, 원하는 것을 말할 때 사용하는 표현이다. I want to ~로 바꿔 말할 수 있다.

W I will visit Jeonju this weekend. ❶_____ _____ _____, we can go there together.

M Wow. I'll join you. How ❷_____ _____ _____ there?

W I won't use my car. How about going there by bus or train?

M Well, I'd like to ❸_____ _____ _____ then.

W Okay.

2 ★ 영국식 발음 녹음

다음을 듣고, 오디션 지원서에 포함되지 <u>않는</u> 것을 고르시오.

① 이름　　　　② 학년　　　　③ 취미
④ 좋아하는 노래　⑤ 다룰 수 있는 악기

W Do you like music? Do you want to be a superstar? Then ❶_____ _____ our audition. You need to ❷_____ _____ a form for the contest. Write your name, grade, hobbies, and favorite song. You should ❸_____ _____ _____ by May 16.

3

대화를 듣고, 수학여행에 대해 언급하지 <u>않은</u> 것을 고르시오.

① 장소　　　　　　　② 가는 데 걸리는 시간
③ 준비물　　　　　　④ 참가비
⑤ 참가 인원

M Ms. Green, where are we going for the school field trip?

W We're going to ❶_____ _____ _____ in Ilsan.

M Sounds great. How long does it take to get there?

W ❷_____ _____ _____. You only need to bring a notebook and pencils.

M Don't we ❸_____ _____ _____ _____?

W It costs about 10,000 won. But the school paid for it.

4 ⋯ 고난도

다음을 듣고, 새 영어 선생님에 대해 알 수 <u>없는</u> 것을 고르시오.

① 국적　　　　　　② 한국 체류 기간
③ 이전 거주 도시　④ 성격
⑤ 현재 거주 도시

W ❶_____ _____ _____ our new English teacher Mr. Anderson. He's from South Africa and first came to Korea three years ago. Before he came to our school, ❷_____ _____ _____ Hansol Middle School in Daejeon. He is very kind and has a sense of humor. I think ❸_____ _____ _____ _____.

---

¹ visit 방문하다　join 함께하다　² take part in ~에 참가하다　audition 오디션　fill out a form 서식을 작성하다　grade 학년　turn in 제출하다　May 5월
³ field trip 수학여행　auto 자동차　museum 박물관　cost (비용이) 들다　⁴ introduce 소개하다　ago ~전에　a sense of humor 유머 감각

5

대화를 듣고, 여자가 남자에게 제안한 것으로 가장 적절한 것을 고르시오.

① 도서관에서 공부하기
② 인터넷 검색하기
③ 친구 병문안 가기
④ 방과 후 수업 듣기
⑤ 영어 숙제하기

◉ 격려하기

Don't worry.
'걱정하지 마.'라는 뜻으로, 상대방을 격려하거나 위로할 때 사용하는 표현이다.

W Hello, Henry. ❶_____ _____ _____ _____ absent yesterday. Are you okay?

M Yes, I feel much better now. Thanks. Do we have homework or anything to do?

W Oh, we're having an English quiz tomorrow.

M Really? What should I do?

W Don't worry. I can help you. ❷_____ _____ together in the library after school.

M ❸_____ _____ _____. See you then.

6

다음을 듣고, 영화 Dave's Adventure에 대해 언급하지 <u>않은</u> 것을 고르시오.

① 장르
② 개봉 시기
③ 주연 배우
④ 촬영지
⑤ 감독

M Here is good news for the fans of fantasy movies. The new fantasy movie *Dave's Adventure* ❶_____ _____ this Christmas. It's a movie about a young wizard named Dave. Chris Adams is ❷_____ _____ _____ _____ Dave. The director is Academy Award winner, Mark Sullivan. Don't ❸_____ _____ _____ _____.

7

다음을 듣고, 비행편에 대해 알 수 <u>없는</u> 것을 고르시오.

① 항공편 번호
② 출발 시각
③ 도착지
④ 도착지 날씨
⑤ 비행시간

M Good morning, passengers. ❶_____ _____ Fresh Airlines Flight 218 flying to London. The weather in London is clear and sunny. Our travel time this morning will be about 1 hour and 15 minutes. ❷_____ _____ _____ the flight. Thank you.

8 ··· 〈고난도〉

대화를 듣고, 남자가 여자에게 제안한 것으로 가장 적절한 것을 고르시오.

① 새 컴퓨터 구입하기
② 중요한 파일 정리하기
③ 바이러스 검사하기
④ 서비스 센터에 컴퓨터 맡기기
⑤ 최신 소프트웨어 설치하기

◉ 제안하기

How(What) about ~?
'~하는 게 어때?'라는 뜻으로, 상대방에게 어떤 일을 제안할 때 사용한다.

W Mike, you are good with computers, right? Can I ❶_____ _____ something about my computer?

M Sure. What is it?

W It's too slow. Do you know why?

M How about deleting some unnecessary files?

W I already ❷_____ _____, but it didn't help.

M Then check for viruses. Some viruses may ❸_____ _____ into your computer.

W Okay.

---

⁵ quiz 쪽지 시험 ⁶ wizard 마법사 role 역할 director 감독 miss ~을 놓치다 ⁷ passenger 승객 aboard 탑승한 clear (날씨가) 맑은 travel time 이동 시간 flight 비행 ⁸ be good with ~에 재주가 있다 delete 지우다, 삭제하다 unnecessary 불필요한 virus 바이러스 get into ~안으로 들어가다

Fun Fun English!

💬 나 늦게 잤어!

You look tired.

I slept **late last night.** (×)
I went to bed **late last night.** (○)

I always go to
bed late, so
I'm always tired!

"나는 어젯밤에 늦게 잤어."라는 말을 그대로 영어로 옮겨서 "I slept late last night."라고 하면 "나는 늦게까지 잤어." 즉 "나는 늦잠을 잤어."라는 말이 돼요. sleep이라는 동사가 잠을 자러 가는 행위가 아니라 잠을 자고 있는 행위를 나타내기 때문이랍니다. 잠을 자러 가는 동작은 go to bed라는 표현을 사용하세요.

💬 난 컨디션이 안 좋아!

What's wrong?

My condition **is
not good.** (×)
I don't feel very
well. (○)

"나는 컨디션이 안 좋아."를 우리말대로 "My condition is not good."이라고 하면 어색한 표현이 되어 버려요. 일상적으로 몸 상태가 안 좋다고 할 때는 don't (doesn't) feel well의 표현을 사용해요.

There's no reason I should
feel well. I'm melting!

💬 나 머리 잘랐어!

> You look different today.

> I cut my hair. (×)
> I had my hair cut. (○)

여러분은 머리를 직접 자르나요, 아니면 미용실에 가나요? 미용실에서 미용사가 머리를 잘라 준다면 "I had my hair cut."이라고 말하는 것이 맞는 표현이에요. 내가 내 머리를 직접 자른 경우에는 "I cut my hair."라고 해요.

> Do I look good?
> Say yes, or I'll ....
> Just kidding!

💬 나 요즘 사자군 만나잖아!

> Do you have a date today?

> I am meeting Brad the Lion these days. (×)
> I am seeing Brad the Lion these days. (○)

요즘 누군가를 만나고 있다고 할 때 '만나다'를 뜻하는 meet을 그대로 사용하면 어색한 표현이 되어 버려요. meet는 어떤 특정한 모임이나 약속과 같이 목적이 있어서 만나는 경우 사용합니다. 누군가와 사귀고 있다는 뜻에서 '만나다'라고 말할 경우는 동사 see를 사용하세요.

> I think we are a perfect match!

관계 · 직업

대화 속 두 사람의 관계나 직업을 추측하는 문제예요. 인물들이 서로를 부르는 호칭이나 서로를 대하는 태도, 특정 직업 관련 단어 등 여러 가지 정보를 바탕으로 정답을 종합적으로 판단해야 해요. 특정 직업에서 자주 쓰이는 표현들은 꼭 익혀 두세요!

Focus · **관계** 점원과 손님, 직원과 고객, 의사와 환자, 교사와 학생 … · **직업** · **장래 희망**

유형잡는 대표기출 1

대화를 듣고, 두 사람의 관계로 가장 적절한 것을 고르시오.

① 의사 — 환자
② 교사 — 학생
③ 요리사 — 손님
④ 버스 운전기사 — 승객
⑤ 자동차 정비사 — 고객

M Can I help you?

W I think there is something wrong with my car.

M Okay. Let me check your car.

W Is there any problem?

M Well, there is a small hole in the tire.

W How long will it take to fix the tire?

M It'll take about 1 hour.

📍 **관계는 직접적으로 드러나지 않는다!**

두 사람의 관계는 특정 직업인이 사용할 만한 표현이나 단어들을 통해 미루어 짐작해야 한다. 따라서 평소에 다양한 직업 관련 표현을 익혀 두자.

유형잡는 대표기출 2

대화를 듣고, 여자의 직업으로 가장 적절한 것을 고르시오.

① 화가
② 배우
③ 작가
④ 경찰
⑤ 요리사

M Congratulations on your new book, Ms. Holmes. *The Chocolate Box* is now a number one bestseller.

W Thank you.

M Could you tell me about your book?

W Sure. It's a love story about my husband and me.

M That's sweet. When did you start writing your book?

W Two years ago.

📍 **들리는 단어들로 직업을 유추하라!**

관계와 마찬가지로 직업 역시 유추해야 한다. 대화의 소재가 무엇인지 잘 듣고 해당인의 직업을 추측해 보자.

유형잡는 대표기출 **3**

대화를 듣고, 남자의 장래 희망으로 가장 적절한 것을 고르시오.

① 화가　　　　　② 가수　　　　　③ 정원사
④ 수의사　　　　⑤ 동물 조련사

M　Look at the cute dog. Do you like dogs, Emily?

W　Yes, I love dogs. What about you?

M　I like dogs very much.

W　Do you like cats, too?　　⑤의 오답의 함정!

M　Yes, I love all animals. So I want to be an animal doctor.

W　I'm sure you will be a good animal doctor.

좋아하는 일이 무엇인지를 알아내라!

취미나 관심을 언급한 후, 그와 관련된 장래 희망을 언급하는 경우가 많으므로 I want(like) to ~등 좋아하는 것을 말할 때 쓰는 표현을 익혀 두자.

Useful Expressions 문제에 꼭 나오는 표현 모음

Would you like to order? (주문하시겠습니까?)

I'll have a steak. (스테이크로 할게요.)

● 관계

<점원 – 손님>

• How can I help you? / What can I do for you?
  어떻게(무엇을) 도와드릴까요?
  Can(May) I help you? 도와드릴까요?

• I'm looking for a T-shirt. 저는 티셔츠를 찾고 있어요.

<의사, 약사 – 환자>

• What's wrong with you? / What's the problem?
  어디가 아프세요?

• I have a headache(stomachache/toothache).
  저는 두통(복통/치통)이 있어요.

• Take this medicine twice a day.
  이 약을 하루에 두 번 복용하세요.

<택시 기사 – 승객>

• How long will it take? 얼마나 걸릴까요?

• With this traffic, it will take about 30 minutes.
  이 교통 상황으로는, 30분 정도 걸립니다.

• Could you hurry, please? I'm in a hurry.
  좀 더 서둘러 주실 수 있나요? 제가 급해서요.

● 직업, 장래 희망

• What do you do (for a living)?
  당신은 무슨 일을 하시나요?

• What kind of work do you do?
  당신은 어떤 종류의 일을 하시나요?

• My job is to teach students.
  제 직업은 학생들을 가르치는 것입니다.

• I work at a bank. 저는 은행에서 일합니다.

• What do you want to be (in the future)?
  너는 (장래에) 무엇이 되고 싶니?

• I want to be a writer. 나는 작가가 되고 싶어.

• My dream is to become a singer.
  내 꿈은 가수가 되는 것이야.

• I like to be with animals. 나는 동물들과 있는 것을 좋아해.

• I am good at swimming. 나는 수영을 잘해.

• I'm interested in acting. 나는 연기에 관심이 있어.

핵심 파고들기

» 정답과 해설 p.18

1 대화를 듣고, 남자가 여자에게 추천한 직업으로 가장 적절한 것을 고르시오.

NOTE

① 기자   ② 과학자   ③ 사진사
④ 여행 작가   ⑤ 오지 탐험가

2 대화를 듣고, 두 사람의 관계로 가장 적절한 것을 고르시오.

① 호텔 직원 — 손님   ② 항공기 승무원 — 승객
③ 식당 종업원 — 손님   ④ 공항 직원 — 여행객
⑤ 관광 가이드 — 관광객

3 대화를 듣고, 여자의 장래 희망으로 가장 적절한 것을 고르시오.

① 소방관   ② 건축가
③ 선생님   ④ 자동차 디자이너
⑤ 인테리어 디자이너

4 대화를 듣고, 두 사람의 관계로 가장 적절한 것을 고르시오.

① doctor — nurse   ② doctor — patient
③ mom — uncle   ④ parent — teacher
⑤ teacher — student

5 다음을 듣고, 남자의 장래 희망으로 가장 적절한 것을 고르시오.

① 전문 경영인
② 컴퓨터 공학 교수
③ 앱 개발자
④ 구호 활동가
⑤ 컴퓨터 게임 제작자

NOTE

6 대화를 듣고, 두 사람의 관계로 가장 적절한 것을 고르시오.

① 공원 관리인 — 주민
② 공연장 직원 — 관람객
③ 음식점 종업원 — 손님
④ 관광 가이드 — 관광객
⑤ 경비원 — 호텔 고객

7 대화를 듣고, 두 사람의 관계로 가장 적절한 것을 고르시오.

① 영화표 판매원 — 손님
② 옷 가게 점원 — 손님
③ 버스표 판매원 — 승객
④ 도서관 사서 — 학생
⑤ 버스 운전기사 — 승객

8 대화를 듣고, 남자의 직업으로 가장 적절한 것을 고르시오.

① engineer
② car salesperson
③ police officer
④ flight attendant
⑤ news reporter

1

대화를 듣고, 남자가 여자에게 추천한 직업으로 가장 적절한 것을 고르시오.

① 기자　　　　② 과학자　　　　③ 사진사
④ 여행 작가　　⑤ 오지 탐험가

W Mr. Johnson, can you ❶_____ _____ _____ _____? What is a good job for Kate?

M She's very creative and active.

W I know. She enjoys visiting different places.

M She also likes writing. So I think ❷_____ _____ _____ may be a good job for her.

W That's an interesting job. I think she'll ❸_____ _____ _____ _____.

M If she needs my help, you can ask me anytime.

2 ★영국식 발음 녹음

대화를 듣고, 두 사람의 관계로 가장 적절한 것을 고르시오.

① 호텔 직원 — 손님　　　　② 항공기 승무원 — 승객
③ 식당 종업원 — 손님　　　④ 공항 직원 — 여행객
⑤ 관광 가이드 — 관광객

M Hello. Can I help you?

W Yes. I have a reservation here. My name is Jenny Allenberg.

M ❶_____ _____ _____. Hmm.... You booked a single room ❷_____ _____ _____, right?

W That's right.

M Good. Here is your key. And we ❸_____ _____ _____ for breakfast at 7 o'clock.

3

대화를 듣고, 여자의 장래 희망으로 가장 적절한 것을 고르시오.

① 소방관　　　　② 건축가　　　　③ 선생님
④ 자동차 디자이너　　⑤ 인테리어 디자이너

M Hey, Mina. What do you want to be in the future?

W I ❶_____ _____ _____ a teacher when I was a kid.　　**M** And now?

W Now, I ❷_____ _____ _____ designing houses and buildings, so I want to be an architect. ❸_____ _____ _____?

M My dream is to become a car designer.

4 … 고난도

대화를 듣고, 두 사람의 관계로 가장 적절한 것을 고르시오.

① doctor — nurse　　　② doctor — patient
③ mom — uncle　　　　④ parent — teacher
⑤ teacher — student

● 유감 표현하기
That's too bad.
'그거 정말 안됐구나.'라는 뜻으로, 상대방의 좋지 않은 소식에 대해 안타까워하는 마음을 표현할 때 사용한다.

[Telephone rings.]

M Hello.

W Hello, Mr. Parker. This is Amy's mom.

M Good morning, Mrs. Brown.

W Sorry to call you ❶_____ _____ in the morning. I think Amy should be absent from school today.

M Oh, really? What's the matter with her?

W She is very sick and ❷_____ _____ stay in bed.

M Oh, that's too bad! I hope she ❸_____ _____ _____.　　**W** Thank you.

---

¹ **advice** 충고　**creative** 창의적인　**different** 다른, 다양한　² **reservation** 예약　**book** 예약하다　**single room** 1인실　**bath** 욕조　³ **kid** 아이　**be interested in** ~에 관심이 있다　**architect** 건축가　⁴ **absent from** ~에 결석한　**stay in bed** 침대에 (계속) 누워 있다　**get well** 회복하다, 나아지다

5

M Today, I'd like to talk about my future dream. ❶ _____ _____ _____ is Mark Zuckerberg. I'm into computer programming. I also want to ❷ _____ _____ _____ _____. So I will make useful smartphone apps for them. ❸ _____ _____ _____, they will share knowledge easily and take various classes free of charge.

7

M ❶ _____ _____ _____ _____?
W When does the bus to Busan leave?
M ❷ _____ _____ every half hour, ma'am.
W How much are tickets?
M They're 20 dollars each.
W Two tickets for 2 : 30, please.

6

◉ 충고 구하기
What should I do?
'나는 어떻게 해야 하지?'라는 뜻으로, 상대방에게 조언을 구할 때 사용한다.

W Excuse me, sir. You can't bring ❶ _____ _____ _____ _____.
M Sorry. I didn't know that. Then what should I do with this?
W We can keep it for you. And you can ❷ _____ _____ _____ after the concert.
M ❸ _____ _____. Here you are.
W Thank you, sir. Enjoy the show.

8 · · · 고난도

◉ 이유 묻고 답하기
Why ~? / It's because ~
Why를 사용하여 이유를 물을 수 있으며, 이에 대해 '그것은 ~ 때문이야.'의 뜻인 It's because ~로 답한다. because 다음에는 주어와 동사가 와야 한다.

M Excuse me, ma'am. Please show me your driver's license.
W Why? ❶ _____ _____ _____ something wrong?
M It's because you were driving over the speed limit.
W Really? Isn't it 60 kilometers per hour here?
M No, ❷ _____ _____ _____ under 30. Look at the sign. It's a school zone.
W Oh, I ❸ _____ _____ _____. I'm so sorry.

---

⁵ **be into** ~에 관심이 많다　**in need** 도움을 필요로 하는　**useful** 유용한　**knowledge** 지식　**free of charge** 무료로　⁶ **keep** 보관하다　**get ~ back** ~을 돌려받다　⁷ **leave** 떠나다, 출발하다　**every** ~마다　**each** 각각　⁸ **show** 보여 주다　**driver's license** 운전 면허증　**speed limit** 제한 속도

장소 추론

길을 묻고 답하는 대화를 듣고 가려고 하는 장소를 추측하거나, 두 사람이 만나기로 약속한 장소나 대화하는 장소를 알아내는 문제예요. 길 안내, 위치 설명과 관련된 특정 표현들만 외워 두면 쉽게 공략할 수 있어요.

Focus
- **길 안내** ~의 위치, 남자(여자)가 가려고 하는 장소
- **만나기로 한 장소**
- **대화하는 장소**
- **그 외** 안내 방송이 나오는 장소

유형잡는 대표기출 1

대화를 듣고, Smile Shop의 위치로 가장 알맞은 곳을 고르시오.

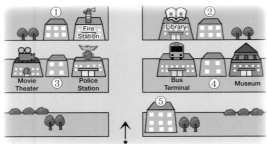

M   Emily, do you know any good hair shops near here?

W   Sure, there's the Smile Shop.   M   Okay. How can I get there from here?

W   Go straight two blocks. Then turn right.   M   Oh, I see.

W   You will see a bookstore on your left. It's next to the bookstore.

M   Thanks.

방향을 헷갈리지 마라!

출발 위치를 확인한 후 길을 안내하는 표현에 집중한다. 여러 방향이 연이어 나오므로 중간에 길을 잃지 말자.

유형잡는 대표기출 2

대화를 듣고, 두 사람이 만나기로 한 장소로 가장 적절한 곳을 고르시오.

① 공원   ② 영화관   ③ 도서관   ④ 지하철역   ⑤ 버스 정류장

[Cellphone rings.]

W   Hello?   M   Hello, Minji. Do you want to go to the movies this evening?

W   Sounds great! When shall we meet?

M   How about at six p.m. at Star movie theater? ══ ②의 오답의 함정!

W   I don't know where it is. What about meeting at the bus stop near our school?   M   Okay. See you there.

처음 언급되는 장소가 답은 아니다!

두 사람이 대화하는 도중에 만나기로 한 장소가 바뀌는 경우가 많다. 처음 나오는 장소를 듣고 바로 답으로 선택하지 않도록 유의하자.

대화를 듣고, 두 사람이 대화하는 장소로 가장 적절한 곳을 고르시오.

① 식당　　　　　② 영화관　　　　　③ 가구점
④ 음악실　　　　⑤ 도서관

M Welcome to Brown Wood. Can I help you?

W Hi. I'm looking for a dinner table for four people.

M These are all four-person dinner tables.

W Which one is the most popular?

M This one is. People really like the design, and it's not expensive.

W Good. I really like the color, too.

핵심 단어들의 연관성
을 찾아라!

언급되는 다양한 명사를
듣고, 단어들 사이의 관계
를 유추하면 두 사람이 대
화하는 장소를 알아낼 수
있다.

문제에 꼭 나오는 표현 모음

The hospital is next to the school.
(병원은 학교 옆에 있다.)

● 길 안내

• How can I get to the library? 도서관에 어떻게 가나요?
• Can(Could) you tell me where the bank is?
　은행이 어디 있는지 알려 주실 수 있나요?
• Is there a bakery near(around) here?
　이 근처에 빵집이 있나요?
• Go straight two blocks. 두 블록을 곧장 가세요.
• Turn left(right). 왼쪽(오른쪽)으로 도세요.
• It's on your left(right). 그것은 당신의 왼쪽(오른쪽)에 있어요.
• between the park and the post office
　공원과 우체국 사이에

• walk along(down) the street 길을 따라 걷다(내려가다)
• across from the subway station 지하철역 맞은편에

● 약속 장소, 시간 정하기

• Where(When) shall we meet? 우리 어디에서(언제) 만날까?
• Can we meet at Central Park?
　우리 센트럴 공원에서 만날까?
• How(What) about meeting in front of the school at 4?
　4시에 학교 앞에서 만나는 거 어때?

● 다양한 장소 (식당, 상점, 호텔, 기차역 …)

• Anything to drink? 마실 것은요?
• How does it taste? 맛이 어때요?
• For here or to go? 여기서 드실 건가요, 가져가실 건가요?
• They are all sold out. 그것들은 다 팔렸어요.
• Show me another one, please.
　저에게 다른 것을 보여 주세요.
• make a reservation 예약하다 / stay for two nights 2박을
　하다 / a single(double) room 1(2)인용 객실 / check in(out)
　체크인(아웃)하다
• will be delayed 지연될 것이다 / be on time 제시간에 오다 /
　leave in 10 minutes 10분 후에 출발하다

핵심 유형 파고들기

» 정답과 해설 p.20

1 대화를 듣고, 두 사람이 대화하는 장소로 가장 적절한 곳을 고르시오.

① 공항   ② 우체국
③ 서점   ④ 백화점
⑤ 제과점

2 대화를 듣고, 남자가 가려고 하는 장소를 고르시오.

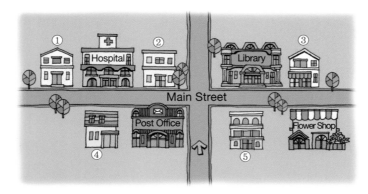

3 대화를 듣고, 두 사람이 만나기로 한 장소로 가장 적절한 곳을 고르시오.

① 공원   ② 박물관
③ 지하철역   ④ 주민 센터
⑤ 버스 정류장

4 대화를 듣고, 대화 직후 두 사람이 가려고 하는 장소를 고르시오.

① airport   ② school
③ hospital   ④ bus stop
⑤ library

5 대화를 듣고, 두 사람이 만나기로 한 장소로 가장 적절한 곳을 고르시오.

NOTE

① 집 　　　　　② 공원 　　　　　③ 백화점
④ 제과점 　　　　⑤ 운동장

6 대화를 듣고, 여자가 가려고 하는 장소를 고르시오.

7 대화를 듣고, 두 사람이 대화하는 장소로 가장 적절한 곳을 고르시오.

① 어린이집 　　　② 서점 　　　　　③ 도서관
④ 학교 　　　　　⑤ 만화방

8 다음을 듣고, 남자가 안내하는 장소로 가장 적절한 곳을 고르시오.

① 공항 　　　　　② 고궁 　　　　　③ 쇼핑센터
④ 한복 대여소 　　⑤ 가구 박물관

1

대화를 듣고, 두 사람이 대화하는 장소로 가장 적절한 곳을 고르시오.
① 공항 ② 우체국 ③ 서점
④ 백화점 ⑤ 제과점

W Good morning.

M Good morning. I'd like to ❶ _____ _____ _____ to London.

W All right. ❷ _____ _____ _____?

M There are some books and clothes.

W ❸ _____ _____ _____ on the scale, please.

M How much is it?

W It's 33 dollars.

2

대화를 듣고, 남자가 가려고 하는 장소를 고르시오.

M Excuse me. Can you tell me where the ABC Mall is?

W Go straight one block and ❶ _____ _____.

M I see.

W Then, ❷ _____ _____ Main Street. It's next to the post office. ❸ _____ _____ _____ _____.

M Thank you.

3

대화를 듣고, 두 사람이 만나기로 한 장소로 가장 적절한 곳을 고르시오.
① 공원 ② 박물관 ③ 지하철역
④ 주민 센터 ⑤ 버스 정류장

[Cellphone rings.]

W Hello.

M Hi, Katie. ❶ _____ _____ _____.

W Hey! What's up?

M Jessy and I are going to the National Museum of Art. Do you want to ❷ _____ _____?

W Sounds great! I'll join you. Where shall we meet?

M Let's meet at the bus stop ❸ _____ _____ _____.

W Okay.

4 ··· 고난도

대화를 듣고, 대화 직후 두 사람이 가려고 하는 장소를 고르시오.
① airport ② school ③ hospital
④ bus stop ⑤ library

● 요청 수락하기
No problem.
'문제없어.'라는 뜻으로, 상대방의 요청이나 부탁을 수락할 때 쓰는 표현이다.

M Hi, Judy. Are you ❶ _____ _____ a bus?

W Yeah, I'm going to the library to return this book. Where are you going?

M I'm going to see Kevin in the hospital. He ❷ _____ _____ _____ in P.E. class.

W ❸ _____ _____ _____, _____. Can we go there together after dropping by the library?

M No problem!

---

¹ **send** 보내다 **package** 소포 **scale** 저울 ² **next to** ~옆에 **You can't miss it.** 찾기 쉬워요, 금방 찾을 수 있어요. ³ **join** 함께하다 **Sounds great!** 좋아!, 재미있겠네! **near** ~근처에서 ⁴ **wait for** ~을 기다리다 **break one's arm** ~의 팔이 부러지다 **P.E. class** 체육 시간 **drop by** 잠시 들르다

5

대화를 듣고, 두 사람이 만나기로 한 장소로 가장 적절한 곳을 고르시오.

① 집　　　　　② 공원　　　　　③ 백화점
④ 제과점　　　⑤ 운동장

◉ 계획 말하기

I'm planning to ~

「be planning to+동사원형」은 '나는 ~할 계획이다.'라는 뜻으로, 가까운 미래의 계획을 말할 때 사용하며, be going to로 바꿔 쓸 수 있다.

W　Do you ❶_____ _____ ?

M　Yes. Why?

W　I'm planning to learn inline skating in the park this afternoon. But I don't have a helmet.

M　All right. I'll ❷_____ _____ to you.

W　Can I stop by your house to get it this afternoon?

M　Sorry, but how about meeting at the bakery ❸_____ _____ _____ _____ ?

W　Okay. See you there.

6 ★ 영국식 발음 녹음

대화를 듣고, 여자가 가려고 하는 장소를 고르시오.

W　Excuse me, sir. I'm looking for the SKB Theater. How can I ❶_____ _____ ?

M　Go straight two blocks and turn right at the corner.

W　Two blocks and turn right?

M　Yes. ❷_____ _____ _____ on your left. It's ❸_____ _____ the police station.

W　Thank you so much.

7

대화를 듣고, 두 사람이 대화하는 장소로 가장 적절한 곳을 고르시오.

① 어린이집　　② 서점　　　　③ 도서관
④ 학교　　　　⑤ 만화방

M　Lucy, ❶_____ _____ _____ do you like to read?

W　I like to read comic books. I'm a big fan of Giyom85.

M　I like him too. Are you going to buy some comic books today?

W　No, I'll ❷_____ _____ _____ for my little sister. Tomorrow is her birthday.

M　This book looks nice. The pictures are so cute.

W　Yeah, it's great. ❸_____ _____ _____ .

8 ⬦ 고난도

다음을 듣고, 남자가 안내하는 장소로 가장 적절한 곳을 고르시오.

① 공항　　　　② 고궁　　　　③ 쇼핑센터
④ 한복 대여소　⑤ 가구 박물관

◉ 금지하기

Do not ~

'~하지 말아 주세요.'의 뜻으로, 어떤 일을 금지할 때 사용하는 표현이다.

M　Hello, students from Gana Middle School. Glad to meet you. I'm your guide, Kevin Lee. Today you'll see ❶_____ _____ _____ . All the furniture here is historically important, so please ❷_____ _____ _____ or take any pictures of it. The tour will ❸_____ _____ _____ _____ and I will tell you about the history related to the furniture. If you are ready, let's begin.

---

⁵ **helmet** 헬멧　**lend** 빌려주다　**stop by** 잠시 들르다　⁶ **police station** 경찰서　⁷ **kind** 종류　**comic book** 만화책　**storybook** 이야기책　⁸ **traditional** 전통적인　**furniture** 가구　**historically** 역사적으로　**important** 중요한　**take a picture** 사진을 찍다

주제 추론

대화나 담화를 듣고 무엇에 관해서 이야기하고 있는지를 파악하는 문제예요. 무엇에 관한 설명이나 어떤 안내 방송인가를 묻는 문제가 나올 때도 있어요. 일부 내용이 아닌 전체 내용을 들으려고 노력하면 쉽게 문제를 풀 수 있을 거예요.

Focus • 무엇에 관한 내용
• 그 외 무엇에 관한 설명, 무엇에 관한 안내 방송 …

유형잡는 대표기출 1

대화를 듣고, 무엇에 관한 내용인지 가장 적절한 것을 고르시오.

① 학교 청소　　　② 봉사 활동　　　③ 장래 희망
④ 신체검사　　　⑤ 동물원 관람

M　Hey, Jihye. What do you do for volunteer work?

W　I take care of poor dogs at Hana Animal Center.

M　What do you do there?

W　I wash and feed them. Do you also do volunteer work?

M　Yes. I sing songs for the elderly people at a hospital.

> **첫 문장을 놓치지 마라!**
> 대화의 첫 문장에서 주제가 제시되는 경우가 많으므로 첫 문장을 주목하는 것이 중요하다.

유형잡는 대표기출 2

대화를 듣고, 무엇에 관한 내용인지 가장 적절한 것을 고르시오.

① 체육 대회　　　② 합창 대회　　　③ 봉사 활동
④ 영어 캠프　　　⑤ 박물관 방문

W　James, you look excited. What's new?

M　Today my class will visit the Bike museum.

W　Cool. What are you going to do there?

M　We'll learn about the history of bikes.

W　Will you do anything else?

M　We'll also ride special bikes. It will be fun.

> **단어나 문구로 감을 잡아라!**
> 대화에 나오는 단어나 문구들을 하나로 묶을 수 있는 주제가 답이다.

다음을 듣고, 무엇에 관한 설명인지 고르시오.

① golf
② basketball
③ football
④ table tennis
⑤ badminton

M The players try to hit balls into each hole in the field. The ball is small
　　　　　　　　　　　　　　└ ④, ⑤의 오답의 함정!
and hard. The players use a long stick to hit the ball. During the game,
　　　　　　　　　　　　　　　　　　　　　　　　└ ④의 오답의 함정!
many people stand to watch it. Last year, many Korean players won
prizes in the games.

끝까지 들어라!
내용을 끝까지 들으며 세부적인 내용이 아니라 전체적인 내용을 포괄할 수 있는 답을 골라라!

 **Useful Expressions** 문제에 꼭 나오는 표현 모음

How was your weekend? (주말은 어땠니?)

Great! I went fishing with my uncle. (좋았어! 삼촌과 낚시하러 갔었어.)

● **여가 활동 (여행, 영화 관람 …)**
· How was your trip(vacation)? 네 여행(방학) 어땠어?
· I spent most of my time playing with my friends.
　나는 대부분의 시간을 내 친구들과 놀며 보냈어.
· What do you do on weekends?
　너는 주말에 무엇을 하니?
· What kind of movie do you want to see?
　너는 어떤 종류의 영화를 보고 싶니?

● **학교생활 (시험, 운동회, 현장 학습, 수업 …)**
· midterm(final) exams 중간(기말)고사 / school sports day
　학교 운동회 날 / open class 공개 수업
· go on a field trip 현장 학습(수학여행)을 가다
· stay up all night studying 밤새워 공부하다

· take an art(a swimming, a taekwondo) class
　미술(수영, 태권도) 수업을 듣다

● **자원 봉사**
· volunteer 자원 봉사하다 / homeless people 집이 없는 사람
　들 / teach English to kids 아이들에게 영어를 가르치다

● **환경 보호**
· You should not throw the trash away in the street.
　너는 길에 쓰레기를 버려서는 안 된다.
· keep the air clean 공기를 깨끗하게 유지하다
· save energy 에너지를 절약하다

● **안내 방송 (미아 찾기, 기계 고장 안내 …)**
· Attention, please! 주목해 주세요!
· We are looking for a dog named Coco.
　우리는 Coco라는 이름을 가진 개를 찾고 있습니다.
· The elevators are out of order. 엘리베이터가 고장입니다.

● **요리법, 특정 물건을 만드는 방법**
· First, ~ Second, ~ Next, ~ Then, ~
　처음으로, ~ 두 번째로, ~ 다음으로, ~ 그리고 나서, ~
· flour 밀가루 / butter 버터 / sugar 설탕 / milk 우유
· mix 섞다 / peel (껍질을) 벗기다 / add 첨가하다 / pour 붓다 /
　put 넣다 / cut 자르다 / bake 굽다 / fry 튀기다
· glue (풀로) 붙이다 / tie 묶다 / scissors 가위 / string 줄

1 다음을 듣고, 무엇을 만드는 과정인지 가장 적절한 것을 고르시오.

① 과일 샐러드　　② 피자　　　　③ 요구르트
④ 샌드위치　　　⑤ 과일 주스

NOTE

---

2 대화를 듣고, 무엇에 관한 내용인지 가장 적절한 것을 고르시오.

① 하루 수면 시간　　　　② 코를 고는 습관
③ 잠자리에 드는 시각　　④ 자기 전에 하는 운동
⑤ 불면증을 치료하는 법

---

3 대화를 듣고, 무엇에 관한 내용인지 가장 적절한 것을 고르시오.

① 음식　　　　　② 체험 활동　　③ 준비 과정
④ 홍보 포스터　⑤ 동아리 공연

---

4 대화를 듣고, 무엇에 관한 내용인지 가장 적절한 것을 고르시오.

① 병문안　　　　② 건강 검진　　③ 병원 진료 시간
④ 장학금 수여　⑤ 병원비 모금

5 대화를 듣고, 무엇에 관한 내용인지 가장 적절한 것을 고르시오.

① 도서 반납 ② 분실물 습득 ③ 교무실 위치
④ 대여 도서 분실 ⑤ 도서관 운영 시간

6 대화를 듣고, 무엇에 관한 내용인지 가장 적절한 것을 고르시오.

① 해외여행 ② 계절 변화 ③ 태국의 음식
④ 세계의 문화 ⑤ 이상 기후 현상

7 대화를 듣고, 무엇에 관한 내용인지 가장 적절한 것을 고르시오.

① TV 프로그램 일정 ② 선호하는 영화
③ 좋아하는 프로그램 ④ 오페라 공연 일정
⑤ 스포츠 용품 구입

8 다음을 듣고, 무엇에 관한 내용인지 가장 적절한 것을 고르시오.

① 기차역 정전 안내 ② 화재 시 대피 안내
③ 기차 엔진 구조 안내 ④ 기차 출발 지연 안내
⑤ 기차 여행 상품 안내

» 정답과 해설 p.22

1

다음을 듣고, 무엇을 만드는 과정인지 가장 적절한 것을 고르시오.
① 과일 샐러드 ② 피자 ③ 요구르트
④ 샌드위치 ⑤ 과일 주스

W First, wash the apples and strawberries. Peel the bananas and oranges. Next, cut ❶_____ _____ _____ into small pieces. Then, ❷_____ _____ in the bowl. Last, add some yogurt and ❸_____ _____ with the fruit. Now, let's eat!

2

대화를 듣고, 무엇에 관한 내용인지 가장 적절한 것을 고르시오.
① 하루 수면 시간 ② 코를 고는 습관
③ 잠자리에 드는 시각 ④ 자기 전에 하는 운동
⑤ 불면증을 치료하는 법

M You ❶_____ _____ _____. What's wrong?
W I don't know. I just feel tired.
M When do you usually go to bed?
W Around 1 a.m.
M That's too late. You need to ❷_____ _____ _____ before 10 p.m. to ❸_____ _____ _____ _____.
W Oh, that's too early.

3

대화를 듣고, 무엇에 관한 내용인지 가장 적절한 것을 고르시오.
① 음식 ② 체험 활동 ③ 준비 과정
④ 홍보 포스터 ⑤ 동아리 공연

W Our school festival ❶_____ _____ _____. I'm so excited.
M Same here. What do you like the most about the school festival?
W I like the performances by clubs the most. How about you?
M Me, too. I'm ❷_____ _____ _____ _____ the dance performance.
W I think the school orchestra's concert will be good, too.
M I agree. They are ❸_____ _____.

4 ··· 고난도

대화를 듣고, 무엇에 관한 내용인지 가장 적절한 것을 고르시오.
① 병문안 ② 건강 검진 ③ 병원 진료 시간
④ 장학금 수여 ⑤ 병원비 모금

◉ 알고 있는지 묻기
Do you know that ~?
'너 ~인 거 아니?'라는 뜻으로, 상대방에게 어떤 내용을 알고 있는지 물을 때 사용하며, that 뒤에는 주어와 동사가 온다.

W Do you know that Andy is in the hospital now?
M No. ❶_____ _____ _____ _____?
W He broke his legs.
M Oh, dear.
W ❷_____ _____ he can't pay his medical bills. They're too expensive.
M Then why don't we ❸_____ _____ for him?
W What a great idea! Some other students will probably help us.
M I think so, too.

---

¹ **wash** 씻다 **piece** 조각 **bowl** 사발, 공기 ² **usually** 보통, 대개 **go to bed** 잠자리에 들다 **deep** 깊은 **early** 이른 ³ **most** 가장 많이 **performance** 공연 **club** 동아리 **professional** 전문적인 ⁴ **break one's leg(s)** ~의 다리가 부러지다 **medical bill** 의료비 **collect** 모으다 **probably** 아마

5 ★ 영국식 발음 녹음

대화를 듣고, 무엇에 관한 내용인지 가장 적절한 것을 고르시오.
① 도서 반납　　② 분실물 습득　　③ 교무실 위치
④ 대여 도서 분실　　⑤ 도서관 운영 시간

M I borrowed a book from the library, but I can't find it.

W Maybe you ❶＿＿＿＿ ＿＿＿＿ ＿＿＿＿ ＿＿＿＿.

M No, I ❷＿＿＿＿ ＿＿＿＿ in the classroom during lunch today.

W Did you check the science room? We had a class there.

M I ❸＿＿＿＿ ＿＿＿＿ our science teacher.

6

대화를 듣고, 무엇에 관한 내용인지 가장 적절한 것을 고르시오.
① 해외여행　　② 계절 변화　　③ 태국의 음식
④ 세계의 문화　　⑤ 이상 기후 현상

● 걱정, 두려움 표현하기
I'm afraid ~
'나는 ~이 걱정돼.'라는 뜻으로, 걱정이나 두려움을 표현할 때 사용하며, afraid 대신에 worried를 쓸 수도 있다.

M How was ❶＿＿＿＿ ＿＿＿＿ to Finland?

W It was good, but it was a bit hot.

M Hot? But Finland ❷＿＿＿＿ ＿＿＿＿ ＿＿＿＿ its cold weather.

W Right. It was very strange.

M My parents ❸＿＿＿＿ ＿＿＿＿ Thailand last month. They said it was chilly there.

W Really? I'm afraid some countries are experiencing unusual weather.

7

대화를 듣고, 무엇에 관한 내용인지 가장 적절한 것을 고르시오.
① TV 프로그램 일정　　② 선호하는 영화
③ 좋아하는 프로그램　　④ 오페라 공연 일정
⑤ 스포츠 용품 구입

● 좋아하는 것 묻기
What's your favorite ~?
'네가 가장 좋아하는 ~은 무엇이니?'라는 뜻으로, favorite 뒤에는 과목, 운동, 색깔, 음식 등이 올 수 있다.

W I can't wait to watch *Vanilla Sky*!

M I've never ❶＿＿＿＿ ＿＿＿＿ ＿＿＿＿. What is it?

W It's a famous soap opera on Channel 2. It's my favorite. Why don't you ❷＿＿＿＿ ＿＿＿＿?

M Hmm, I don't like watching soap operas.

W Then what's your ❸＿＿＿＿ ＿＿＿＿?

M I enjoy watching *Today's Sports* on Channel 5.

8 ⋯ 고난도

다음을 듣고, 무엇에 관한 내용인지 가장 적절한 것을 고르시오.
① 기차역 정전 안내　　② 화재 시 대피 안내
③ 기차 엔진 구조 안내　　④ 기차 출발 지연 안내
⑤ 기차 여행 상품 안내

M Attention, passengers. The train for Busan departing at 10 a.m. will ❶＿＿＿＿ ＿＿＿＿. It was scheduled to leave at 10 o'clock, but there is a problem ❷＿＿＿＿ ＿＿＿＿ ＿＿＿＿. It'll take about 20 minutes to fix the problem. So the train will ❸＿＿＿＿ ＿＿＿＿ 10 : 30. We apologize for the delay.

---

⁵ leave 두다, 놓고 오다　during ~동안에　⁶ trip 여행　be famous for ~으로 유명하다　chilly 쌀쌀한　country 나라　experience 경험하다　unusual 특이한, 평범하지 않은　⁷ soap opera 드라마, 연속극　⁸ depart 출발하다, 떠나다(= leave)　delay 연기하다, 미루다; 지체　fix 고치다　apologize for ~에 대해 사과하다

도표 정보

대화나 담화를 듣고 표를 보며 지불할 금액이나 특정한 날짜를 찾는 문제와 도표의 내용과 일치하거나 일치하지 않는 것을 찾는 문제가 대부분이에요. 도표를 읽어 보고 무엇에 관한 내용인지 미리 파악하는 게 중요해요.

Focus
- **금액** 음식 메뉴, 물건 가격 …
- **일치하지 않는 것** 도표, 일과표, 메모 …
- **달력** 날짜, 요일, 시각 …

유형잡는 대표기출 1

대화를 듣고, 여자가 지불해야 할 금액을 고르시오.

MENU					
Food		**Salad**		**Dessert**	
Steak	$15.00	Tomato Salad	$6.00	Ice Cream	$4.00
Spaghetti	$10.00	Orange Salad	$5.00	Apple pie	$3.00

① $24　　② $25　　③ $26　　④ $27　　⑤ $28

M What would you like to have?

W I'll have a steak and a tomato salad.
$15　　　$6

M Anything else?

W I would like the apple pie for dessert.
$3

M OK. I'll be right back.

들은 항목을 표시하라!

말하는 사람이 주문하거나 구입하려는 항목과 개수를 표시한 후 최종 금액을 계산하자.

유형잡는 대표기출 2

다음을 듣고, 내용과 일치하지 않는 것을 고르시오.

①	②	③	④	⑤
그림 그리기	독서	음악 감상	컴퓨터 게임	운동
4명	8명	6명	10명	10명

W I asked my classmates about their hobbies. Only four students are interested in drawing. Eight students like reading books and eight students
① 　　　　　　　　　　　　　　　　　　　　　② 　　　　　6명
enjoy listening to music. Ten students like playing computer games and
③ 　　　　　　　　　　④
the same number of students love to exercise in their free time.
10명 　　　　　　⑤

끝까지 들어야 답을 찾을 수 있다!

선택지의 모든 정보가 담화에 등장하며 그중 틀린 것을 찾아야 한다. 보통 번호 순서대로 내용이 등장하므로 하나씩 지워 가면서 듣는 것도 방법이다.

대화를 듣고, 체육 대회가 있는 날짜를 고르시오.

April						
Sun.	Mon.	Tue.	Wed.	Thu.	Fri.	Sat.
1	2	3	4	5	6	7
8	9	10	11	12	13	14
15	16	17	18	19	20	21
22	23	24	25	26	27	28
29	30					

① 4월 2일
② 4월 6일
③ 4월 13일
④ 4월 18일
⑤ 4월 27일

W Sports day is coming up. Do you know which day it is?

M Look at the calendar. It is on the second Friday in April.

W The second Friday? Oh, I see. I can't wait.

> 📍 평소에 날짜 읽는 법을 익혀 두어라!
>
> 날짜나 요일을 듣고 한번에 답을 찾아낼 수 있도록 평소에 달력을 보며 날짜를 말하는 연습을 해 두자.

Useful Expressions 문제에 꼭 나오는 표현 모음

I need two pencils and one notebook.
(나는 두 개의 연필과 한 권의 공책이 필요하다.)

● 물건, 음식 구매

· Can I get three erasers? 세 개의 지우개를 살 수 있나요?

· Anything else? 또 필요한 것은요?

· Is that all? 그게 전부입니까?

· What would you like to order? 무엇을 주문하시겠습니까?

● 일과표

· get up at 6 o'clock 6시에 일어나다

· go to bed at 10 o'clock 10시에 자다

· eat breakfast(lunch, dinner) 아침(점심, 저녁)을 먹다

· go to the library(a concert) 도서관(콘서트)에 가다

· play baseball(soccer, basketball) on Monday
  월요일에 야구(축구, 농구)를 하다

It's Sunday, January 24.
(1월 24일, 일요일이다.)

● 날짜, 기간

· first 1일 / second 2일 / third 3일 / fourth 4일 / fifth 5일
  eleventh 11일 / twenty second 22일 / thirty first 31일

· It's the first Tuesday in October.
  10월 첫 번째 화요일입니다.

· Her birthday is on the sixth of February. / Her birthday
  is February 6. 그녀의 생일은 2월 6일입니다.

· We're open from Monday to(through) Saturday.
  저희는 월요일부터 토요일까지 개장합니다.

· The summer sale is from July 27 to August 5.
  여름 세일은 7월 27일부터 8월 5일까지입니다.

핵심 유형 파고들기

» 정답과 해설 p.24

1 대화를 듣고, 오늘이 무슨 요일인지 고르시오.

① 월요일
② 화요일
③ 수요일
④ 목요일
⑤ 금요일

2 대화를 듣고, 생일 파티가 있는 날짜를 고르시오.

① 9월 7일
② 9월 14일
③ 9월 18일
④ 9월 21일
⑤ 9월 28일

고난도

3 대화를 듣고, 포스터의 내용과 일치하지 <u>않는</u> 것을 고르시오.

Night Walking Tour in Moore Woods

① When: June 1 ~ August 31
② Tour time: 8 p.m. ~ 9 p.m., every day
③ Tour activity: night animal watching
④ Fee: $10
⑤ Children should come with parents.

4 대화를 듣고, 포스터의 내용과 일치하지 <u>않는</u> 것을 고르시오.

① **Garage SALE**

② **Come! Get good stuff!**

③ Where: Dan's house
④ Date: October 1~3
⑤ Time: 1 p.m.~3 p.m.

5 다음을 듣고, 도표의 내용과 일치하지 <u>않는</u> 것을 고르시오.

What after-school activity do you want to do?

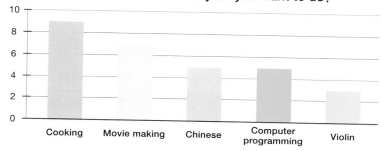

Cooking	Movie making	Chinese	Computer programming	Violin
9	7	5	5	3

①   ②   ③   ④   ⑤

고난도

6 대화를 듣고, 두 사람이 만나기로 한 날짜와 시각을 고르시오.

World Film Festival		
	August 3	August 4
9 : 00 a.m. ~ 12 : 00 p.m.	Korean movie	American movie
12 : 00 p.m. ~ 3 : 00 p.m.	French movie	Japanese movie
3 : 00 p.m. ~ 6 : 00 p.m.	Indian movie	Korean movie

① August 3, 8: 50 a.m.   ② August 4, 9: 00 a.m.
③ August 3, 11: 50 a.m.   ④ August 3, 12: 00 p.m.
⑤ August 4, 3: 00 p.m.

핵심 유형 받아쓰기

» 정답과 해설 p.24

1

대화를 듣고, 오늘이 무슨 요일인지 고르시오.

Lunch Menu
Mon. Rice and *Bulgogi*
Tue. Holiday
Wed. Rice and *Kimchi* Soup
Thu. Pizza and
   Spaghetti
Fri. Chicken Salad

① 월요일　　② 화요일　　③ 수요일
④ 목요일　　⑤ 금요일

● 기대 표현하기

I can't wait ~
'나는 ~이 매우 하고 싶다, 기다려진다.'의 뜻으로, 어떤 일에 대한 기대감을 나타낼 때 사용하며, wait 뒤에 「to+동사원형」을 넣어 쓰기도 한다.

M Hey, Kate. Do you know today's lunch menu?

W I think it's rice and *kimchi* soup, but ❶ _____ _____ _____.

M Oh, no! I ❷ _____ _____ _____ something special and delicious!

W Don't be upset. ❸ _____ _____ _____ pizza and spaghetti tomorrow.

M Really? That's my favorite. I can't wait!

2　★ 영국식 발음 녹음

대화를 듣고, 생일 파티가 있는 날짜를 고르시오.

September
Sun	Mon	Tue	Wed	Thu	Fri	Sat
					1	2
3	4	5	6	7	8	9
10	11	12	13	14	15	16
17	18	19	20	21	22	23
24	25	26	27	28	29	30

① 9월 7일　　② 9월 14일　　③ 9월 18일
④ 9월 21일　　⑤ 9월 28일

● 허락 요청하기

Let me ~
「Let me+동사원형」은 상대방의 허락을 구할 때 사용하는 표현으로 주로 승낙이 예상되는 상황에서 자신이 무엇인가를 하겠다는 의사를 밝힐 때 쓴다.

W Do you know ❶ _____ _____ _____ a birthday party for Isabella?

M I heard that ❷ _____ _____ _____ Thursday.

W Let me see. Today is the eighteenth of September. So is it on the twenty first?

M Oh, sorry. It's next Thursday, ❸ _____ _____ _____.

W Okay, I got it.

3 … 고난도

대화를 듣고, 포스터의 내용과 일치하지 **않는** 것을 고르시오.

**Night Walking Tour
in Moore Woods**

① When: June 1 ~ August 31
② Tour time: 8 p.m. ~ 9 p.m., every day
③ Tour activity: night animal watching
④ Fee: $10
⑤ Children should come with parents.

W Dad, there's a ❶ _____ _____ _____ in Moore Woods. Lucy and I want to take the tour.

M When is it?

W Every night ❷ _____ _____ _____. It's offered for the next three months.

M What activities can you do on the tour?

W We can watch night animals. It's free.

M Sorry, Sweetie. Dad's too busy to join. But I can ❸ _____ _____ _____ to there.

W Oh, Dad. Look at this poster. Kids have to take the tour with their parents.

---

¹ **rice** 밥　**special** 특별한　**upset** 화가 난, 속상한　² **coming** (시기적으로) 다가오는　**I got it.** 알았어.　³ **walking** 걷기　**offer** 제공하다　**night animals** 야행성 동물　**free** 무료의　**give ~ a ride to ...** ~를 …에 태워 주다

4

대화를 듣고, 포스터의 내용과 일치하지 <u>않는</u> 것을 고르시오.

① **Garage SALE**

② Come! Get good stuff!

③ Where: Dan's house
④ Date: October 1~3
⑤ Time: 1 p.m.~3 p.m.

M You know what? There will be ❶ _____ _____ _____ at Dan's house.

W A garage sale? What's that?

M You can ❷ _____ _____ _____ at very low prices.

W That sounds interesting. When is it?

M It's from October first to second. And ❸ _____ _____ _____ _____ from one to three in the afternoon.

W Good. Let's go together.

5

다음을 듣고, 도표의 내용과 일치하지 않는 것을 고르시오.

What after-school activity do you want to do?

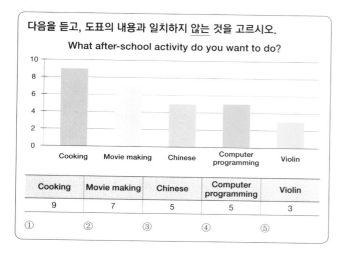

Cooking	Movie making	Chinese	Computer programming	Violin
9	7	5	5	3
①	②	③	④	⑤

① **W** The cooking class is ❶ _____ _____ _____ of the five after-school activities.

② **W** The movie making class is more popular than the Chinese class.

③ **W** The computer programming class is as popular as ❷ _____ _____ _____.

④ **W** Three students want to take the violin class.

⑤ **W** The violin class is more popular than ❸ _____ _____ _____.

6 ···

대화를 듣고, 두 사람이 만나기로 한 날짜와 시각을 고르시오.

World Film Festival

	August 3	August 4
9 : 00 a.m. ~ 12 : 00 p.m.	Korean movie	American movie
12 : 00 p.m. ~ 3 : 00 p.m.	French movie	Japanese movie
3 : 00 p.m. ~ 6 : 00 p.m.	Indian movie	Korean movie

① August 3, 8 : 50 a.m.   ② August 4, 9 : 00 a.m.
③ August 3, 11 : 50 a.m.   ④ August 3, 12 : 00 p.m.
⑤ August 4, 3 : 00 p.m.

⊙ 제안에 답하기 ·········

(That) Sounds great.
'좋은 생각이야.'라는 뜻으로, 상대방의 제안에 동의할 때 사용하는 표현이다.

W Sam, did you see this poster about the World Film Festival?

M Yes, ❶ _____ _____ _____ go to see a movie there together? It'll be fun.

W Sounds great! What kind of movie do you want to see?

M I've already seen many Korean movies. So I ❷ _____ _____ _____ a French one this time.

W Okay. Let's meet 10 minutes ❸ _____ _____.

---

⁴ garage sale (주로 차고에서 하는) 중고 물품 판매　stuff 물건　price 가격　from *A* to *B* A에서 B까지　take place 개최되다(일어나다)　⁵ after-school activity 방과 후 활동　popular 인기 있는　⁶ poster 포스터　film 영화; 필름　festival 축제　go to see a movie 영화 보러 가다　fun 재미있는　already 이미

어색한 대화 고르기

여러 개의 짧은 대화를 듣고 그중에서 서로 어울리지 않는 대화를 고르는 문제예요. 질문과 대답으로 이루어져 있는 경우가 많지만, 평서문으로 이루어진 대화도 있으니 평소에 다양한 종류의 대화 형태를 접하는 것이 중요해요.

Focus
- 의문사 의문문 – 응답 When, Where, Why …
- 일반 의문문 – 응답   Do(Can, Will) you ~?, May I ~? …
- 평서문 – 응답 감사, 동의, 승낙 …

유형잡는 대표기출 1

대화를 듣고, 두 사람의 대화가 <u>어색한</u> 것을 고르시오.

①   ②   ③   ④   ⑤

① **M** Do you have a red pen?
　　　　일반 의문문
　 W No, I don't have one.
　　　　└ Yes나 No로 대답 가능
② **M** What is your favorite holiday?

　 W I like Christmas the most.
③ **M** How often do you play computer games?
　　　　　　의문사 의문문(횟수를 물어보는 표현)
　 W Yes, it's in the living room.
　　　　└ Yes나 No로 답할 수 없음
④ **M** What do you think of my glasses?

　 W I think they look nice.
⑤ **M** Did you enjoy your meal?
　　　　일반 의문문
　 W Yes, it was delicious.
　　　　└ Yes나 No로 대답 가능

> 의문문의 종류를 파악하며 들어라!
>
> 의문사로 시작하는 의문문은 의문사에 따른 장소, 시간 등의 대답이, 일반 의문문은 Yes나 No로 시작하는 대답이 이어진다. 의문문의 시작을 잘 듣도록 하자.

유형잡는 대표기출 2

대화를 듣고, 두 사람의 대화가 <u>어색한</u> 것을 고르시오.

①   ②   ③   ④   ⑤

① **W** What time do you usually get up?　　　**M** It was last Saturday.
　　　　　　　　　　　시간을 물어보는 질문　　　　　　　　　　요일을 물어보는
② **W** How much is this hat?　　　　　　　　**M** It's $15.　질문에 안맞은 응답
③ **W** What's your favorite sport?　　　　　　**M** I like soccer most.
④ **W** How about joining our club?　　　　　 **M** That's a good idea.
⑤ **W** What's wrong? You don't look so good.　**M** I have a headache.

> 엉뚱한 대답에 주의하라!
>
> 질문과 관련이 없는 대답을 할 경우에 오답이 되므로 질문의 내용을 정확히 들어야 한다.

대화를 듣고, 두 사람의 대화가 <u>어색한</u> 것을 고르시오.

① ② ③ ④ ⑤

① **W** Thank you for helping me.   **M** It was my pleasure! – 감사함을 표현하는 대화

② **W** Long time no see!   오랜만에 만나는 사람에게 하는 인사   **M** I don't have the time.

③ **W** Aren't you hungry?   **M** Not at all. I'm full.

④ **W** I don't feel well.   **M** What's wrong? – 건강 상태에 대한 대화

⑤ **W** What's your hobby?   **M** My hobby is swimming. – 취미를 묻는 대화

📍 **일상 대화 패턴은 통째로 외워라!**

감사, 동의, 거절, 사과 등 전형적으로 정해져 있는 대화 패턴들이 출제될 때도 있으므로, 일상 회화에서 자주 쓰이는 표현들은 외워 두는 것이 좋다.

Useful Expressions   문제에 꼭 나오는 표현 모음

● 의문사 의문문

What's your favorite color? (가장 좋아하는 색깔은 무엇이니?)

I like brown. (나는 갈색을 좋아해.)

• When is your English test? – It's next Friday.
영어 시험은 언제니? – 다음 주 금요일이야.

• Where did you buy this hat? – At the ABC mall.
너는 이 모자를 어디서 샀니? – ABC 몰에서.

• Why were you late? – I missed the bus.
너는 왜 늦었니? – 나는 버스를 놓쳤어.

• Who did it? – Amy. 누가 그 일을 했니? – Amy가.

• How does Minsu go to school? - By bus.
민수는 어떻게 학교에 가니? – 버스로.

• What is your favorite food? – It's burrito.
네가 가장 좋아하는 음식은 무엇이니? – 부리또야.

● How＋형용사(부사)

• How many students are in the classroom?
교실에 얼마나 많은 학생이 있니?

• How long does it take to go home from school?
학교에서 집까지 얼마나 걸리니?

• How often do you exercise? 너는 얼마나 자주 운동을 하니?

• How old ~? ~은 몇 살이니? / How far is it? 얼마나 머니?

● 일반 의문문

• Are you going to read this book? – Yes, I am.
너는 이 책을 읽을 거니? – 응, 나는 그럴 거야.

• Did you have dinner? – Not yet.
너 저녁 먹었니? – 아니 아직.

• Will you help me? – Sure. What is it?
나를 도와줄래? – 응. 뭔데?

● 헷갈리는 의문문

• What is she like? – She is very kind.
그녀는 어떤 사람이야? – 그녀는 매우 친절해.

• What does your father do? – He is a writer.
너희 아빠는 무슨 일을 하시니? – 그는 작가야.

● 주요 기능문

• It's my pleasure. (감사, 수락) / Go ahead. (허가) /
I'm afraid I can't. (거절) / Speaking. 접니다. (전화 받을 때)

핵심 유형 파고들기

» 정답과 해설 p.27

1 대화를 듣고, 두 사람의 대화가 <u>어색한</u> 것을 고르시오.

①   ②   ③   ④   ⑤

NOTE

2 대화를 듣고, 두 사람의 대화가 <u>어색한</u> 것을 고르시오.

①   ②   ③   ④   ⑤

3 대화를 듣고, 두 사람의 대화가 <u>어색한</u> 것을 고르시오.

①   ②   ③   ④   ⑤

고난도

4 대화를 듣고, 두 사람의 대화가 <u>어색한</u> 것을 고르시오.

①   ②   ③   ④   ⑤

5 대화를 듣고, 두 사람의 대화가 <u>어색한</u> 것을 고르시오.

①   ②   ③   ④   ⑤

6 대화를 듣고, 두 사람의 대화가 <u>어색한</u> 것을 고르시오.

①   ②   ③   ④   ⑤

7 대화를 듣고, 두 사람의 대화가 <u>어색한</u> 것을 고르시오.

①   ②   ③   ④   ⑤

고난도

8 대화를 듣고, 두 사람의 대화가 <u>어색한</u> 것을 고르시오.

①   ②   ③   ④   ⑤

핵심 받아쓰기

» 정답과 해설 p.27

1

대화를 듣고, 두 사람의 대화가 <u>어색한</u> 것을 고르시오.
①　　②　　③　　④　　⑤

① **M** What is your favorite sport?
　 W ❶_____ _____ _____ the most.

② **M** Do you want some more cookies?
　 W No, thanks. ❷_____ _____.

③ **M** What does she look like?
　 W She doesn't like long curly hair.

④ **M** What do you want to be ❸_____ _____
　　　 _____?
　 W I want to be a computer programmer.

⑤ **M** Can I take a seat next to you?
　 W Yes. Go ahead.

2

대화를 듣고, 두 사람의 대화가 <u>어색한</u> 것을 고르시오.
①　　②　　③　　④　　⑤

◉ 걱정 표현하기
I'm worried about ~
'나는 ~가 걱정돼.'라는 뜻으로, 걱정이나 두려움을 표현할 때 사용한다.

① **M** What's up?
　 W I ❶_____ _____ _____ at 7:30.

② **M** Is there a post office near here?
　 W Yes. ❷_____ _____ _____ next to
　　　 the drugstore.

③ **M** When does the bus arrive?
　 W It comes every 15 minutes.

④ **M** What does ❸_____ _____ _____?
　 W She is a police officer.

⑤ **M** I'm worried about the exams.
　 W Don't worry. Just try your best.

3 ★ 영국식 발음 녹음

대화를 듣고, 두 사람의 대화가 <u>어색한</u> 것을 고르시오.
①　　②　　③　　④　　⑤

① **M** What did you do during the summer vacation?
　 W I ❶_____ _____ _____ to Busan with
　　　 my family.

② **M** Is Mt. Halla higher than Mt. Everest?
　 W No, Mt. Everest is higher than Mt. Halla.

③ **M** You know what? I can ❷_____ _____
　　　 for an hour. **W** Wow, that's surprising.

④ **M** What do you think of the book?
　 W I agree with you. ❸_____ _____ is always
　　　 fun.

⑤ **M** What was Tom doing when you saw him in the
　　　 classroom?
　 W He was doing his homework. He seemed busy.

4 ··· 고난도

대화를 듣고, 두 사람의 대화가 <u>어색한</u> 것을 고르시오.
①　　②　　③　　④　　⑤

① **M** Why don't you join me for lunch?
　 W ❶_____ _____ _____ _____.
　　　 Maybe some other time.

② **M** When is your school field trip?
　 W It's May 12. I can't wait!

③ **M** You should take off your shoes indoors.
　 W Yes, please.

④ **M** Did you hear ❷_____ _____ _____
　　　 for tomorrow?
　 W Yes. It'll be cloudy and chilly.

⑤ **M** Math is very difficult.
　 W I think so, too. ❸_____ _____ _____.

---

1 full 배부른　curly 곱슬곱슬한　take a seat 자리에 앉다　**2** drugstore 약국　every 15 minutes 15분마다　try one's best 최선을 다하다　**3** jump rope
줄넘기를 하다　surprising 놀라운　agree with ~와 동의하다　seem ~해 보이다　**4** field trip 현장 학습　take off ~을 벗다　indoors 실내에서　chilly 쌀쌀한

5

대화를 듣고, 두 사람의 대화가 <u>어색한</u> 것을 고르시오.
① ② ③ ④ ⑤

① **M** What's the matter with you?

   W I have a toothache.

② **M** May I speak to Jane, please?

   W Speaking.

③ **M** What time ❶_____ _____ _____?

   W How about two o'clock?

④ **M** Where is the nearest subway station?

   W Yes, it's very close.

⑤ **M** ❷_____ _____ _____

   come to my place?

   W Sure. What time?

6

대화를 듣고, 두 사람의 대화가 <u>어색한</u> 것을 고르시오.
① ② ③ ④ ⑤

⊙ 의견 묻기 ------------------

What do you think of ~?
'~에 대해 어떻게 생각해?'라는 뜻으로, 상대방의 의견을 물을 때 사용하는 표현이다.

① **M** ❶_____ _____ _____

   from here to the park?

   W It's about three blocks away.

② **M** ❷_____ _____ _____

   _____ the movie?

   W I like action movies the most.

③ **M** Why were you late?

   W Because my alarm clock broke.

④ **M** Can you ❸_____ _____ _____ my

   math homework?

   W Sorry. I'm busy now.

⑤ **M** Thank you for your help.

   W It's my pleasure.

7

대화를 듣고, 두 사람의 대화가 <u>어색한</u> 것을 고르시오.
① ② ③ ④ ⑤

① **M** What are you going to do this weekend?

   W I'm going to ❶_____ _____ _____.

② **M** Which do you like better, soccer or basketball?

   W I like basketball better.

③ **M** I can't sleep well at night. What should I do?

   W How about ❷_____ _____ _____

   _____ at night?

④ **M** Our team lost the game again.

   W Good for you. Congratulations.

⑤ **M** What do you want to be in the future?

   W I want to ❸_____ _____ _____. I

   like animals.

8 ··· 고난도

대화를 듣고, 두 사람의 대화가 <u>어색한</u> 것을 고르시오.
① ② ③ ④ ⑤

⊙ 유감 표현하기 ------------------

I'm sorry to hear that.
'그 말을 들으니 유감이다.'라는 뜻으로, 상대방의 안 좋은 소식을 듣고 그것에 대해 유감을 표현할 때 사용한다.

① **M** I'm going jogging. ❶_____ _____

   _____ to join me?

   W No, I'm tired. I'll take a nap at home.

② **M** What would you like for dessert?

   W Let me see the menu. I'd like some ice cream.

③ **M** Hey, what are you going to do this Sunday?

   W I ❷_____ _____ _____ the library to

   return some books.

④ **M** I'm going to go hiking tomorrow.

   W Then don't forget to ❸_____ _____

   _____.

⑤ **M** I won first prize in the speaking contest.

   W I am sorry to hear that.

---

⁵ toothache 치통 close 가까운 place (개인의) 집; 장소 ⁶ away (거리상으로) 떨어져 alarm clock 알람시계 break 고장 나다 ⁷ take a bath 목욕을 하다
lose (경기에) 지다 vet 수의사 ⁸ tired 피곤한 take a nap 낮잠을 자다 win first prize 1등 상을 타다

마지막 말에 적절하게 응답하기

대화의 마지막 문장에 이어질 것으로 가장 적절한 말을 찾는 문제예요. 전체 흐름을 파악해서 들으며 마지막 말을 놓치지 않으면 쉽게 답을 찾을 수 있어요. 선택지가 영문으로 주어지므로 평소에 일상 회화에 쓰이는 표현들을 많이 알아 두도록 해요!

Focus • 평서문에 이어질 응답 축하, 유감, 격려, 감사, 기쁨, 수락 …
      • 의문문에 이어질 응답 장소, 시간, 기간, 권유, 부탁 …

유형잡는 대표기출 **1**

대화를 듣고, 여자의 마지막 말에 이어질 남자의 응답으로 가장 적절한 것을 고르시오.

Man: _____

① How much is it?   ② Let me help you.   ③ For here or to go?
④ I'd love to, but I can't.   ⑤ Oh, I'm sorry to hear that.

M Hey, Sandy. You look worried. What's up?

W Hi, Ted. Did you hear about Mike?

M Mike? What about him?   W He's in the hospital now.

M In the hospital? What happened?

W He broke his leg when he was playing basketball this morning.
   ━ 부정적인 상황이므로 유감을 표현하는 응답이 와야 한다.

집중력을 유지해라!
마지막 말에 이어질 응답을 찾아야 하므로 마지막 말을 놓치면 결국 답을 찾지 못한다. 언제 마지막 말이 나올지 모르므로 끝까지 집중하자.

유형잡는 대표기출 **2**

대화를 듣고, 여자의 마지막 말에 이어질 남자의 응답으로 가장 적절한 것을 고르시오.

Man: _____

① That's a good idea.   ② She is good at tennis, too.
③ Well, I couldn't find anything good.   ④ The badminton game was exciting.
⑤ Yes. I saw him in the supermarket.

M Nina. Did you get anything at the school flea market today?

W Yes. I bought this badminton racket.

M Wow! It's almost new. How much was it?

W It was very cheap, only 1,000 won.

M That's great!

W I know! What did you buy?
   ━ 의문문으로 끝날 때 질문에 알맞은 응답이 와야 한다.

의문사를 잡아라!
마지막 문장이 의문사 의문문일 경우 무엇인지, 어디인지, 언제인지, 왜인지만 파악해도 답을 금방 알 수 있다. 의문사를 놓치지 말자.

유형잡는 대표기출 3

대화를 듣고, 남자의 마지막 말에 이어질 여자의 응답으로 가장 적절한 것을 고르시오.

Woman: _____

① The food was so delicious. Thank you. ② Sorry. I can't have dinner with you.
③ Come on. You should come early. ④ I like Chinese food very much.
⑤ We can get there by 6 : 30.

[Telephone rings.]

M   Hi, this is Gold Dragon restaurant. How may I help you?

W   We'd like to have dinner there this evening.
              ②의 오답의 함정!

M   Great. How many people are coming?

W   Three. Do you have a table for us?

M   Sure. When are you coming?
              언제 오는지를 묻는 상황이므로 도착 시각을 말하는 것이 답이다.

> 📍 **한 단어만 믿고 답을 고르지 마라!**
>
> 대화에서 언급된 단어나 표현을 이용한 선택지는 오답일 경우가 많으므로 주의해야 한다. 대화의 전체적인 분위기와 어조를 파악하자.

Useful Expressions 문제에 꼭 나오는 표현 모음

Pass me the salt, please. (소금 좀 건네줘.)

Here you are. (여기 있어.)

● 평서문에 이어질 응답

• 축하: I won first prize at the speech contest.
– Congratulations! 나 웅변대회에서 1등 했어. – 축하해!

• 유감 : He's still in the hospital. – That's too bad.
그는 아직 입원 중이야. – 그것참 안됐다.

• 격려: I didn't get a good grade on math test. – Cheer up! You'll do better next time. 나는 수학 시험에서 좋은 점수를 얻지 못했어. – 힘내! 너는 다음번에 잘할 거야.

• 감사: I know you did your best. – Thank you for saying that. 나는 네가 최선을 다했다는 것을 알아. – 그렇게 말씀해 주셔서 감사합니다.

• 기쁨: I won a scholarship. – I'm glad to hear that.
나는 장학금을 받았어. – 그 말을 들으니 기쁘네요.

• 사과: You are late again. – I'm really sorry.
너 또 늦었구나. – 정말 미안해.

• 기원: I have an interview tomorrow. – I'll keep my fingers crossed for you. 나 내일 면접이 있어. – 행운을 빌어.

● 의문사 의문문에 이어질 응답

• 장소: Where are they? – They are on the table.
그것들은 어디에 있니? – 그것들은 탁자 위에 있어.

• 시간: When shall we meet? – How about at 5?
우리 언제 만날까? – 5시 어때?

• 기간: How long were you there? – For two weeks.
너는 거기에 얼마나 있었니? – 2주 동안.

● 일반 의문문에 이어질 응답

• 권유: Do you want some more cookies? – No, thanks. I'm full. 쿠키를 좀 더 먹을래? – 아니. 나 배불러.

• 부탁: Can you help me with my homework? – Sure.
내 숙제를 도와줄래? – 물론이지.

• 계획: Are you going to take swimming class? – I am not sure. 너는 수영 강습을 받을 예정이니? – 잘 모르겠어.

1 대화를 듣고, 여자의 마지막 말에 이어질 남자의 응답으로 가장 적절한 것을 고르시오.

NOTE

Man: _____

① Cheer up.　　　　② Watch out!
③ Good for you!　　④ I'm afraid I can't.
⑤ I'm sorry to hear that.

2 대화를 듣고, 남자의 마지막 말에 이어질 여자의 응답으로 가장 적절한 것을 고르시오.

Woman: _____

① I don't like math.
② It's a difficult problem.
③ No, I want to be a math teacher.
④ Please help me solve this question.
⑤ Well, I feel happy when I get the answer.

3 대화를 듣고, 남자의 마지막 말에 이어질 여자의 응답으로 가장 적절한 것을 고르시오.

Woman: _____

① Hold on, please.
② I don't think he's home.
③ May I ask who's calling?
④ You have the wrong number.
⑤ Please tell him that I called.

고난도

4 대화를 듣고, 여자의 마지막 말에 이어질 남자의 응답으로 가장 적절한 것을 고르시오.

Man: _____

① It's the newest model.
② You can use my cellphone.
③ Someone found it for me.
④ No, I didn't set up a password.
⑤ Yes, I spend too much time with it.

5 대화를 듣고, 남자의 마지막 말에 이어질 여자의 응답으로 가장 적절한 것을 고르시오.

NOTE

Woman: _____

① I'm staying at my aunt's house.
② I'm on a business trip.
③ The flight was great.
④ The hotel is near my house.
⑤ I'd like to visit many places.

6 대화를 듣고, 남자의 마지막 말에 이어질 여자의 응답으로 가장 적절한 것을 고르시오.

Woman: _____

① Yes. Here it is.
② That's too bad.
③ No. Will you teach me?
④ I like to listen to classical music.
⑤ Yes, I'm good at playing the guitar.

7 대화를 듣고, 남자의 마지막 말에 이어질 여자의 응답으로 가장 적절한 것을 고르시오.

Woman: _____

① Thank you, but I'm full.
② Yes. I always carry my mug.
③ I don't enjoy drinking coffee.
④ I think coffee is expensive in Korea.
⑤ Using plastic cups is bad for the environment.

고난도

8 대화를 듣고, 여자의 마지막 말에 이어질 남자의 응답으로 가장 적절한 것을 고르시오.

Man: _____

① Congratulations!
② Sounds interesting.
③ That was really kind of you!
④ I'm happy to see you again.
⑤ Don't mention it.

1

대화를 듣고, 여자의 마지막 말에 이어질 남자의 응답으로 가장 적절한 것을 고르시오.

Man: _____

① Cheer up.　　　　　② Watch out!
③ Good for you!　　　　④ I'm afraid I can't.
⑤ I'm sorry to hear that.

M ❶_____ _____? You look very excited.
W Yes, I'm really happy. I have good news.
M What is it?
W You know I ❷_____ _____ _____
_____, right? She just ❸_____ _____
_____ five puppies.　**M** Good for you!

2

대화를 듣고, 남자의 마지막 말에 이어질 여자의 응답으로 가장 적절한 것을 고르시오.

Woman: _____

① I don't like math.
② It's a difficult problem.
③ No, I want to be a math teacher.
④ Please help me solve this question.
⑤ Well, I feel happy when I get the answer.

◉ 이해 상태 나타내기
I don't understand.
'이해가 안 돼.'의 뜻으로, 어떤 상황에 대한 이해 상태를 나타낼 때 사용하는 표현이다.

M Lisa, did you solve this math problem?
W Yes, but ❶_____ _____ _____.
M You're ❷_____ _____ _____. How do you study math?
W I just enjoy ❸_____ _____ _____.
M You enjoy solving problems? I don't understand.
W Well, I feel happy when I get the answer.

3

대화를 듣고, 남자의 마지막 말에 이어질 여자의 응답으로 가장 적절한 것을 고르시오.

Woman: _____

① Hold on, please.
② I don't think he's home.
③ May I ask who's calling?
④ You have the wrong number.
⑤ Please tell him that I called.

[Telephone rings.]

M Hello.
W Hello. May I ❶_____ _____ Eric, please?
M Sorry, but ❷_____ _____ _____. Who's calling, please?
W This is Emily. Can I leave a message for him?
M Sure. Go ahead.　**W** Please tell him that I called.

4 … 고난도

대화를 듣고, 여자의 마지막 말에 이어질 남자의 응답으로 가장 적절한 것을 고르시오.

Man: _____

① It's the newest model.
② You can use my cellphone.
③ Someone found it for me.
④ No, I didn't set up a password.
⑤ Yes, I spend too much time with it.

M I can't find my cellphone anywhere.
W Did you ❶_____ _____ _____?
M Yes, but it wasn't there.
W ❷_____ _____ _____ your number. *[pause]* It's ringing but no one's answering.
M Could you ❸_____ _____ _____ to my cellphone?
W Yes, but isn't your cellphone locked?
M No, I didn't set up a password.

---

¹ **excited** 흥분된, 신나는　**pet** 애완동물　**give birth to** ~을 낳다(출산하다)　**puppy** 강아지　² **solve** (문제를) 풀다　**math** 수학　**genius** 천재　³ **leave a message** 메시지를 남기다　**Go ahead.** 어서 하세요(말씀하세요).　⁴ **anywhere** 어디에서도　**backpack** 배낭　**ring** 벨이 울리다　**locked** 잠겨 있는

5

대화를 듣고, 남자의 마지막 말에 이어질 여자의 응답으로 가장 적절한 것을 고르시오.

Woman: _____

① I'm staying at my aunt's house.
② I'm on a business trip.
③ The flight was great.
④ The hotel is near my house.
⑤ I'd like to visit many places.

M Can I see your passport, please?
W Yes. ❶ _____ _____ _____.
M How long are you going to stay in the United States?
W ❷ _____ _____ _____.
M Where are you going to ❸ _____ _____?
W I'm staying at my aunt's house.

6

대화를 듣고, 남자의 마지막 말에 이어질 여자의 응답으로 가장 적절한 것을 고르시오.

Woman: _____

① Yes. Here it is.
② That's too bad.
③ No. Will you teach me?
④ I like to listen to classical music.
⑤ Yes, I'm good at playing the guitar.

W Wow! ❶ _____ _____ _____ _____!
M Thanks. My mom gave it to me as a Christmas gift.
W Can you play the flute?
M Yes, I ❷ _____ _____ from my uncle.
W I didn't know that. How wonderful!
M How about you? Can you ❸ _____ _____?
W No. Will you teach me?

7

★ 영국식 발음 녹음

대화를 듣고, 남자의 마지막 말에 이어질 여자의 응답으로 가장 적절한 것을 고르시오.

Woman: _____

① Thank you, but I'm full.
② Yes. I always carry my mug.
③ I don't enjoy drinking coffee.
④ I think coffee is expensive in Korea.
⑤ Using plastic cups is bad for the environment.

M Do you want some coffee, Lucy?
W Yes, thank you. Just a moment. Let me ❶ _____ _____ _____ _____.
M Oh, do you carry your own mug?
W Yes, I don't use paper or plastic cups.
M Do you ❷ _____ _____ _____ at coffee shops, too?
W Yes. I always carry my mug.

8 ··· 고난도

대화를 듣고, 여자의 마지막 말에 이어질 남자의 응답으로 가장 적절한 것을 고르시오.

Man: _____

① Congratulations!
② Sounds interesting.
③ That was really kind of you!
④ I'm happy to see you again.
⑤ Don't mention it.

◉ 설명 요청하기
What do you mean?
'무슨 의미야?'라는 뜻으로, 상대방에게 설명을 요청할 때 사용한다.

M Rosa, I heard you were late today. What happened?
W I ❶ _____ _____ _____ someone.
M What do you mean?
W An old gentleman ❷ _____ _____ the way to the station.
M You mean the subway station?
W Yes, so I ❸ _____ _____ _____.
M That was really kind of you!

---

⁵ passport 여권 stay 머무르다 the United States 미국 ⁶ flute 플루트 play (악기를) 연주하다 learn 배우다 ⁷ take out 꺼내다 mug 머그잔 carry 가지고 다니다 ⁸ someone 누군가 mean 의미하다 gentleman 신사 way 길 station 역 walk (걸어서) 바래다주다

Fun Fun English!

💬 여긴 어디야?

> Welcome to my place!

> **Where is here?** (×)
> **Where am I?** (○)

> There is nothing to eat.

"여긴 어디야?"라는 말을 할 때 '여기'에 해당하는 **here**을 쓰지 않도록 주의해요. "나는 지금 어디에 있는 거지?"라는 말은 **Where am I?**가 맞는 표현이에요.

💬 파이팅! 힘내!

> **Fighting!** (×)
> **Way to go!** (○)

> I don't think I can finish the race.

상대방을 격려하거나 힘을 내라는 말을 할 때 보통 "파이팅!"이라고 하지만, 이것은 틀린 표현이랍니다. 영어로 해석하면 "싸우자! 싸움!"이라는 뜻이 되어버려요. **Way to go!**나 **Go for it!** 등이 바른 표현이니 꼭 기억해 두도록 해요.

Finish Line

> Do you know what running is all about?

💬 컨닝 금지!

No cunning! (×)
No cheating! (○)

Yes, sir!

I try not to, but I can see everything!

'컨닝(cunning)'은 '교활한'이라는 뜻의 형용사로, 우리나라에서 그 의미가 와전되어 잘못 쓰이고 있는 단어예요. 시험에서의 부정행위는 cheating이라고 합니다. 동사 cheat은 '속이다, 사기 치다'라는 뜻으로, She is cheating on the test.는 '그녀는 시험에서 부정행위를 하고 있어.'라는 의미가 돼요.

💬 저 가요!, 저 가고 있어요!

Hurry up!
We are late.

I'm going! (×)
I'm coming! (○)

I'm trying my best with these short legs!

"저 (지금) 가요, 가고 있어요!"에서 '간다'라는 말에 해당하는 go를 사용해서 "I'm going!"이라고 하면 잘못된 표현이에요. going이 아닌 coming을 써야 정확한 표현이 된답니다. 누군가 나를 부르는 상황일 때, 예를 들어 엄마가 방에서 나오라고 부르거나, 현관에서 누군가 벨을 눌러서 나가봐야 할 때 등 다양한 상황에서 쓰이니 꼭 알아두도록 해요.

The merit of an action lies in finishing it to the end.
- Genghis Khan

행동의 가치는
그 행동을 끝까지 이루는 데 있다.

– 칭기즈칸

PART 2

실전에
대비하라

01 대화를 듣고, 두 사람이 구입할 스카프로 가장 적절한 것을 고르시오.

02 다음을 듣고, 내일의 날씨로 가장 적절한 것을 고르시오.

03 다음을 듣고, 'this'가 가리키는 것으로 가장 적절한 것을 고르시오.

04 대화를 듣고, 남자가 한 마지막 말의 의도로 가장 적절한 것을 고르시오.

① 조언   ② 칭찬   ③ 감사
④ 축하   ⑤ 격려

05 다음을 듣고, 남자가 K Gallery에 대해 언급하지 <u>않은</u> 것을 고르시오.

① 위치   ② 관람 요금   ③ 만든 사람
④ 전시물   ⑤ 닫는 시각

06 대화를 듣고, 두 사람이 만날 시각을 고르시오.

① 4 : 00   ② 4 : 30   ③ 5 : 00
④ 5 : 30   ⑤ 6 : 00

07 대화를 듣고, 여자의 장래 희망으로 가장 적절한 것을 고르시오.

① 영화배우   ② 지휘자   ③ 피아니스트
④ 영화감독   ⑤ 만화가

08 대화를 듣고, 남자의 심정으로 가장 적절한 것을 고르시오.

① 들떠 있는   ② 불안한
③ 편안한   ④ 부러워하는
⑤ 만족스러운

09 대화를 듣고, 여자가 주말에 할 일로 가장 적절한 것을 고르시오.

① 조부모님 방문하기   ② 부산 여행하기
③ 캠핑하기   ④ 낚시하기
⑤ 텐트 사러 가기

10 대화를 듣고, 무엇에 관한 내용인지 가장 적절한 것을 고르시오.

① 중간고사 일정   ② 여름 방학 기간
③ 학교 축제 계획   ④ 시험공부 계획
⑤ 기말고사 결과

11 대화를 듣고, 두 사람이 이용할 교통수단으로 가장 적절한 것을 고르시오.

① 택시   ② 지하철   ③ 버스
④ 자전거   ⑤ 기차

12 대화를 듣고, 남자가 전화를 받지 <u>못한</u> 이유로 가장 적절한 것을 고르시오.

① 전화기를 분실해서   ② 전화기가 고장 나서
③ 일하느라 바빠서   ④ 수영장에 있어서
⑤ 배터리가 없어서

13 대화를 듣고, 두 사람의 관계로 가장 적절한 것을 고르시오.

① 기자 — 가수   ② 작사가 — 작곡가
③ 기자 — 운동선수   ④ 지휘자 — 연주자
⑤ 영화배우 — 매니저

14 대화를 듣고, 여자가 가려고 하는 장소를 고르시오.

15 대화를 듣고, 여자가 남자에게 부탁한 일로 가장 적절한 것을 고르시오.

① 여동생 데리고 오기
② 여동생 숙제 도와주기
③ 피자 재료 사 오기
④ 저녁 식사 후 설거지하기
⑤ 여동생과 저녁 식사하기

16 대화를 듣고, 남자가 여자에게 제안한 것으로 가장 적절한 것을 고르시오.

① 줄넘기 준비하기   ② 운동하기
③ 메모하기   ④ 일찍 잠자기
⑤ 체육 수업 참여하기

17 대화를 듣고, 여자의 아들이 잃어버린 물건을 고르시오.

① 가방   ② 모자   ③ 소설책
④ 토끼 인형   ⑤ 휴대폰

18 대화를 듣고, 남자의 직업으로 가장 적절한 것을 고르시오.

① 의사   ② 꽃 가게 점원
③ 구급차 운전기사   ④ 버스 운전기사
⑤ 자동차 정비공

[19~20] 대화를 듣고, 남자의 마지막 말에 이어질 여자의 응답으로 가장 적절한 것을 고르시오.

19 Woman: _____

① That's great.
② Not so good.
③ Sorry, but I can't.
④ Glad to meet you.
⑤ I'm sorry to hear that.

20 Woman: _____

① It takes only ten minutes.
② Take bus number 7.
③ It's the best time to visit there.
④ Many people visit the tower every day.
⑤ I'd like to visit Green Park.

01

대화를 듣고, 두 사람이 구입할 스카프로 가장 적절한 것을 고르시오.

① ② ③
④ ⑤

M What do you think of ❶_____ _____ for Mom for Parents' Day?

W It's not bad, but ❷_____ _____ _____ _____ are too big.

M Okay. Then how about this one? The circles are small and cute.

W Good. Mom will love it. ❸_____ _____ _____.

02

다음을 듣고, 내일의 날씨로 가장 적절한 것을 고르시오.

① ② ③
④ ⑤

W This is the weather report for today and tomorrow. This morning, ❶_____ _____ _____, and it will get windy in the afternoon. The ❷_____ _____ _____ _____ during the night. Tomorrow, ❸_____ _____ all day long.

03

다음을 듣고, 'this'가 가리키는 것으로 가장 적절한 것을 고르시오.

① ② ③
④ ⑤

W Do you like ❶_____ _____ _____ _____? Do you enjoy sunbathing? If you do, ❷_____ _____ _____ _____. A lot of sunlight is very bad for your skin. If you put this on, your skin will be okay. This blocks out the sun, and your skin will ❸_____ _____. What is this?

04 (★ 영국식 발음 녹음)

대화를 듣고, 남자가 한 마지막 말의 의도로 가장 적절한 것을 고르시오.

① 조언 ② 칭찬 ③ 감사
④ 축하 ⑤ 격려

M Your eyes are red. What's wrong?

W I think I ❶_____ _____ _____ too long.

M How long did you play the games?

W More than six hours. ❷_____ _____ _____ _____ stop playing computer games.

M How about moving your computer ❸_____ _____ _____ _____?

---

01 Parents' Day 어버이날 circle 원, 동그라미 02 during ~동안에 all day long 하루 종일 03 enjoy 즐기다 sunbathe 일광욕하다 sunlight 햇빛 skin 피부 block out ~을 막다, 차단하다 protect 보호하다 04 red (눈이) 빨간, 충혈된 more than ~보다 많이 move 옮기다 living room 거실

05

다음을 듣고, 남자가 K Gallery에 대해 언급하지 않은 것을 고르시오.

① 위치   ② 관람 요금
③ 만든 사람   ④ 전시물
⑤ 닫는 시각

W Today I visited the K Gallery. It's in a small village called Samdalri, in Jeju-do. ❶_____ _____ _____ by a photographer, Kim Young-gap. His photos really ❷_____ _____ _____ of Jeju-do and I felt his passion. The gallery closes at six p.m. I arrived there at five. So ❸_____ _____ _____ _____ for an hour. I will visit there tomorrow again.

06

대화를 듣고, 두 사람이 만날 시각을 고르시오.

① 4 : 00 ② 4 : 30 ③ 5 : 00
④ 5 : 30 ⑤ 6 : 00

W Mike, we ❶_____ _____ the group report today. Why don't we meet at the school library at 4 o'clock?
M Sorry, but I have a taekwondo lesson.
W What time ❷_____ _____ _____?
M At 5 : 00 o'clock.
W Then how about 5 : 30?
M Okay, ❸_____ _____ _____.

07

대화를 듣고, 여자의 장래 희망으로 가장 적절한 것을 고르시오.

① 영화배우   ② 지휘자
③ 피아니스트   ④ 영화감독
⑤ 만화가

W Did you watch the movie *The Concert*?
M Yeah, the story about the genius pianist, right?
W Yes. I think that the actress was great. I like ❶_____ _____.
M Me, too. I heard she practiced playing the piano a lot. She ❷_____ _____ a real pianist.
W I agree. I want to be ❸_____ _____ _____ like her.

05 village 마을 **photographer** 사진작가 **capture** (분위기를) 포착하다 **passion** 열정 **arrive** 도착하다 **06** **should** ~ 해야 한다 **write** 작성하다, 집필하다 **lesson** 수업 **07** **genius** 천재 **actress** 여배우 **acting** 연기 **practice** 연습하다 **real** 진짜의 **agree** 동의하다

01회 실전 모의고사 **105**

08 （★영국식 발음 녹음）

대화를 듣고, 남자의 심정으로 가장 적절한 것을 고르시오.

① 들떠 있는   ② 불안한
③ 편안한   ④ 부러워하는
⑤ 만족스러운

M   You know what? There is a soccer match between Korea and Brazil this evening.
W   Yeah, I know. Which team do you think ❶_____ _____?
M   Korea for sure!
W   ❷_____ _____ _____.
M   I can't wait to see the game. I'm so excited.
W   Me, too. It'll be ❸_____ _____ _____.

09

대화를 듣고, 여자가 주말에 할 일로 가장 적절한 것을 고르시오.

① 조부모님 방문하기
② 부산 여행하기
③ 캠핑하기
④ 낚시하기
⑤ 텐트 사러 가기

W   What are you going to do this weekend?
M   ❶_____ _____ _____ _____ my grandparents in Busan. How about you?
W   I'm going camping ❷_____ _____ _____ with my family.
M   Sounds fun. Will you bring your own tent?
W   Yes. My father will ❸_____ _____ _____.

10

대화를 듣고, 무엇에 관한 내용인지 가장 적절한 것을 고르시오.

① 중간고사 일정
② 여름 방학 기간
③ 학교 축제 계획
④ 시험공부 계획
⑤ 기말고사 결과

M   When do ❶_____ _____ _____ at your school?
W   They start next Tuesday.
M   That's the same as at my school. Do you take tests ❷_____ _____ _____?
W   No. ❸_____ _____ _____ for three days.
M   Oh, really? We will have four days of tests.

11

대화를 듣고, 두 사람이 이용할 교통 수단으로 가장 적절한 것을 고르시오.

① 택시   ② 지하철   ③ 버스
④ 자전거   ⑤ 기차

M   Amy, how can we go to the museum?
W   We can take ❶_____ _____ _____ _____.
M   Which ❷_____ _____, a subway station or a bus stop?
W   The subway station is about a ten-minute walk from here. But there's ❸_____ _____ _____ just across the street.
M   Then let's ❹_____ _____ _____.
W   Okay.

---

08 match 경기 Brazil 브라질 win 이기다 for sure 확실히, 틀림없이 09 grandparents 조부모님 bring 가져오다 own 자신(소유)의 set up 설치하다 10 mid-term exam 중간고사 the same as ~와 똑같은 take a test 시험을 치르다 11 museum 박물관 across ~의 건너편에

106 PART 2 실전에 대비하라

12 (★ 영국식 발음 녹음)

대화를 듣고, 남자가 전화를 받지 못한
이유로 가장 적절한 것을 고르시오.

① 전화기를 분실해서
② 전화기가 고장 나서
③ 일하느라 바빠서
④ 수영장에 있어서
⑤ 배터리가 없어서

W Mike, ❶_____ _____ _____ answer the phone?
M Did you call me?
W Yes, I ❷_____ _____ four times.
M I was in the swimming pool, so I didn't know that.
W ❸_____ _____ _____ _____.
M I'm sorry, Mom.

13

대화를 듣고, 두 사람의 관계로 가장
적절한 것을 고르시오.

① 기자 — 가수
② 작사가 — 작곡가
③ 기자 — 운동선수
④ 지휘자 — 연주자
⑤ 영화배우 — 매니저

M Hello. I'm Tony Lou from Teens' Life.
W Good to see you, Mr. Lou. I'm happy to talk about my new album.
M I enjoyed the album. You tried hip-hop ❶_____ _____ _____, right?
W Yes, I worked with MC Hoony.
M He is a great musician. Do you ❷_____ _____ _____ for a concert?
W Yes, I'll ❸_____ _____ _____ next month.
M I'll be looking forward to your concert. Thank you for your time.

14

대화를 듣고, 여자가 가려고 하는 장소
를 고르시오.

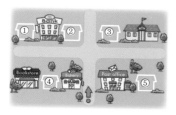

W Excuse me. Is there a flower shop ❶_____ _____?
M Yes. There is one near here.
W Can you tell me ❷_____ _____ _____?
M Go straight one block and turn left. Then, you will see the bakery ❸_____ _____ _____. The flower shop is next to the bakery.
W I see. Thanks.

---

12 answer the phone 전화를 받다   swimming pool 수영장   worried 걱정하는   **13** try 시도하다   hip-hop 힙합   for the first time 처음으로
musician 음악가   plan 계획   concert 콘서트   look forward to ~을 기대하다   **14** around ~의 주변에, 주위에   near ~에서 가까이; 가까운

15

대화를 듣고, 여자가 남자에게 부탁한
일로 가장 적절한 것을 고르시오.

① 여동생 데리고 오기
② 여동생 숙제 도와주기
③ 피자 재료 사 오기
④ 저녁 식사 후 설거지하기
⑤ 여동생과 저녁 식사하기

W Steve, can you ❶_____ _____ _____ _____?
M Sure, Mom. What is it?
W I think ❷_____ _____ _____ today. Can you have dinner with your little sister?
M Okay.
W There are some bread and vegetables in the refrigerator. You can ❸_____ _____ _____ _____. Or You can order a pizza if you want.
M Okay, Mom. Don't worry.

16 (★영국식 발음 녹음)

대화를 듣고, 남자가 여자에게 제안한
것으로 가장 적절한 것을 고르시오.

① 줄넘기 준비하기
② 운동하기
③ 메모하기
④ 일찍 잠자기
⑤ 체육 수업 참여하기

M Jane, did you bring a jump rope?
W Why?
M We ❶_____ _____ for P.E.
W Oh, I forgot. I ❷_____ _____ too often. How do you remember things so well?
M I ❸_____ _____ _____ and check them before going to bed. Why don't you take notes?
W That's a good idea.

17

대화를 듣고, 여자의 아들이 잃어버린
물건을 고르시오.

① 가방   ② 모자
③ 소설책   ④ 토끼 인형
⑤ 휴대폰

[Telephone rings.]
M Hello. ❶_____ _____ _____ at Universal Studios.
W Hello. My son ❷_____ _____ _____ in the Harry Potter Land.
M What color is it?
W It's white, and there's a rabbit on it.
M Is there anything else on it?
W No, there's ❸_____ _____ _____ _____.

---

¹⁵ do ~ a favor ~의 부탁을 들어주다   **vegetable** 채소   **refrigerator** 냉장고   **order** 주문하다   ¹⁶ **jump rope** 줄넘기 줄   **forget** 잊다   **remember** 기억하다   **take notes** 기록(메모)하다   ¹⁷ **lost and found** 분실물 센터   **lose** 잃어버리다   **cap** 모자   **anything else** 그 밖에 다른 것

18

대화를 듣고, 남자의 직업으로 가장 적절한 것을 고르시오.

① 의사
② 꽃 가게 점원
③ 구급차 운전기사
④ 버스 운전기사
⑤ 자동차 정비공

M Mina, I finally got the job ❶_____ _____!

W Oh, really? What do you like about your job?

M I feel good about myself when I ❷_____ _____ _____ to the hospital.

W Great! ❸_____ _____ _____?

M I drive an ambulance.

[19~20] 대화를 듣고, 남자의 마지막 말에 이어질 여자의 응답으로 가장 적절한 것을 고르시오.

19

Woman: _____

① That's great.
② Not so good.
③ Sorry, but I can't.
④ Glad to meet you.
⑤ I'm sorry to hear that.

W ❶_____ _____ _____ _____ the soccer game yesterday?

M I don't know yet. ❷_____ _____ _____ my classmates.

W You didn't watch the big game? Why?

M I was absent yesterday because I ❸_____ _____ _____ _____. I stayed in bed all day.

W I'm sorry to hear that.

20 ★영국식 발음 녹음

Woman: _____

① It takes only ten minutes.
② Take bus number 7.
③ It's the best time to visit there.
④ Many people visit the tower every day.
⑤ I'd like to visit Green Park.

W Hello. May I help you?

M I'm going to ❶_____ _____ _____ in this city. Can you recommend some places to visit?

W ❷_____ _____ _____ N Tower? You can enjoy the most beautiful night view there.

M How can I ❸_____ _____ _____ _____?

W Take bus number 7.

---

¹⁸ take *A* to *B* A를 B로 데려가다 ambulance 구급차 ¹⁹ yet 아직 absent 결석한 have a cold 감기에 걸리다 stay in bed 침대에 (계속) 누워 있다 all day 하루 종일 ²⁰ recommend 추천하다 visit 방문하다 enjoy 즐기다 night view 야경

01 다음을 듣고, 'this'가 가리키는 것으로 가장 적절한 것을 고르시오.

①   ②   ③

④   ⑤

02 대화를 듣고, 두 사람이 구입할 티셔츠로 가장 적절한 것을 고르시오.

①   ②   ③

④   ⑤

03 다음을 듣고, 오늘 밤 날씨로 가장 적절한 것을 고르시오.

①   ②   ③

④   ⑤

04 대화를 듣고, 여자가 한 마지막 말의 의도로 가장 적절한 것을 고르시오.

① 칭찬 ② 위로 ③ 항의
④ 거절 ⑤ 금지

05 다음을 듣고, 오늘 남자가 받지 <u>않은</u> 수업을 고르시오.

① 국어 ② 수학 ③ 미술
④ 체육 ⑤ 영어

06 대화를 듣고, 두 사람이 만날 시각을 고르시오.

① 3:30 ② 3:45 ③ 4:00
④ 4:15 ⑤ 4:30

07 대화를 듣고, 남자의 장래 희망으로 가장 적절한 것을 고르시오.

① 건축가 ② 여행 가이드
③ 비행사 ④ 비행기 승무원
⑤ 여행 작가

08 대화를 듣고, 남자의 심정으로 가장 적절한 것을 고르시오.

① 행복한 ② 기대하는 ③ 긴장한
④ 좌절한 ⑤ 두려운

09 대화를 듣고, 두 사람이 먼저 할 일로 가장 적절한 것을 고르시오.

① 미술관 가기 ② 운동하기
③ 숙제하기 ④ 욕실 청소하기
⑤ 정원에 물 주기

10 대화를 듣고, 무엇에 관한 내용인지 가장 적절한 것을 고르시오.

① 취미 생활 ② 과학 숙제 ③ 요리법
④ 장래 희망 ⑤ 토론 주제

11 대화를 듣고, 여자가 오늘 집에 갈 방법으로 가장 적절한 것을 고르시오.

① bus　　　② taxi　　　③ subway
④ walking　⑤ bike

12 대화를 듣고, 남자가 도서관에 가는 이유로 가장 적절한 것을 고르시오.

① 공부하기 위해서
② 동생을 데려오기 위해서
③ 책을 반납하기 위해서
④ 자원봉사하기 위해서
⑤ 아르바이트를 하기 위해서

13 대화를 듣고, 두 사람의 관계로 가장 적절한 것을 고르시오.

① 영화감독 — 배우
② 사진작가 — 모델
③ 옷 가게 점원 — 손님
④ 패션 디자이너 — 리포터
⑤ 운동 트레이너 — 강습생

14 대화를 듣고, 난타 극장의 위치로 가장 알맞은 곳을 고르시오.

15 대화를 듣고, 여자가 남자에게 부탁한 일로 가장 적절한 것을 고르시오.

① 전화 받아 주기　　② 집안 청소하기
③ 온라인 쇼핑하기　　④ 컴퓨터 점검하기
⑤ 콘서트 표 예매하기

16 대화를 듣고, 남자가 여자에게 제안한 것으로 가장 적절한 것을 고르시오.

① 새로운 학교 알아보기　② 집에 일찍 가기
③ 동아리 가입하기　　　④ 매일 전화하기
⑤ 아침 운동하기

17 대화를 듣고, 여자가 할 일로 가장 적절한 것을 고르시오.

① 회의 참여하기　　　② 보고서 쓰기
③ 숙제 걷어 오기　　　④ 과제 채점하기
⑤ 급우 불러오기

18 대화를 듣고, 남자의 직업으로 가장 적절한 것을 고르시오.

① 교사　　　② 경찰관　　　③ 학부모
④ 학생　　　⑤ 운전 강사

[19~20] 대화를 듣고, 남자의 마지막 말에 이어질 여자의 응답으로 가장 적절한 것을 고르시오.

19 Woman: _____

① Cheer up.　　　② Good luck.
③ No problem.　　④ Okay, I will.
⑤ That's all right.

20 Woman: _____

① I really liked the storyline.
② Hillary Swank plays the main role.
③ The ending of the movie is sad.
④ It was good. I liked the main character.
⑤ It's about a teacher's love for her students.

» 정답과 해설 p.35

01

다음을 듣고, 'this'가 가리키는 것으로 가장 적절한 것을 고르시오.

① ② ③
④ ⑤

W You use this when you ❶_____ _____ a computer. By ❷_____ _____ _____ with your hand, you can choose some icons on the computer screen. Its name ❸_____ _____ the name of a real animal. What is this?

02

대화를 듣고, 두 사람이 구입할 티셔츠로 가장 적절한 것을 고르시오.

① ② ③ OXFORD UNIVERSITY
④ ⑤

M Justin's birthday is next week.
W Let's buy him a T-shirt ❶_____ _____ _____.
M Good idea. Let's search for T-shirts on the Internet.
W ❷_____ _____ _____ _____ with the superhero character on it?
M He doesn't like characters. What about this one with the university logo?
W Hey, it's not pretty. I like this one ❸_____ _____ _____ _____ on it.
M Oh, it's so cute. Okay. Let's buy it.

03

다음을 듣고, 오늘 밤 날씨로 가장 적절한 것을 고르시오.

① ② ③
④ ⑤

M Good morning. This is the weather report for today. It is ❶_____ _____ _____ now. But it's going to be cloudy this evening. It'll start raining tonight. Be sure to carry your umbrella with you ❷_____ _____ _____ _____. Thank you.

04 (★ 영국식 발음 녹음)

대화를 듣고, 여자가 한 마지막 말의 의도로 가장 적절한 것을 고르시오.

① 칭찬   ② 위로   ③ 항의
④ 거절   ⑤ 금지

M Mom, I'm so sorry. I played ball and broke the window in my room.
W What? Are you okay? ❶_____ _____ _____, are you?
M I'm ❷_____ _____.
W Whew... I told you. You shouldn't ❸_____ _____ _____ _____ in your room.

---

01 move around 여기저기로 움직이다   choose 선택하다   icon (컴퓨터 화면의) 아이콘   **02** search 검색하다   character 캐릭터, 등장인물   logo 상징
03 be sure to 반드시 ~ 해라   carry 가지고 다니다   go out 외출하다   **04** play ball 공놀이하다   hurt 다친

05

다음을 듣고, 오늘 남자가 받지 <u>않은</u> 수업을 고르시오.

① 국어　② 수학　③ 미술
④ 체육　⑤ 영어

M Today I ❶_____ _____ _____. The first class was Korean and ❷_____ _____ _____. Then, I had two art classes. After lunch, I had P.E., but our P.E. teacher didn't come to school. So ❸_____ _____ English instead.

06

대화를 듣고, 두 사람이 만날 시각을 고르시오.

① 3 : 30　② 3 : 45　③ 4 : 00
④ 4 : 15　⑤ 4 : 30

W Shall we ❶_____ _____ _____ *The Truth* this Saturday?
M Good idea! When shall we meet?
W The movie starts at half past 4. Let's meet ❷_____ _____ _____ the theater at 4 : 15.
M ❸_____ _____ _____ at four? I'd like to buy some popcorn and drinks.
W Sure. See you then.

07

대화를 듣고, 남자의 장래 희망으로 가장 적절한 것을 고르시오.

① 건축가
② 여행 가이드
③ 비행사
④ 비행기 승무원
⑤ 여행 작가

M What do you want to be, Cindy?
W ❶_____ _____ _____ different types of buildings, so I want to be an architect. What about you?
M I like ❷_____ _____ _____ _____.
W Then, do you want to be a tour guide?
M No, I want to be a ❸_____ _____.

08 (★영국식 발음 녹음)

대화를 듣고, 남자의 심정으로 가장 적절한 것을 고르시오.

① 행복한　② 기대하는
③ 긴장한　④ 좌절한
⑤ 두려운

W Hi, Tom. How was your play yesterday?
M I think ❶_____ _____ _____ _____ acting.
W What happened?
M I ❷_____ _____ _____ of a teacher, but I forgot my lines. I couldn't say anything on stage.
W Oh, no! I understand ❸_____ _____ _____.

⁰⁵ **instead** 그 대신에　⁰⁶ **half past 4** 4시 반　**theater** 극장　⁰⁷ **type** 유형, 종류　**architect** 건축가　**tour guide** 여행 가이드　**flight attendant** 비행기 승무원　⁰⁸ **play** 극, 연극; ~을 연기하다　**be good at** ~을 잘하다　**role** 역할　**line** (영화 · 연극의) 대사　**on stage** 무대 위에서

09

대화를 듣고, 두 사람이 먼저 할 일로
가장 적절한 것을 고르시오.

① 미술관 가기　② 운동하기
③ 숙제하기　④ 욕실 청소하기
⑤ 정원에 물 주기

W James, where are you going?

M I'm going to a gallery. Remember the ❶_____ _____?

W Oh, gosh. I forgot about it.

M You can join me. It'll be more fun together.

W Can I? But can you ❷_____ _____ _____ _____? I should finish ❸_____ _____ _____.

M Sure. Let me help you.

W Thanks.

10

대화를 듣고, 무엇에 관한 내용인지
가장 적절한 것을 고르시오.

① 취미 생활　② 과학 숙제
③ 요리법　④ 장래 희망
⑤ 토론 주제

W What topic are you interested in for our science project?

M ❶_____ _____ _____ bacteria. How about you?

W That sounds good, but a less difficult topic ❷_____ _____ _____.

M Hmm.... Then why don't we plan an experiment? Let's make yogurt ❸_____ _____.

W Great!

11

대화를 듣고, 여자가 오늘 집에 갈 방법
으로 가장 적절한 것을 고르시오.

① bus　② taxi
③ subway　④ walking
⑤ bike

W Hooray! We're finally finished!

M I hope the teacher will ❶_____ _____ _____.

W I am sure she will like it. Oh, it's really late. I should go home.

M How are you going home? ❷_____ _____ _____ _____?

W No, I think I should ❸_____ _____ _____.

M Then I'll call a taxi for you.

---

09 gallery 미술관, 화랑　give ~ a second ~을 잠깐 기다리다; ~에게 잠깐 시간을 주다　water (화초 등에) 물을 주다　10 topic 주제　bacteria 박테리아, 세균　less 덜 ~한　experiment 실험　11 hooray 만세　presentation 발표　subway 지하철　take a taxi 택시를 타다

114 PART 2 실전에 대비하라

12 ★영국식 발음 녹음

대화를 듣고, 남자가 도서관에 가는
이유로 가장 적절한 것을 고르시오.

① 공부하기 위해서
② 동생을 데려오기 위해서
③ 책을 반납하기 위해서
④ 자원봉사하기 위해서
⑤ 아르바이트를 하기 위해서

M   What time is it?
W   It's 3 : 40.
M   I ❶_____ _____. I need to go to the library.
W   Why? Do you ❷_____ _____ _____ any books?
M   No, I volunteer there at 4 p.m. on Monday.
W   That's great! What do you do there?
M   I ❸_____ _____ _____ _____.

13

대화를 듣고, 두 사람의 관계로 가장
적절한 것을 고르시오.

① 영화감독 – 배우
② 사진작가 – 모델
③ 옷 가게 점원 – 손님
④ 패션 디자이너 – 리포터
⑤ 운동 트레이너 – 강습생

M   Those jeans look good on you.
W   Thanks. They ❶_____ _____ really well.
M   Oh, now that's a good pose. ❷_____ _____ _____.
W   All right.
M   Now, please ❸_____ _____ _____ a bit to the left.
W   Like this?
M   Good shot! You take such good pictures.

14

대화를 듣고, 난타 극장의 위치로 가장
알맞은 곳을 고르시오.

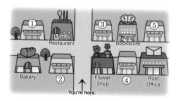

M   Miss Cho, where are we going now?
W   We're going to have dinner at Max's Restaurant and watch a show called Nanta.
M   Where's the Nanta Theater? Is it ❶_____ _____ _____ _____?
W   No, it's ❷_____ _____ _____ from the restaurant.
M   You mean the building next to the post office?
W   No, ❸_____ _____ _____ the post office.

---

¹² **return** 반납하다   **volunteer** 자원봉사하다   **storybook** 이야기책   ¹³ **look good on** ~에 잘 어울리다   **fit** 꼭 맞다   **stay** 그대로 있다   **take good pictures** 사진이 잘 받다   ¹⁴ **dinner** 저녁 식사   **away** 떨어져 있는   **next to** ~바로 옆에   **across from** ~의 맞은편에 있는

15

대화를 듣고, 여자가 남자에게 부탁한 일로 가장 적절한 것을 고르시오.

① 전화 받아 주기
② 집안 청소하기
③ 온라인 쇼핑하기
④ 컴퓨터 점검하기
⑤ 콘서트 표 예매하기

W   Are you busy?

M   Not really. What's up?

W   I was booking a concert ticket online. But my computer suddenly ❶_____ _____.

M   Why don't you ❷_____ _____?

W   I did, but it didn't work. Can you check my computer?

M   Sure, but let me finish the work I'm doing now. It ❸_____ _____ _____.

16 (★ 영국식 발음 녹음)

대화를 듣고, 남자가 여자에게 제안한 것으로 가장 적절한 것을 고르시오.

① 새로운 학교 알아보기
② 집에 일찍 가기
③ 동아리 가입하기
④ 매일 전화하기
⑤ 아침 운동하기

[Cellphone rings.]

W   Hi, Tony. How are you doing?

M   I'm good. ❶_____ _____ _____ _____, Sujin?

W   It's good, but I don't ❷_____ _____ yet. I go to school alone every day.

M   How about ❸_____ _____ _____ _____? You can meet many people there.

W   That's a good idea. I'll think about it.

17

대화를 듣고, 여자가 할 일로 가장 적절한 것을 고르시오.

① 회의 참여하기   ② 보고서 쓰기
③ 숙제 걷어 오기   ④ 과제 채점하기
⑤ 급우 불러오기

W   Mr. Johnson, I heard ❶_____ _____ _____ _____ me.

M   Yeah. I need your help.

W   What is it?

M   Can you collect the English reports from your classmates? I ❷_____ _____ _____ _____ in class.

W   No problem. ❸_____ _____ _____ before the end-of-the-day meeting.

M   Thanks.

---

¹⁵ **book** 예매하다   **online** 온라인으로   **suddenly** 갑자기   **go down** 작동이 중단되다   **restart** 다시 시작하다   **take long** 오래 걸리다   ¹⁶ **yet** 아직   **every day** 매일   **join** 가입하다   **club** 동아리   ¹⁷ **collect** 모으다, 수거하다   **in class** 수업 중에   **end-of-the-day meeting** 종례

18

대화를 듣고, 남자의 직업으로 가장 적절한 것을 고르시오.

① 교사　　② 경찰관
③ 학부모　　④ 학생
⑤ 운전 강사

M Excuse me. Can I see ❶_____ _____ _____?

W Is there any problem?

M You were ❷_____ _____ than the speed limit.

W No, I wasn't. I was driving around 50 km/h.

M You're ❸_____ _____ _____ _____. You should drive slower.

[19~20] 대화를 듣고, 남자의 마지막 말에 이어질 여자의 응답으로 가장 적절한 것을 고르시오.

19

Woman: _____

① Cheer up.　② Good luck.
③ No problem.　④ Okay, I will.
⑤ That's all right.

W You ❶_____ _____! What's up?

M I got an 85 on my math test.

W Wow, good for you.

M Thanks. I want to ❷_____ _____ _____ _____.

W Good luck.

20 (★ 영국식 발음 녹음)

Woman: _____

① I really liked the storyline.
② Hillary Swank plays the main role.
③ The ending of the movie is sad.
④ It was good. I liked the main character.
⑤ It's about a teacher's love for her students.

M What did you do yesterday, Emily?

W I ❶_____ _____ _____ *Freedom Writers* with my friends.

M How was it? I wanted to watch it.

W It was ❷_____ _____. I cried throughout the movie.

M ❸_____ _____ _____ _____?

W It's about a teacher's love for her students.

---

18 driver's license 운전 면허증　**speed limit** 제한 속도　**around** 대략, 약　**school zone** 어린이 보호 구역　**19** excited 즐거운, 흥분된　**get** (점수를) 얻다
do better 더 잘하다　**20** moving 가슴을 뭉클하게 하는, 감동적인　**throughout** ~동안 죽, 내내

01 다음을 듣고, 'it'이 가리키는 것으로 가장 적절한 것을 고르시오.

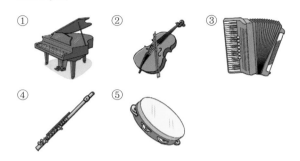

02 대화를 듣고, 남자가 구입할 문구로 가장 적절한 것을 고르시오.

03 다음을 듣고, 목요일의 날씨로 가장 적절한 것을 고르시오.

04 대화를 듣고, 여자가 한 마지막 말의 의도로 가장 적절한 것을 고르시오.

① 칭찬   ② 허락   ③ 축하
④ 충고   ⑤ 제안

05 다음을 듣고, 남자에 대해 언급하지 <u>않은</u> 것을 고르시오.

① 이름   ② 출신 국가   ③ 취미 활동
④ 나이   ⑤ 장래 희망

06 대화를 듣고, 두 사람이 만날 시각을 고르시오.

① 4 : 00   ② 4 : 30   ③ 5 : 00
④ 5 : 30   ⑤ 6 : 00

07 대화를 듣고, 남자의 장래 희망으로 가장 적절한 것을 고르시오.

① 소설가   ② 프로게이머
③ 광고인   ④ 영화 제작자
⑤ 비디오 게임 작가

08 대화를 듣고, 여자의 심정으로 가장 적절한 것을 고르시오.

① 미안한   ② 부러운   ③ 안심이 되는
④ 즐거운   ⑤ 화가 나는

09 대화를 듣고, 남자가 대화 직후에 할 일로 가장 적절한 것을 고르시오.

① 다른 사이즈 신발로 바꿔 주기
② 구입한 신발 환불해 주기
③ 다른 색상 신발 찾아보기
④ 다른 가게에 전화해서 알아보기
⑤ 인터넷 신발가게를 찾아보기

10 대화를 듣고, 무엇에 관한 내용인지 가장 적절한 것을 고르시오.

① 여가 시간 활동   ② 좋아하는 운동
③ 좋아하는 음식   ④ 저녁 식사 메뉴
⑤ 좋아하는 과목

11 대화를 듣고, 남자가 오늘 집에 갈 방법으로 가장 적절한 것을 고르시오.

① 자전거   ② 도보   ③ 버스
④ 택시   ⑤ 지하철

12 대화를 듣고, 남자가 여행을 갈 수 <u>없었던</u> 이유로 가장 적절한 것을 고르시오.

① 비행기 표가 없었기 때문에
② 날씨가 나빴기 때문에
③ 학원에 가야 했기 때문에
④ 동생이 아팠기 때문에
⑤ 엄마가 출근을 해야 했기 때문에

13 대화를 듣고, 두 사람의 관계로 가장 적절한 것을 고르시오.

① 기자 — 배우
② 가수 — 팬
③ 사진작가 — 모델
④ 라디오 진행자 — 청취자
⑤ 관람객 — 공연장 직원

14 대화를 듣고, 남자가 가려고 하는 장소를 고르시오.

15 대화를 듣고, 여자가 남자에게 부탁한 일로 가장 적절한 것을 고르시오.

① 머리 자르기   ② 식당 예약하기
③ 잡지 구입하기   ④ 줄 서서 기다리기
⑤ 미용실 같이 가기

16 대화를 듣고, 여자가 남자에게 제안한 것으로 가장 적절한 것을 고르시오.

① 엄마에게 문자 보내기   ② 엄마 마중 나가기
③ 집안 청소하기   ④ 숙제하기
⑤ TV보기

17 대화를 듣고, 여자가 옷을 고르는 기준으로 가장 중요한 것을 고르시오.

① 색상   ② 가격   ③ 모양
④ 실용성   ⑤ 유행

18 대화를 듣고, 여자의 직업으로 가장 적절한 것을 고르시오.

① 기자   ② 모델   ③ 수의사
④ 교사   ⑤ 사진작가

[19~20] 대화를 듣고, 남자의 마지막 말에 이어질 여자의 응답으로 가장 적절한 것을 고르시오.

19 Woman: _____

① Yes, please.
② Take it easy.
③ No, I can't wait.
④ Yes, I understand.
⑤ I'm happy to hear that.

20 Woman: _____

① Don't give up.
② That's too bad.
③ I think so, too.
④ Of course. You can do it.
⑤ Really? I will think about it.

01

다음을 듣고, 'it'이 가리키는 것으로
가장 적절한 것을 고르시오.

①  ② ③

④ ⑤

M We play music with it. It has 88 keys, and ❶_____ _____ are black and white. People press the keys ❷_____ _____ _____ to play music. It also has three pedals, and they control ❸_____ _____. It is usually made of wood. What is it?

02

대화를 듣고, 남자가 구입할 문구로
가장 적절한 것을 고르시오.

① ② ③

④ ⑤

W Hello. May I help you?
M I'm looking for a ❶_____ _____ _____ _____.
W Does your friend like drawing? This ❷_____ _____ is very popular.
M Well, she enjoys writing. Can I see some pens?
W Girls like this cartoon character pen. This multi pen is also very useful.
M Oh, there are three colors ❸_____ _____ _____. It's great. I'll take it.

03

다음을 듣고, 목요일의 날씨로 가장
적절한 것을 고르시오.

① ② ③

④ ⑤

W Here is the ❶_____ _____ _____. It'll be rainy and windy on Monday and Tuesday. ❷_____ _____ _____ _____ on Wednesday night, so we can see the sun on Thursday morning. And ❸_____ _____ _____ on the weekend. Thank you.

04 ★영국식 발음 녹음

대화를 듣고, 여자가 한 마지막 말의
의도로 가장 적절한 것을 고르시오.

① 칭찬   ② 허락   ③ 축하
④ 충고   ⑤ 제안

W How was your meal, Tom?
M ❶_____ _____ _____, Mom. But I'm still hungry.
W Do you mean to ❷_____ _____ _____?
M Yes, one more order of French fries, please. And I want to drink a Coke, too.
W But, Tom, I think you ❸_____ _____ eating junk food.

⁰¹ **key** 건반; 열쇠 **press** 누르다 **control** 조절하다 **be made of** ~으로 만들어지다 ⁰² **present** 선물 **drawing** 그림 그리기 **coloring book** 색칠하기 책 **useful** 유용한 ⁰³ **weekly** 주간의, 매주의 **on the weekend** 주말에 ⁰⁴ **meal** 식사 **still** 여전히 **mean to** ~할 셈(의도)이다 **order** 주문하다; 주문

05

다음을 듣고, 남자에 대해 언급하지 않은 것을 고르시오.

① 이름 ② 출신 국가
③ 취미 활동 ④ 나이
⑤ 장래 희망

M Hi. My name is Randy. ❶_____ _____ Australia. Now I live in Busan. I came here two years ago. I ❷_____ _____ _____ at Haeundae Beach. I like to ❸_____ _____ _____ nature, and I want to be a photographer.

06

대화를 듣고, 두 사람이 만날 시각을 고르시오.

① 4:00 ② 4:30 ③ 5:00
④ 5:30 ⑤ 6:00

M Amy, did you watch *Inside Out*?
W No, ❶_____ _____. But I have the DVD. ❷_____ _____ _____ _____ together?
M Sounds great!
W Good. Can you come to my house at 5 p.m.?
M My swimming lesson ends at 5:30. ❸_____ _____ _____?
W Okay. See you then.

07

대화를 듣고, 남자의 장래 희망으로 가장 적절한 것을 고르시오.

① 소설가 ② 프로게이머
③ 광고인 ④ 영화 제작자
⑤ 비디오 게임 작가

W What are you interested in, Jack?
M I'm interested in ❶_____ _____ and writing stories.
W Then, what do you want to be? Maybe ❷_____ _____ _____ a professional gamer or a novelist.
M I've also thought about those jobs, but I've decided to be ❸_____ _____ _____ _____.
W Wow, that's a cool job.

08 ★ 영국식 발음 녹음

대화를 듣고, 여자의 심정으로 가장 적절한 것을 고르시오.

① 미안한 ② 부러운
③ 안심이 되는 ④ 즐거운
⑤ 화가 나는

[Cellphone rings.]
M Hello.
W Bob, where are you now? Are you at home?
M Yes, I'm home. What happened, Mom?
W I forgot to bring my purse ❶_____ _____ to the supermarket. Can you get it for me?
M Sure. ❷_____ _____ _____ _____?
W I'm standing in front of the main gate of our apartment.
M Okay, Mom. I will go there ❸_____ _____.
W Thanks.

⁰⁵ Australia 호주 take a picture of ~의 사진을 찍다 nature 자연 photographer 사진작가 ⁰⁶ end 끝나다 ⁰⁷ professional 전문적인 novelist 소설가 decide 결정하다 cool 멋진 ⁰⁸ bring 가져오다; 데려오다 purse 지갑, 핸드백 right away 즉시

09

대화를 듣고, 남자가 대화 직후에 할
일로 가장 적절한 것을 고르시오.

① 다른 사이즈 신발로 바꿔 주기
② 구입한 신발 환불해 주기
③ 다른 색상 신발 찾아보기
④ 다른 가게에 전화해서 알아보기
⑤ 인터넷 신발가게를 찾아보기

M May I help you?

W I'm looking for shoes for jogging. [pause] ❶_____ _____
_____ _____ those brown ones?

M Sure. What size do you wear?

W Size 240.

M I'm sorry. That size is all sold out. Only big sizes ❷_____ _____.

W Can you call some other stores to see ❸_____ _____ _____
_____?

M Okay. Hold on, please.

10

대화를 듣고, 무엇에 관한 내용인지
가장 적절한 것을 고르시오.

① 여가 시간 활동
② 좋아하는 운동
③ 좋아하는 음식
④ 저녁 식사 메뉴
⑤ 좋아하는 과목

M Sally, what do you usually do ❶_____ _____ _____ _____?

W I usually play tennis with my brother. How about you?

M I ❷_____ _____, so I try to ❸_____ _____ _____
_____ every week.

W That's great!

11

대화를 듣고, 남자가 오늘 집에 갈 방법
으로 가장 적절한 것을 고르시오.

① 자전거   ② 도보   ③ 버스
④ 택시   ⑤ 지하철

W Luke, do you live near the school?

M No, my home is a bit far from the school. I live near ABC Bank on
Maple Street.

W I know the area. Then ❶_____ _____ _____ _____ home?

M I take the subway. It takes about half an hour.

W Take bus 143 in front of the school. It ❷_____ _____ to your
home, so it'll save you time.

M Thanks for letting me know. I'll ❸_____ _____ _____ today.

---

❾ try on 한번 신어(입어) 보다   sell out 다 팔다   be left 남아 있다   Hold on, please. 잠시만 기다려 주세요.   ¹⁰ free time 여가 시간   try to ~하려고
노력하다   dish 요리; 접시   ¹¹ a bit 약간   far from ~에서 먼   area 지역   in front of ~ 앞에서   straight 곧장

12 (★ 영국식 발음 녹음)

대화를 듣고, 남자가 여행을 갈 수 없었던 이유로 가장 적절한 것을 고르시오.

① 비행기 표가 없었기 때문에
② 날씨가 나빴기 때문에
③ 학원에 가야 했기 때문에
④ 동생이 아팠기 때문에
⑤ 엄마가 출근을 해야 했기 때문에

W How was your holiday, Mike?
M Not so good.
W Why? ❶_____ _____ you had fun in Hawaii.
M I ❷_____ _____ there.
W Why not? You really wanted to go there.
M My brother got a bad cold and had to stay in bed. And my mom had to ❸_____ _____ _____ _____.
W Sorry to hear that.

13

대화를 듣고, 두 사람의 관계로 가장 적절한 것을 고르시오.

① 기자 — 배우
② 가수 — 팬
③ 사진작가 — 모델
④ 라디오 진행자 — 청취자
⑤ 관람객 — 공연장 직원

W I ❶_____ _____ that I am finally meeting you. I am so happy!
M Nice to meet you.
W You can't imagine ❷_____ _____ _____ _____! I really love your songs. Can I take a picture with you?
M Sure. ❸_____ _____ _____.
W Thank you very much.

14

대화를 듣고, 남자가 가려고 하는 장소를 고르시오.

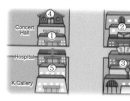

M Excuse me. Is there a flower shop near here?
W Yes, there's one near the concert hall.
M You mean ❶_____ _____ _____ _____ the concert hall? It's closed.
W I think there's one more. It's near Dream Bookstore.
M The building ❷_____ _____ Han's Restaurant?
W Yes, and I'm sure ❸_____ _____.
M Okay. Thank you.

---

12 holiday 휴가; 방학 have fun 즐거운 시간을 보내다 bad cold 독감 Sorry to hear that. 그 말을 들으니 유감이다. **13** imagine 상상하다 It's my pleasure. (감사 인사에 대한 대답으로) 천만에요. **14** flower shop 꽃집 mean 의미하다 closed 닫힌 sure 확신하는 open 영업을 하는

15

대화를 듣고, 여자가 남자에게 부탁한 일로 가장 적절한 것을 고르시오.

① 머리 자르기
② 식당 예약하기
③ 잡지 구입하기
④ 줄 서서 기다리기
⑤ 미용실 같이 가기

M Hey, Jenny. What are you looking at?

W My hair. I think I have to ❶_____ _____ _____ _____ this Sunday. Will you go with me?

M Well, I don't like waiting so long.

W Come on. It ❷_____ _____ _____. You can ❸_____ _____ and read some magazines.

M Okay.

16 ★영국식 발음 녹음

대화를 듣고, 여자가 남자에게 제안한 것으로 가장 적절한 것을 고르시오.

① 엄마에게 문자 보내기
② 엄마 마중 나가기
③ 집안 청소하기
④ 숙제하기
⑤ TV보기

W When is ❶_____ _____ _____, Luke?

M She just texted me. She'll be home in about an hour.

W It's already 7. She must be tired.

M Right. Why don't we ❷_____ _____ _____ _____?

W Let's ❸_____ _____ _____.

M Good idea. She'll be happy about it.

17

대화를 듣고, 여자가 옷을 고르는 기준으로 가장 중요한 것을 고르시오.

① 색상 ② 가격 ③ 모양
④ 실용성 ⑤ 유행

M You look nice ❶_____ _____ _____ _____ today.

W Thanks.

M Where do you usually ❷_____ _____?

W I go to the outlet to buy clothes at low prices. There are many cheap ones. Price is ❸_____ _____ _____.

M Oh, I see. For me, color is the most important thing.

---

15 take long (시간이) 오래 걸리다 magazine 잡지 **16** text 문자를 보내다 already 벌써 must ~임에 틀림없다 tired 피곤한 clean the house 집을 청소하다 **17** outlet 할인점, 아웃렛 cheap (가격이) 싼 important 중요한

124 PART 2 실전에 대비하라

18

대화를 듣고, 여자의 직업으로 가장 적절한 것을 고르시오.

① 기자 ② 모델 ③ 수의사
④ 교사 ⑤ 사진작가

M It's my honor to meet you. I'm Hyunmoo Kim from Teen's Magazine.

W Good to see you. ❶ _____ _____ _____ _____ about my job to teenagers.

M Let me ask you some questions. What do you take pictures of?

W Mostly ❷ _____ _____ _____.

M Animals! How do you take pictures of animals? They keep moving.

W I know some animal models. They are ❸ _____ _____.

[19~20] 대화를 듣고, 남자의 마지막 말에 이어질 여자의 응답으로 가장 적절한 것을 고르시오.

19

Woman: _____

① Yes, please.
② Take it easy.
③ No, I can't wait.
④ Yes, I understand.
⑤ I'm happy to hear that.

W Wow! You bought a new coffee machine?

M Yes. I ❶ _____ _____ _____ for this model to come out.

W It's cool! Can you tell me how to use it?

M Sure. First, plug the cord in. Next, ❷ _____ _____ _____. Then, put the coffee capsule in and ❸ _____ _____ _____. Do you get it?

W <u>Yes, I understand.</u>

20 (★ 영국식 발음 녹음)

Woman: _____

① Don't give up.
② That's too bad.
③ I think so, too.
④ Of course. You can do it.
⑤ Really? I will think about it.

M Jenny, look at the poster. There is a music festival.

W ❶ _____ _____ _____, too.

M Why don't you take part in it? You are good at playing the guitar.

W I don't think ❷ _____ _____ _____ _____.

M Come on. I think you ❸ _____ _____ _____ _____ for music.

W <u>Really? I will think about it.</u>

---

18 honor 영광 mostly 주로 *take pictures of* ~의 사진을 찍다 keep -ing 계속해서 ~하다 professional 전문적인 **19** come out 출시되다 plug in (코드를) 꽂다 press 누르다 get it 이해하다 **20** take part in ~에 참여하다 be good at -ing ~하는 것을 잘하다 talent 재능

01 다음을 듣고, 'I'가 무엇인지 가장 적절한 것을 고르시오.

① ② ③

④ ⑤

02 대화를 듣고, 남자가 받은 선물로 가장 적절한 것을 고르시오.

① ② ③

④ ⑤

03 다음을 듣고, 내일 아침의 날씨로 가장 적절한 것을 고르시오.

① ② ③

④ ⑤

04 대화를 듣고, 여자가 한 마지막 말의 의도로 가장 적절한 것을 고르시오.
① 충고 ② 허락 ③ 꾸중 ④ 칭찬 ⑤ 거절

05 다음을 듣고, 남자에 대해 언급하지 <u>않은</u> 것을 고르시오.
① 이름   ② 거주지   ③ 특기
④ 가족 관계   ⑤ 직업

06 대화를 듣고, 축구 경기 시작 시각을 고르시오.
① 2 : 00   ② 3 : 00   ③ 4 : 00
④ 5 : 00   ⑤ 6 : 00

07 대화를 듣고, 여자의 장래 희망으로 가장 적절한 것을 고르시오.
① 군인   ② 역사가   ③ 작가
④ 큐레이터   ⑤ 역사 교사

08 대화를 듣고, 남자의 현재 심정으로 가장 적절한 것을 고르시오.
① 기쁨   ② 실망스러움
③ 외로움   ④ 그리움
⑤ 설렘

09 대화를 듣고, 남자가 대화 직후에 할 일로 가장 적절한 것을 고르시오.
① 면접 보기   ② 옷 사러 가기
③ 세탁소 가기   ④ 자전거 타기
⑤ 차로 바래다주기

10 대화를 듣고, 무엇에 관한 내용인지 가장 적절한 것을 고르시오.
① 이메일 보내는 방법
② 성적을 향상시키는 방법
③ 특별한 선물을 만드는 방법
④ 효과적으로 복습하는 방법
⑤ 소극적인 성격을 개선하는 방법

11 대화를 듣고, 여자가 제안한 교통수단으로 가장 적절한 것을 고르시오.

① 도보 ② 버스 ③ 택시
④ 지하철 ⑤ 자가용

12 대화를 듣고, 남자가 함께 식사하지 <u>못하는</u> 이유로 가장 적절한 것을 고르시오.

① 배가 불러서
② 숙제가 많아서
③ 조부모님 댁에 가야 해서
④ 방과 후 수업이 있어서
⑤ 조부모님이 방문하셔서

13 대화를 듣고, 두 사람의 관계로 가장 적절한 것을 고르시오.

① 광고업자 — 고객
② 사장 — 종업원
③ 이삿짐센터 직원 — 고객
④ 신문 기자 — 독자
⑤ 부동산 중개사 — 고객

14 대화를 듣고, 여자가 가려고 하는 장소를 고르시오.

15 대화를 듣고, 남자가 여자에게 부탁한 일로 가장 적절한 것을 고르시오.

① 도서관 가기
② 함께 공부하기
③ 공책 빌려주기
④ 책 가져다주기
⑤ 과학 숙제 도와주기

16 대화를 듣고, 남자가 여자에게 제안한 것으로 가장 적절한 것을 고르시오.

① 휴식 취하기
② 양호 선생님께 가기
③ 점심 같이 먹기
④ 병원 가기
⑤ 아이스크림 먹기

17 대화를 듣고, 두 사람의 대화가 <u>어색한</u> 것을 고르시오.

① ② ③ ④ ⑤

18 대화를 듣고, 여자의 직업으로 가장 적절한 것을 고르시오.

① 승무원 ② 조종사 ③ 식당 점원
④ 택시 기사 ⑤ 관광 가이드

[19~20] 대화를 듣고, 여자의 마지막 말에 이어질 남자의 응답으로 가장 적절한 것을 고르시오.

19 Man: _____

① How much are the tickets?
② Free tickets? That's great.
③ When does it open?
④ Online shopping saves time.
⑤ I don't want to go to the amusement park.

20 Man: _____

① I like art very much.
② The music is very nice.
③ I'm listening to J-pop.
④ I don't like listening to music.
⑤ When are you going to the concert?

01

다음을 듣고, 'I'가 무엇인지 가장 적절한 것을 고르시오.

① ② ③
④ ⑤

M I have four legs, and I can ❶_____ _____ with my back legs. I have a pocket on my stomach, and I ❷_____ _____ _____ there. I am a symbol of Australia. If you visit Australia, you can see me ❸_____ _____ _____.

02

대화를 듣고, 남자가 받은 선물로 가장 적절한 것을 고르시오.

① ② ③
④ ⑤

M You know what? My mother bought this cellphone for my birthday.
W Wow! This is ❶_____ _____ _____. What do you like ❷_____ _____ _____ _____?
M I like the large screen display. It also has an excellent camera.
W Cool! Then let me take some pictures.
M ❸_____ _____.

03

다음을 듣고, 내일 아침의 날씨로 가장 적절한 것을 고르시오.

① ② ③
④ ⑤

W Good morning. Here's the weather forecast. Now, it's sunny ❶_____ _____ _____, but it will be cloudy and windy in the afternoon. Tonight, the temperature will ❷_____ _____, and you can see ❸_____ _____ tomorrow morning. Thank you.

04 (★ 영국식 발음 녹음)

대화를 듣고, 여자가 한 마지막 말의 의도로 가장 적절한 것을 고르시오.

① 충고 ② 허락 ③ 꾸중
④ 칭찬 ⑤ 거절

W You look excited. Do you have some ❶_____ _____?
M Guess what, Mom.
W Come on. Tell me what happened.
M I ❷_____ _____ _____ _____ on the science test.
W You finally did it! I am very ❸_____ _____ _____.

---

❶¹ high 높게; 높은 pocket 주머니 stomach 배(복부); 위 carry 가지고 다니다 symbol 상징 Australia 호주 ⁰² the latest 가장 최신의 screen display 액정 화면 ⁰³ temperature 기온, 온도 fall (비·눈이) 내리다 ⁰⁴ guess 추측하다 perfect score 만점, 백 점 be proud of ~을 자랑스러워하다

05

다음을 듣고, 남자에 대해 언급하지
않은 것을 고르시오.

① 이름　　　② 거주지
③ 특기　　　④ 가족 관계
⑤ 직업

M Hello. My name is Jason. I live in Ulsan with my wife and two daughters. I drive a yellow school bus ❶ _____ _____ _____. I'm happy to ❷ _____ _____ _____ _____ every morning. I always listen to classical music ❸ _____ _____ _____.

06

대화를 듣고, 축구 경기 시작 시각을
고르시오.

① 2:00　② 3:00　③ 4:00
④ 5:00　⑤ 6:00

W Are you going to watch the soccer game today?
M Yes. ❶ _____ _____ _____ at the City Hall square.
W Then you'd better hurry. It's 4 o'clock. It'll take about one hour ❷ _____ _____ _____.
M The game begins at 6, ❸ _____ _____?
W No. It will begin ❹ _____ _____ _____.

07

대화를 듣고, 여자의 장래 희망으로
가장 적절한 것을 고르시오.

① 군인　　　② 역사가
③ 작가　　　④ 큐레이터
⑤ 역사 교사

M Why didn't you put on your school uniform?
W I'm going on a field trip to ❶ _____ _____ _____ today.
M You look ❷ _____ _____.
W Of course. I'm interested in the history of the war.
M Do you want to be a historian?
W No, I ❸ _____ _____ _____ _____ at a high school.

08 ★ 영국식 발음 녹음

대화를 듣고, 남자의 현재 심정으로
가장 적절한 것을 고르시오.

① 기쁨　　　② 실망스러움
③ 외로움　　　④ 그리움
⑤ 설렘

W Tiara Hotel. May I help you?
M I'd like to ❶ _____ _____ _____ _____ for this weekend.
W I am sorry, sir. We are ❷ _____ _____ this week.
M Really? Then could you recommend another hotel near you?
W I'm sorry, but there isn't a hotel ❸ _____ _____ _____ _____ of us.
M Oh, I see.

05 daughter 딸　pick up ~을 (차에) 태우다　06 square 광장　hurry 서두르다　07 put on ~을 입다　school uniform 교복　field trip 현장 학습　look ~해 보이다　historian 사학자　08 book 예약하다　a single room 1인실　fully 완전히　recommend 추천하다　within ~이내의

04회 실전 모의고사　**129**

09

대화를 듣고, 남자가 대화 직후에 할 일로 가장 적절한 것을 고르시오.

① 면접 보기
② 옷 사러 가기
③ 세탁소 가기
④ 자전거 타기
⑤ 차로 바래다주기

W I'm so nervous. This is my ❶_____ _____.

M Calm down. Take a deep breath.

W Okay. ❷_____ _____ _____ _____?

M You look great in your jacket. I'll keep my fingers crossed for you.

W Thanks.

M If you're ready, let's go now. I can ❸_____ _____ _____ _____ to the station.

10

대화를 듣고, 무엇에 관한 내용인지 가장 적절한 것을 고르시오.

① 이메일 보내는 방법
② 성적을 향상시키는 방법
③ 특별한 선물을 만드는 방법
④ 효과적으로 복습하는 방법
⑤ 소극적인 성격을 개선하는 방법

M Anne, how do you always get A's on your English tests? What is your secret?

W I just review the lessons every day.

M That's not ❶_____ _____ _____. English grammar is very difficult to understand.

W In that case, I usually ❷_____ _____ _____.

M I'm too shy. I can't do that.

W Then how about ❸_____ _____ an e-mail?

11

대화를 듣고, 여자가 제안한 교통수단으로 가장 적절한 것을 고르시오.

① 도보   ② 버스   ③ 택시
④ 지하철   ⑤ 자가용

M Excuse me. I am going to Bukchon village. Which station do I have to ❶_____ _____ _____?

W Get off at Gyeongbokgung Station.

M Thank you.

W By the way, it is difficult ❷_____ _____ _____ _____ Bukchon village. I think ❸_____ _____ take a taxi at the subway station.

M Thank you.

---

09 nervous 긴장된   take a breath 숨을 쉬다   keep one's fingers crossed 행운을 빌어 주다   give ~ a ride ~을 태워 주다   **10** review 복습하다   grammar 문법   in that case 그러한 경우에   shy 수줍음이 많은; 부끄러워하는   **11** village 마을   get off (차에서) 내리다   visitor 방문객

12 (★ 영국식 발음 녹음)

대화를 듣고, 남자가 함께 식사하지 못하는 이유로 가장 적절한 것을 고르시오.

① 배가 불러서
② 숙제가 많아서
③ 조부모님 댁에 가야 해서
④ 방과 후 수업이 있어서
⑤ 조부모님이 방문하셔서

W I ❶_____ _____ _____ for a free meal at the school cafeteria. Why don't we go there this afternoon?

M ❷_____ _____ _____, but I can't.

W Why not? Do you have an after-school class?

M No. My grandparents are coming to see me.

W Wow, that's good.

M Yes. I really ❸_____ _____.

13

대화를 듣고, 두 사람의 관계로 가장 적절한 것을 고르시오.

① 광고업자 — 고객
② 사장 — 종업원
③ 이삿짐센터 직원 — 고객
④ 신문 기자 — 독자
⑤ 부동산 중개사 — 고객

W Hello. I saw this ad in the newspaper. May I ❶_____ _____ _____ _____?

M Sure. Go ahead.

W How big is the house? Does it have a garage, too?

M There are three bedrooms, two bathrooms, and a garage.

W It ❷_____ _____ for me. Can I visit the house and ❸_____ _____ _____?

M Sure.

14

대화를 듣고, 여자가 가려고 하는 장소를 고르시오.

W Excuse me. Can you ❶_____ _____ _____ _____ _____ to the S-Mart?

M Go one block and turn right.

W Turn right? And then?

M Walk down the street, and ❷_____ _____ _____ on your left.

W Okay.

M It's ❸_____ _____ the post office.

W Thank you.

---

¹² **free** 무료의   **meal** 식사   **cafeteria** 식당, 구내식당   **miss** 그리워하다   ¹³ **ad** 광고(= advertisement)   **garage** 차고   **seem** ~처럼 보이다   **sometime** 언젠가   ¹⁴ **show ~ the way to** ~에게 …으로 가는 길을 안내하다

15

대화를 듣고, 남자가 여자에게 부탁한 일로 가장 적절한 것을 고르시오.

① 도서관 가기
② 함께 공부하기
③ 공책 빌려주기
④ 책 가져다주기
⑤ 과학 숙제 도와주기

W John, why were you late today?

M I ❶_____ _____ _____ this morning.

W I see, but you missed science class. Mr. Smith told us ❷_____ _____ _____ for the exam.

M Oh, no! Can I borrow your science notebook?

W Okay, but you should ❸_____ _____ _____ to me by tomorrow.

16 ★영국식 발음 녹음

대화를 듣고, 남자가 여자에게 제안한 것으로 가장 적절한 것을 고르시오.

① 휴식 취하기
② 양호 선생님께 가기
③ 점심 같이 먹기
④ 병원 가기
⑤ 아이스크림 먹기

M What's the matter with you? You are sweating a lot.

W I ❶_____ _____ _____.

M Really? Was there something wrong ❷_____ _____ _____? What did you eat?

W I ate spaghetti and had ice cream for dessert.

M Why don't you go to see the school nurse? You'd better ❸_____ _____ _____.

W Okay, I will.

17

대화를 듣고, 두 사람의 대화가 <u>어색한</u> 것을 고르시오.

①   ②   ③   ④   ⑤

① M What are you going to buy for Sarah?

W A movie ticket.

② M How do you like ❶_____ _____?

W It looks good on you.

③ M Did you ❷_____ _____ _____?

W I think so, too.

④ M May I help you?

W I'm looking for jeans with pockets.

⑤ M How much are the doughnuts?

W ❸_____ _____ for a dozen.

---

¹⁵ miss 놓치다 **borrow** 빌리다 **notebook** 공책 ¹⁶ sweat 땀을 흘리다 **stomachache** 복통 **dessert** 후식 **school nurse** 양호 선생님 **take medicine** 약을 복용하다 ¹⁷ **jeans** 청바지 **doughnut** 도넛 **dozen** 12개

18

대화를 듣고, 여자의 직업으로 가장
적절한 것을 고르시오.

① 승무원　　② 조종사
③ 식당 점원　④ 택시 기사
⑤ 관광 가이드

M　Excuse me. Can I go to the restroom now?

W　I'm sorry, sir. ❶＿＿＿＿ ＿＿＿＿ ＿＿＿＿ at the airport in a few minutes. It's dangerous to ❷＿＿＿＿ ＿＿＿＿ during landing.

M　Oh, I see.

W　Please ❸＿＿＿＿ ＿＿＿＿ ＿＿＿＿ and fasten your seatbelt.

M　All right.

W　Thank you.

[19~20] 대화를 듣고, 여자의 마지막
말에 이어질 남자의 응답으로 가장 적
절한 것을 고르시오.

19

Man: ＿＿＿＿＿＿＿＿＿

① How much are the tickets?
② Free tickets? That's great.
③ When does it open?
④ Online shopping saves time.
⑤ I don't want to go to the amusement park.

W　Mike, do you know that the new amusement park is going to open ❶＿＿＿＿ ＿＿＿＿?

M　Wow! Let's go together.

W　❷＿＿＿＿ ＿＿＿＿ ＿＿＿＿ for a week from the opening date. And we can get free tickets online.

M　Free tickets? That's great.

20 ★ 영국식 발음 녹음

Man: ＿＿＿＿＿＿＿＿＿

① I like art very much.
② The music is very nice.
③ I'm listening to J-pop.
④ I don't like listening to music.
⑤ When are you going to the concert?

M　What's your ❶＿＿＿＿ ＿＿＿＿ ＿＿＿＿ ＿＿＿＿?

W　I like rock music. What about you?

M　I like all kinds of music. I listen to ❷＿＿＿＿ ＿＿＿＿ ＿＿＿＿ music from all over the world.

W　What are you listening to ❸＿＿＿＿ ＿＿＿＿?

M　I'm listening to J-pop.

---

¹⁸ **restroom** 화장실　**a few** 몇몇의　**dangerous** 위험한　**landing** 착륙　**seat** 자리, 좌석　**fasten** 조이다, 채우다　¹⁹ **amusement park** 놀이공원
²⁰ **all over the world** 세계 도처에　**J-pop** 일본 팝 음악

» 정답과 해설 p.46

01 다음을 듣고, 'I'가 무엇인지 가장 적절한 것을 고르시오.

02 대화를 듣고, 두 사람이 내일 하게 될 운동으로 가장 적절한 것을 고르시오.

03 다음을 듣고, 내일 오전의 날씨로 가장 적절한 것을 고르시오.

04 대화를 듣고, 여자가 한 마지막 말의 의도로 가장 적절한 것을 고르시오.

① 격려   ② 칭찬   ③ 유감   ④ 충고   ⑤ 사과

05 다음을 듣고, 남자에 대해 언급하지 <u>않은</u> 것을 고르시오.

① 사는 곳　　　　② 장래 희망
③ 가족 관계　　　④ 부모님 직업
⑤ 좋아하는 과목

06 대화를 듣고, 두 사람이 만날 시각을 고르시오.

① 6:20　　② 6:30　　③ 6:40
④ 6:50　　⑤ 7:00

07 대화를 듣고, 남자의 장래 희망으로 가장 적절한 것을 고르시오.

① 교사　　　　② 기타 연주자　③ 과학자
④ 아나운서　　⑤ 가수

08 대화를 듣고, 여자의 심정으로 가장 적절한 것을 고르시오.

① 즐거운　　　　　② 슬픈
③ 섭섭한　　　　　④ 걱정스러운
⑤ 실망스러운

09 대화를 듣고, 두 사람이 먼저 할 일로 가장 적절한 것을 고르시오.

① 요리하기　　　　② 생일 파티 열기
③ 음료 가져오기　　④ 친구 명단 작성하기
⑤ 선물 준비하기

10 대화를 듣고, 무엇에 관한 내용인지 가장 적절한 것을 고르시오.

① 외모　　　② 대화 기술　③ 교우 관계
④ 성적 향상　⑤ 학교 행사

11 대화를 듣고, 남자가 여자에게 제안한 교통수단으로 가장 적절한 것을 고르시오.

① 기차 　　② 버스 　　③ 도보
④ 택시 　　⑤ 지하철

12 대화를 듣고, 남자가 어제 잠을 자지 <u>못한</u> 이유로 가장 적절한 것을 고르시오.

① 개가 짖어서
② 악몽을 꿔서
③ 동생이 드럼을 쳐서
④ 옆집에 싸움이 있어서
⑤ 이웃이 파티를 열어서

13 대화를 듣고, 두 사람의 관계로 가장 적절한 것을 고르시오.

① 영화배우 — 팬 　　② 소설가 — 독자
③ 영화감독 — 기자 　　④ 비행사 — 승무원
⑤ 피아니스트 — 공연 감독

14 대화를 듣고, 여자가 가려고 하는 장소를 고르시오.

15 대화를 듣고, 여자가 남자에게 부탁한 일로 가장 적절한 것을 고르시오.

① 집에 일찍 오기 　　② 장난감 구입하기
③ 음식 가져오기 　　④ 강아지 돌보기
⑤ 할머니 간호하기

16 대화를 듣고, 남자가 여자에게 제안한 것으로 가장 적절한 것을 고르시오.

① 피자 주문하기
② 엄마에게 전화하기
③ 냉장고의 간식 먹기
④ 중국 요리 하기
⑤ 집에서 쉬기

17 대화를 듣고, 두 사람의 대화가 <u>어색한</u> 것을 고르시오.

① 　　② 　　③ 　　④ 　　⑤

18 대화를 듣고, 남자의 직업으로 가장 적절한 것을 고르시오.

① 의사 　　② 과학 교사 　　③ 곤충학자
④ 축구 코치 　　⑤ 수영 강사

[19~20] 대화를 듣고, 남자의 마지막 말에 이어질 여자의 응답으로 가장 적절한 것을 고르시오.

19 Woman: _____

① Good for you!
② You go first.
③ That's all right.
④ Same as usual.
⑤ It's my favorite song.

20 Woman: _____

① How about taking a taxi?
② Thanks. What a nice wallet!
③ Please take care of yourself.
④ You should be quiet on the subway.
⑤ Why don't you go to the lost and found center?

01

다음을 듣고, 'I'가 무엇인지 가장 적절한 것을 고르시오.

① ② ③
④ ⑤

W I am a bird, but I cannot fly. I live in a ❶_____ _____. I have short wings and use them for swimming. I swim very well and spend ❷_____ _____ _____ _____ in the sea looking for food. But when I have eggs or babies, I usually ❸_____ _____ _____.

02

대화를 듣고, 두 사람이 내일 하게 될 운동으로 가장 적절한 것을 고르시오.

① ② ③
④ ⑤

M Do you like any sports? I enjoy playing basketball and baseball.
W I like playing tennis.
M Really? Can you teach me how to play tennis? ❶_____ _____ _____ learning sports.
W Sure. How about tomorrow?
M ❷_____ _____ _____ _____. But I don't have a racket.
W ❸_____ _____ _____.

03

다음을 듣고, 내일 오전의 날씨로 가장 적절한 것을 고르시오.

① ② ③
④ ⑤

W This is the MBS morning weather report. It's raining, and ❶_____ _____ _____ _____ hard now because of a heavy thunderstorm. You'd better stay indoors. But the rain is going to ❷_____ _____ in the evening, and it'll be cloudy tonight. Tomorrow morning, we'll be able to enjoy ❸_____ _____ _____. That is all for now.

04 ★영국식 발음 녹음

대화를 듣고, 여자가 한 마지막 말의 의도로 가장 적절한 것을 고르시오.

① 격려 ② 칭찬 ③ 유감
④ 충고 ⑤ 사과

W Rick, what's wrong? You ❶_____ _____.
M I dropped James's camera, and ❷_____ _____ _____.
W Oh, no.
M He will be angry at me. What should I do?
W I think you ❸_____ _____ _____ what happened and say sorry.

---

01 wing 날개 land 육지, 땅 **02** be interested in ~에 관심이 있다 racket (테니스·탁구) 라켓 **03** blow hard (바람이) 세차게 불다 indoors 실내에서 be able to ~할 수 있다 sunshine 햇빛 for now 현재로는, 지금은 **04** drop 떨어뜨리다 say sorry 사과하다

05

다음을 듣고, 남자에 대해 언급하지 않은 것을 고르시오.

① 사는 곳　② 장래 희망
③ 가족 관계　④ 부모님 직업
⑤ 좋아하는 과목

M Hello. I am Soohyeon Lee. I ❶_____ _____ Seoul, Korea. There are four people in my family. My father is a pilot, and my mother is a cook. I have one younger sister. She is 10 years old and likes to play ❷_____ _____. I like listening to music. ❸_____ _____ are English and P.E.

06

대화를 듣고, 두 사람이 만날 시각을 고르시오.

① 6:20　② 6:30　③ 6:40
④ 6:50　⑤ 7:00

M You remember that we are going to watch the show ❶_____ _____, right?

W Of course. What time shall we meet?

M The show ❷_____ _____ 7 o'clock. Let's meet in front of the Seoul Arts Center at 6:50.

W That's too late. How about 30 minutes before the show starts?

M Okay, ❸_____ _____.

W See you then.

07

대화를 듣고, 남자의 장래 희망으로 가장 적절한 것을 고르시오.

① 교사　② 기타 연주자
③ 과학자　④ 아나운서
⑤ 가수

W Jim, which club are you in?

M I ❶_____ _____ _____ in the school band.

W Wow! Do you want to be a guitarist in the future?

M Well, I like playing the guitar. But I really want to ❷_____ _____ _____ _____. How about you?

W I'd like ❸_____ _____ _____ _____ _____.

08 ★ 영국식 발음 녹음

대화를 듣고, 여자의 심정으로 가장 적절한 것을 고르시오.

① 즐거운　② 슬픈
③ 섭섭한　④ 걱정스러운
⑤ 실망스러운

W ❶_____ _____ _____ _____ of the movie?

M I thought it was good. All of the actors performed well, and I liked the storyline. Two hours ❷_____ _____ so fast.

W Are you serious? The movie was terrible.

M Why? ❸_____ _____ _____ _____ about it?

W The storyline was too simple and boring. It was just an old-fashioned love story!

---

05 **pilot** 비행기 조종사　**cook** 요리사　**doll** 인형　**subject** 과목　06 **in front of** ~앞에　07 **guitarist** 기타 연주자　**announcer** 아나운서　08 **perform** 연기(공연)하다　**storyline** 줄거리　**go by** 지나가다(흐르다)　**Are you serious?** 너 진심이야?　**boring** 지루한　**old-fashioned** 구식의

09

대화를 듣고, 두 사람이 먼저 할 일로 가장 적절한 것을 고르시오.

① 요리하기
② 생일 파티 열기
③ 음료 가져오기
④ 친구 명단 작성하기
⑤ 선물 준비하기

W You know what? Minhee's birthday is next Friday.

M Really? Then let's ❶_____ _____ _____ _____ for her.

W That sounds great. I'll prepare some food.

M Then I'll ❷_____ _____ _____. Oh, we need to invite our friends first.

W You're right. Let's send e-cards to them.

M Okay. Ah! We ❸_____ _____ decide whom we will invite.

W Let's make a list of our friends.

10

대화를 듣고, 무엇에 관한 내용인지 가장 적절한 것을 고르시오.

① 외모   ② 대화 기술
③ 교우 관계   ④ 성적 향상
⑤ 학교 행사

W Mr. Cho, can I talk to you ❶_____ _____ _____?

M Sure, Jenny. What's the matter?

W Katie didn't speak to me and ❷_____ _____ _____ _____ me today.

M Why is she angry with you?

W I have no idea. Yesterday, we practiced our parts for the school play together.

M Maybe something happened then. ❸_____ _____ _____ why she is angry.

11

대화를 듣고, 남자가 여자에게 제안한 교통수단으로 가장 적절한 것을 고르시오.

① 기차   ② 버스   ③ 도보
④ 택시   ⑤ 지하철

W Excuse me. Could you tell me the way to Seoul Station?

M You should take ❶_____ _____ _____ _____.

W Is the subway station close from here?

M It's a bit far.

W I see. How long does it take to ❷_____ _____ by bus?

M About 40 minutes. The bus stop is ❸_____ _____ _____.

W Thank you, sir.

⁰⁹ **throw a surprise party** 깜짝 파티를 열다 **prepare** 준비하다 **drinks** 음료 **invite** 초대하다 **decide** 결정하다 **make a list of** ~의 목록을 작성하다
¹⁰ **even** 심지어 **I have no idea.** 전혀 모르겠다. **practice** 연습하다 **part** 배역, 역할; 부분 **play** 연극 ¹¹ **a bit** 다소, 약간 **far** (거리가) 먼

12 ★ 영국식 발음 녹음

대화를 듣고, 남자가 어제 잠을 자지 못한 이유로 가장 적절한 것을 고르시오.

① 개가 짖어서
② 악몽을 꿔서
③ 동생이 드럼을 쳐서
④ 옆집에 싸움이 있어서
⑤ 이웃이 파티를 열어서

W What's wrong? You look tired.

M I ❶_____ _____ last night.

W Why? Did you have a bad dream?

M No, there was ❷_____ _____ _____ _____ from the house next door.

W Did the neighbors ❸_____ _____ _____ or something?

M No, they didn't. Their new dog barked all night.

13

대화를 듣고, 두 사람의 관계로 가장 적절한 것을 고르시오.

① 영화배우 — 팬
② 소설가 — 독자
③ 영화감독 — 기자
④ 비행사 — 승무원
⑤ 피아니스트 — 공연 감독

W I'm a huge fan of yours. I ❶_____ _____ all of your movies and TV shows.

M Oh, ❷_____ _____ _____! What is your favorite?

W I especially like the movie *Pianist*. Your acting was fantastic, and the storyline was very touching.

M I'm very happy ❸_____ _____ _____. Thank you very much.

W Can I have your autograph?

M Of course! What's your name?

14

대화를 듣고, 여자가 가려고 하는 장소를 고르시오.

W Excuse me. ❶_____ _____ a flower shop near here?

M Yes.

W How can I get there?

M ❷_____ _____ _____ _____ and turn left, and then you'll see the library.

W Okay. Is it next to the library?

M No. It's opposite the library. ❸_____ _____ _____ _____.

W Thank you very much.

---

¹² **noise** 소음 **next door** 옆집에; 옆방에 **neighbor** 이웃 **bark** (개 등이) 짖다 ¹³ **sweet** (기분) 좋은, 다정한 **especially** 특히 **touching** 감동적인 **autograph** (유명인의) 사인 ¹⁴ **opposite** ~의 맞은편에(전치사)

15

대화를 듣고, 여자가 남자에게 부탁한 일로 가장 적절한 것을 고르시오.

① 집에 일찍 오기
② 장난감 구입하기
③ 음식 가져오기
④ 강아지 돌보기
⑤ 할머니 간호하기

W Tom, could you ❶_____ _____ _____ _____?
M Sure. What is it?
W Can you take care of my dog Max this weekend?
M No problem, but can I ask why?
W I ❷_____ _____ _____ my grandma for a couple of days. She is sick in bed.
M All right then. ❸_____ _____ _____ bring his food and toys.

16 (★영국식 발음 녹음)

대화를 듣고, 남자가 여자에게 제안한 것으로 가장 적절한 것을 고르시오.

① 피자 주문하기
② 엄마에게 전화하기
③ 냉장고의 간식 먹기
④ 중국 요리 하기
⑤ 집에서 쉬기

W Dad, I'm hungry.
M Wait a second. *[pause]* Oh, ❶_____ _____ _____ _____ in the refrigerator.
W What? And Mom is coming home late.
M How about eating out at a Chinese restaurant?
W Well, it was a long day at school. I just ❷_____ _____ _____ _____.
M Then why don't we order a pizza and eat at home?
W Okay.

17

대화를 듣고, 두 사람의 대화가 <u>어색한</u> 것을 고르시오.

①　②　③　④　⑤

① M When is your birthday?
　 W I ❶_____ _____ _____ March 12.
② M Turn off the light.
　 W All right. I will.
③ M Why don't you wear rain boots?
　 W Because it's raining hard.
④ M What do you do ❷_____ _____?
　 W I usually watch TV or play computer games.
⑤ M Can we take a short walk?
　 W Sure. ❸_____ _____ _____ _____.

---

¹⁵ do ~ a favor ~의 부탁을 들어주다　take care of ~을 돌보다　a couple of 두서너 개의; 둘의　sick in bed 아파서 누워있다　¹⁶ refrigerator 냉장고　eat out 외식하다　order 주문하다　¹⁷ It's raining hard. 비가 많이 오고 있다.　take a walk 산책하다

18

대화를 듣고, 남자의 직업으로 가장 적절한 것을 고르시오.

① 의사 ② 과학 교사
③ 곤충학자 ④ 축구 코치
⑤ 수영 강사

M Hey, Jenny. What happened to you? You missed ❶ _____ _____ _____.

W I got a medical checkup at the hospital.

M I see. You learned the dolphin kick the last time, didn't you? Today, I'll teach you ❷ _____ _____ _____ the butterfly.

W Really? ❸ _____ _____ _____.

M Good. Before you get into the water, stretch for five minutes.

[19~20] 대화를 듣고, 남자의 마지막 말에 이어질 여자의 응답으로 가장 적절한 것을 고르시오.

19

Woman: _____

① Good for you!
② You go first.
③ That's all right.
④ Same as usual.
⑤ It's my favorite song.

W Hey, Pat. It's been a while. How ❶ _____ _____ _____?

M Fine. How about you?

W Very good. I heard that you ❷ _____ _____ _____ a piano contest. Did you do well?

M I won first place.

W Good for you!

20 ★영국식 발음 녹음

Woman: _____

① How about taking a taxi?
② Thanks. What a nice wallet!
③ Please take care of yourself.
④ You should be quiet on the subway.
⑤ Why don't you go to the lost and found center?

W Hey, ❶ _____ _____? Are you looking for something?

M Yes, I don't see my wallet.

W Calm down. ❷ _____ _____ _____ before you came here?

M Well..., home..., a cafe..., the subway..., Oh, I ❸ _____ _____ on the subway! What should I do?

W Why don't you go to the lost and found center?

---

18 miss 빠트리다 last 지난 medical checkup 건강 검진 dolphin kick (접영의) 발놀림 kick 차기, 킥 butterfly (수영의) 접영 **19** take part in ~에 참가하다 do well 잘하다 win first place 1등을 하다 **20** wallet (남성용) 지갑 Calm down. 진정해. lost and found 분실물 보관소

상황별 표현 Scrap

상점에서

점원이 하는 말

- May I help you?   도와드릴까요?
- How do you like this color?   이 색깔은 어떠세요?
- What size do you wear?   어떤 사이즈를 입으세요?
- You're lucky. It's on sale.   운이 좋으시군요. 그건 할인 중이에요.
- The fitting room is over there.   탈의실은 저쪽에 있어요.
- Here's your change.   여기 거스름돈이 있어요.

손님이 하는 말

- I'd like to buy a hat.   모자를 사고 싶어요.
- I'm looking for a shirt for my sister.   저는 저의 여동생을 위한 셔츠를 찾고 있어요.
- Does it come in any other colors?   다른 색깔도 있나요?
- May I try it on?   그것을 입어 봐도 될까요?
- Do you carry shirts for men?   남성용 셔츠 있나요?
- Would you recommend one?   하나 추천해 주시겠어요?
- Can I have it wrapped, please?   포장해 주시겠어요?

음식점에서

종업원이 하는 말

- Do you have a reservation?   예약하셨나요?
- Are you ready to order?   주문하시겠어요?
- What would you like to have?   무엇을 드시겠어요?
- Anything to drink?   음료는요?
- How would you like your steak?   스테이크는 어떻게 해드릴까요?

손님이 하는 말

- I'd like (to have) a steak.   스테이크를 주문할게요.
- May I have the bill, please?   계산서를 주시겠어요?
- I'd like it well-done(medium/rare), please.   잘 익혀(중간쯤으로 익혀, 설익혀) 주세요.

병원·약국에서

💬 의사나 약사가 하는 말

- What's wrong? — 어디가 아픈가요?
- How did you break your arm? — 어쩌다 팔이 부러졌나요?
- Lie on your back. / Lie back, please. — 누워 보세요.
- Please open your mouth. — 입을 벌려 보세요.
- Take two pills every morning. — 매일 아침 두 알씩 복용하세요.

💬 환자가 하는 말

- I have a terrible cold. — 독감에 걸렸어요.
- I have a high fever. — 고열이 있어요.
- I have a runny nose. — 콧물이 흘러요.
- I have a headache(toothache). — 두통(치통)이 있어요.

학교·도서관에서

- Don't be late for school. — 지각하지 마라.
- You should not make a noise here. — 이곳에서 떠들어서는 안 된다.
- What is your favorite subject? — 네가 좋아하는 과목은 무엇이니?
- He's good(poor) at English. — 그는 영어를 잘한다(못한다).
- How many classes do you have a week? — 너는 일주일에 수업이 몇 개있니?
- Which club do you want to join? — 너는 어떤 동아리에 가입하고 싶니?
- Ms. Park is my homeroom teacher. — 박 선생님은 우리 담임 선생님이다.
- I'd like to make a library card. — 도서관 대출증을 만들고 싶어요.
- How many books can I borrow? — 책을 몇 권이나 빌릴 수 있어요?
- I'd like to borrow some books on history. — 역사에 관한 책을 좀 빌리고 싶어요.
- You must return the books within a week. — 책은 일주일 이내에 반납해야 합니다.

전화통화에서

- May I speak to Jinny?   Jinny와 통화할 수 있을까요?
- Who's calling, please?   실례지만 누구시죠?
- This is Jinny speaking.   제가 Jinny예요.
- Would you like to leave a message?   메시지를 남기시겠어요?
- Please tell him that I called.   그에게 제가 전화했었다고 전해 주세요.

길 찾기 상황에서

- Could you show me the way to the museum?   박물관 가는 길을 알려 주시겠어요?
- How can I get there?   그곳에 어떻게 가나요?
- Where's the nearest bus stop?   가장 가까운 버스 정류장이 어디죠?
- Take the line No. 2.   2호선을 타세요.
- You should get off at the City Hall station.   시청역에서 내리셔야 합니다.
- Where can I get the bus to the park?   공원으로 가는 버스를 어디서 탈 수 있나요?

 ## 호텔에서

- I'd like to make a reservation for a single room.   1인실로 예약하고 싶습니다.
- How many nights will you stay?   며칠 숙박하시겠습니까?
- We are fully booked this week.   이번 주에 예약이 꽉 찼습니다.
- I'd like to check in(out) now.   지금 체크인(체크아웃)하고 싶습니다.
- When is checkout?   체크아웃 시간은 언제죠?

공항 · 비행기에서

- Can(May) I see your passport, please?   여권을 보여 주시겠어요?
- How long will you stay in Canada?   캐나다에 얼마나 머무르실 거죠?
- Where are you going to stay in the United States?   미국에서 어디서 머무를 예정이십니까?
- Welcome aboard ABC Airline Flight 777.   ABC항공 777편에 탑승하신 것을 환영합니다.
- Will this flight leave on time?   이 비행기는 정시에 출발하나요?
- Please fasten your seatbelts.   안전벨트를 매 주세요

그림 암호로 통하는
화통한 이야기

 재미있는 그림 암호를 풀어 볼까요?

>> 정답은 뒷면에

1

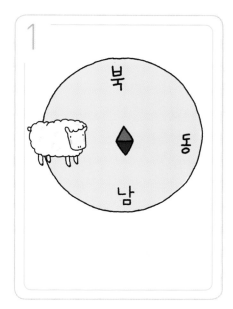

2

3

4

5

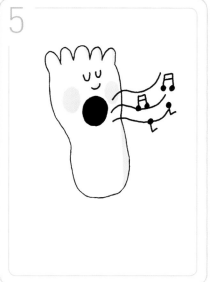

Hidden Card
너의 성적을 올리는 히든카드는 뒷면에…

나의 성적을 올려 줄 히든카드 속 그림 암호를 풀어 볼까요?

| 그림 암호 정답 |
① 서양   ② 코너킥   ③ 회화   ④ 알파벳   ⑤ 발음   〈Hidden Card〉 **타파**

유형으로 격파하는

LISTENING
TAPA

LEVEL 1

| 중학 듣기 특강서 |

WORKBOOK

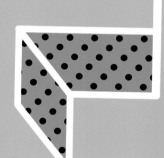

visang

도전하는 네게 용기를 주는

비 밀 신 호

하트~
뿅!

10

LISTENING TAPA
WORKBOOK

LEVEL 1

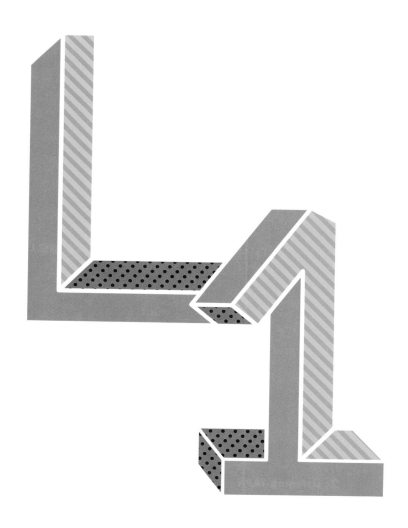

CONTENTS

A 다음을 듣고, 내용어에 밑줄을 그으시오.

1   There is a table in front of the sofa.

2   What time does it start?

3   He will pick me up at seven.

B 다음을 듣고, 알맞은 내용어로 빈칸을 채우시오.

1   She _____ _____ the _____.

2   I _____ to _____ a _____ _____.

3   He _____ a _____ _____ in the _____.

4   _____ is _____ _____ to _____.

5   _____ can I _____ _____?

6   _____ _____ at the _____ and _____ _____ the _____.

C 다음을 듣고, 알맞은 기능어로 빈칸을 채우시오.

1   _____ likes _____ play _____ piano.

2   _____ want _____ _____ _____ doctor someday.

3   _____ didn't like _____ math class _____ _____ afternoon.

4   _____ _____ not hard _____ learn English.

5   _____ _____ know how _____ go there?

6   Walk two blocks _____ _____ turn right.

02 다른 소리로 바뀌어 버려 (동화 현상)

》 정답과 해설 p.46

A 다음을 듣고, 단어 사이 연결되는 자음의 소리에 주목하여 맞는 것을 고르시오.

1 ① against you   ② gains you

2 ① He is mad at you.   ② He met you.

3 ① costume   ② cost you   ③ caught you

4 ① I forget you.   ② I forgive you.   ③ I forgot you.

5 ① with ours   ② without yours   ③ without you

B 다음을 듣고, 빈칸을 채우시오.

1 _____ _____ do your homework yet?

2 Take good care of the people _____ _____.

3 _____ _____ close the door for me?

4 I will _____ _____ to my birthday party.

5 They didn't laugh _____ _____.

C 다음을 듣고, 밑줄 친 부분을 바르게 고치시오.

1 I will <u>fine</u> you in about ten minutes.

2 She can <u>reach</u> your mind.

3 We were talking <u>above</u> you.

4 I am so <u>glazed</u> you came to see me.

5 I <u>warn</u> you to follow the rules.

한 단어야? 두 단어야? (같은 자음 간 탈락 현상)

≫ 정답과 해설 p.46

A 다음을 듣고, 단어 사이 연결되는 자음의 소리에 주목하여 맞는 것을 고르시오.

1 ① black cup   ② back up

2 ① My dad dreams a lot.   ② My daddy dreams a lot.

3 ① I want to sleep.   ② I won't sleep.

4 ① guest station   ② gas station   ③ gas stove

5 ① Neck's rap   ② next trap   ③ next train

B 다음을 듣고, 빈칸을 채우시오.

1 I'll go with you the _____ _____.

2 He paid two _____ _____ for the shirt.

3 _____ _____ run at very high speeds.

4 Let's meet at the theater _____ _____.

5 You _____ _____ the dishes.

C 다음을 듣고, 밑줄 친 부분을 바르게 고치시오.

1 I'm looking forward to my next <u>rip</u>.

2 Read this <u>Roman</u> story.

3 He felt sorry for the <u>deaf</u> dogs.

4 Can you help me <u>weed</u> these bags?

5 My teacher <u>helps</u> Ted solve the question.

단어의 끝이 어딘 거야? (연음 현상)

》 정답과 해설 p.46

A 다음을 듣고, 단어 사이 연결되는 연음에 주목하여 맞는 것을 고르시오.

1 ① slipper ② slip off ③ sleep on

2 ① once upon a time ② once on a time

3 ① She had to speak out. ② She had to spill out.

4 ① caps on sale ② cats on sale

5 ① break up ② breaking up

B 다음을 듣고, 빈칸을 채우시오.

1 _____ _____ the good work.

2 The man gave his son a _____ _____ a present.

3 She can't _____ _____ from home.

4 He wants to _____ _____ the country.

5 The man tried to _____ _____ flower high _____ _____ a cliff.

C 다음을 듣고, 밑줄 친 부분을 바르게 고치시오.

1 Why don't you just <u>say</u> it?

2 She wanted to <u>tag</u> off her shoes.

3 My father talks <u>on</u> money.

4 I couldn't <u>wait up</u> this morning.

5 I heard someone <u>note</u> on my door.

발음 05 t, d를 조심해! (t와 d의 약화 현상)

A 다음을 듣고, 단어 사이 연결되는 자음의 소리에 주목하여 맞는 것을 고르시오.

1 ① all museums ② art museums

2 ① send her ② center ③ sand of

3 ① goal at it ② good and it ③ good at it

4 ① instead of ② instance of ③ instant of

5 ① present for you ② prism for you ③ president for you

6 ① Hey Rick! ② had it ③ hate it

B 다음을 듣고, 빈칸을 채우시오.

1 I have _____ ideas about the issue.

2 She _____ _____ very busy day.

3 _____ are you doing in my room?

4 There is no movie _____ in this _____.

5 Just _____ _____ little flour _____ _____ time.

6 We _____ lots of time playing _____ games together.

C 다음을 듣고, 밑줄 친 부분을 바르게 고치시오.

1 I saw <u>many</u> cats last night.

2 He wanted to <u>rise</u> a bike in the park.

3 Feel free to <u>call</u> me if I am wrong.

4 Please <u>see</u> a little closer.

5 The girl was standing <u>beneath</u> me.

6 He tried to <u>learn</u> the book.

A 다음을 듣고, 괄호 안에서 알맞은 것을 고르시오.

1 He went to the (wet, west) gate.

2 The woman lives (next, nest) door to me.

3 Can you (let, list) the names of the visitors?

4 You (must, much) do it right now.

5 Did you hide the (maps, masks)?

6 They found a good (craft, crack) shop.

B 다음을 듣고, 빈칸을 채우시오.

1 John is my _____ friend.

2 I think that she is a _____ taker.

3 Jenny _____ fell down.

4 He will send you a _____ message.

5 Raise your _____ hand if you have a question.

C 다음을 듣고, 밑줄 친 부분을 바르게 고치시오.

1 <u>Leave</u> the meat out of the pan.

2 Kate is the <u>world</u> singer ever.

3 I need a new <u>dam</u> lamp.

4 I got a <u>given</u> card as a birthday present.

5 I <u>let</u> home early not to be late for work.

A 다음을 듣고, 각 동사를 알맞은 형태로 고쳐 쓰시오.

1 buy → _____
2 ask → _____
3 wear → _____
4 think → _____
5 build → _____

6 win → _____
7 give → _____
8 sleep → _____
9 start → _____
10 know → _____

B 다음을 듣고, 밑줄 친 부분을 바르게 고치시오.

1 Ted feels like a clown.
2 My mom always bake cookies every Friday.
3 Michael drives at full speed.
4 I wake up after a long sleep.
5 She grows up to be a lawyer.

C 다음을 듣고, 빈칸을 채우시오.

1 She _____ pretty in that dress.
2 I _____ my textbook on the floor.
3 James _____ it back to me.
4 I don't think he _____ my words.
5 Julie _____ my new computer yesterday.

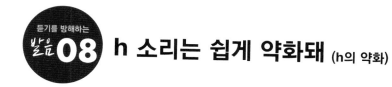
A 다음을 듣고, 단어 사이 연결되는 자음의 소리에 주목하여 맞는 것을 고르시오.

1 ① take it   ② takes him   ③ take him

2 ① inner mind   ② in her mind

3 ① let him know   ② let it know   ③ let me know

4 ① watch a blanket ② watch her blanket ③ wash her blanket

5 ① Things don't go her way. ② Things don't go the way.

B 다음을 듣고, 괄호 안에서 알맞은 것을 고르시오.

1 I want to talk to (her, Earl).

2 I made (her, him) mow the lawn this morning.

3 It (has, had) a big circle.

4 There was darkness behind (a, her) smile.

5 We looked at (this, his) car.

C 다음을 듣고, 빈칸을 채우시오.

1 He _____ _____ name.

2 She won't _____ _____ mind.

3 He left home _____ _____ phone.

4 _____ _____ go to bed early last night?

5 When did your baby _____ _____ first word?

A 다음을 듣고, 맞는 것을 고르시오.

1 ① count the number   ② account number

2 ① allow music   ② loud music

3 ① I will await him out.   ② I will wait it out.

B 다음을 듣고, 괄호 안에서 알맞은 것을 고르시오.

1 She had to stay (long, alone) for a while.

2 Choose one from (among, of) them.

3 I want to make a (fresh, afresh) start.

4 He wants to know everything (about, above) it.

5 Make sure to add the right (mount, amount) of salt.

6 My parents don't (allow, love) me to go to the movies.

C 다음을 듣고, 빈칸을 채우시오.

1 My grandparents are still _____.

2 It is _____ that he finished his work.

3 Brian was _____ when I went to bed.

4 I can't wait. Please go _____.

5 She didn't _____ with his ideas.

6 They will _____ at the airport soon.

A 다음을 듣고 해당하는 단어를 찾아 쓴 후, 우리말 뜻을 연결하시오.

1 _____ ・   ・**a** 오페라

2 _____ ・   ・**b** 아나운서

3 _____ ・   ・**c** 안테나

4 _____ ・   ・**d** 오렌지

5 _____ ・   ・**e** 라테, 우유

6 _____ ・   ・**f** 코코아

7 _____ ・   ・**g** 자료, 데이터

8 _____ ・   ・**h** 라디오

orange	opera	data	radio
announcer	antenna	cocoa	latte

B 다음을 듣고, 빈칸을 채우시오.

1 She grew up to be a fashion _____.

2 He wants to be an _____ singer.

3 The _____ works for the _____ station.

4 She put a new _____ in her camera.

5 I drank a cup of _____ at the cafe.

6 He found an _____ in the desert.

7 She got a _____ last weekend.

그림 정보

A

다음 영어는 우리말로, 우리말은 영어로 쓰시오.

1	cloudy	_____
2	round	_____
3	continue	_____
4	afraid	_____
5	nationality	_____
6	destination	_____
7	blade	_____
8	hand	_____
9	peaceful	_____
10	foreign	_____

11	선물	g_____
12	여행	t_____
13	도구	t_____
14	가운데	m_____
15	어두운	d_____
16	비어있는	e_____
17	해 질 녘	s_____
18	화창한	s_____
19	경기장	s_____
20	대부분의	m_____

B

보기에서 알맞은 단어를 골라 문장을 완성하시오.

> 보기
>
> rainy   until   clear   forget   present

1 Don't _____ anything when you leave the bus.

2 On a _____ day, you can see mountain from here.

3 It will be _____, so you should take an umbrella with you.

4 The rain will continue _____ tonight.

5 I'll give it to my foreign friend as a _____.

C 우리말과 일치하도록 괄호 안에 주어진 말을 바르게 배열하여 문장을 완성하시오.

1 오늘의 일기예보입니다. (is, here, today's, report, weather)

_____

2 저는 에코백을 찾고 있어요. (an, looking, eco-bag, I'm, for)

_____

3 우산을 챙기는 것을 잊지 마세요. (take, forget, to, don't, an, you, with, umbrella)

_____

4 너는 박스 위에 아름다운 꽃들을 그렸구나. (beautiful, the, you, box, on, drew, flowers)

_____

5 여러분은 야외 활동을 즐길 수 있을 것입니다. (activities, can, outdoor, enjoy, you)

_____

D 그림을 보고, 보기에서 알맞은 단어를 골라 문장을 완성하시오.

보기
curly   glasses   skirt   straight   shorts   blouse

Angela Jenny Mary Kate Nancy

1 Angela has dark _____ hair.

2 Jenny has _____ short hair.

3 Mary is wearing a _____ and a _____.

4 Jenny and Kate are wearing _____.

5 Angela and Nancy are wearing _____.

A 다음 영어는 우리말로, 우리말은 영어로 쓰시오.

1	interesting	_____	11	늦은, 지각한	l_____
2	free	_____	12	방망이	b_____
3	book fair	_____	13	총계의, 전체의	t_____
4	join	_____	14	즐기다	e_____
5	finish	_____	15	~에게 (돈을) 갚다	p_____
6	cost	_____	16	빌리다	b_____
7	after-school	_____	17	동아리	c_____
8	dentist	_____	18	원하다	w_____
9	practice	_____	19	지속하다	l_____
10	welcome	_____	20	도착하다	a_____

B 보기에서 알맞은 말을 골라 알맞은 형태로 문장을 완성하시오.

보기				
pay	have lunch	have a concert	take care of	on sale

1 That necklace and ring are _____ for 10% off.

2 Could you _____ your little brother for me?

3 Did you _____ today?

4 The famous band _____ three times every year.

5 I borrowed 5 dollars from my friend to _____ for lunch.

» 정답과 해설 p.49

C 대화가 완성되도록 바르게 짝지으시오.

1 How much are they? •   • a What about 6 o'clock?

2 How often do you go there? •   • b It'll arrive in five minutes.

3 What time shall we meet? •   • c The total is 45 dollars.

4 The pink blouse is 30 dollars. •   • d I go there two times a week.

5 When does the subway arrive? •   • e Okay, I'll take it.

D 보기에서 알맞은 말을 골라 대화를 완성하시오.

보기
• Are you free tomorrow?   • Can you tell me the time?
• It's 30 dollars.   • I go about three to four times a week.

1 A This baseball glove looks nice! How much is it?

   B _____

2 A How often do you go mountain biking?

   B _____

3 A _____

   B Yes. Why do you ask?

4 A _____

   B No problem. It's 4 : 15.

의도·목적 Word & Expression TEST

A 다음 영어는 우리말로, 우리말은 영어로 쓰시오.

1 give away _____
2 dolphin _____
3 absent _____
4 attend _____
5 lesson _____
6 by the way _____
7 problem _____
8 return _____
9 headache _____
10 field trip _____

11 그 경우에는 i_____
12 작동하다 w_____
13 재능 t_____
14 모임 m_____
15 잃어버리다 l_____
16 열심히; 어려운 h_____
17 잘못된 w_____
18 단원 u_____
19 아마도 m_____
20 확신하는 s_____

B 보기에서 알맞은 말을 골라 알맞은 형태로 문장을 완성하시오.

보기				
take medicine	see a doctor	get angry at	stay up late	talent

1 I made too much noise in class, so my teacher _____ me.

2 _____ three times a day 30 minutes after each meal.

3 If you have a cold, you need to _____.

4 I think I don't have a _____ for programming.

5 I used to _____ studying to pass the exam.

C 문장에 알맞은 응답을 보기에서 골라 기호를 쓰시오.

보기
a I'm afraid I can't.
b Cheer up. You did your best.
c Of course. Go ahead.
d I think you should get some rest.
e How about watching it together?

1 I have a headache. _____

2 Will you come to my house for dinner? _____

3 Can I use your cellphone? _____

4 I can't wait for tonight's baseball game! _____

5 Our team lost the soccer game. _____

D 우리말과 일치하도록, 괄호 안에 주어진 말을 바르게 배열하여 문장을 완성하시오.

1 너는 너의 점심을 가져와야 한다. (bring, lunch, to, your, you, need)

_____

2 너는 다음번에는 더 잘할 수 있을 거야. (better, can, you, do, time, next)

_____

3 나는 내일 동아리 모임에 참석할 수 없어. (tomorrow, attend, can't, meeting, the, I, club)

_____

4 제가 두통이 있어요, 그리고 제가 그것을 못 참겠어요.
(can't, I, it, stand, and, headache, a, have, I)

_____

A 다음 영어는 우리말로, 우리말은 영어로 쓰시오.

1 subject _____

2 math _____

3 present _____

4 family event _____

5 introduce _____

6 nervous _____

7 sound _____

8 exchange _____

9 back _____

10 sick _____

11 재미있는 f_____

12 날짜 d_____

13 잊다 f_____

14 보고서 r_____

15 방문하다 v_____

16 더러운 d_____

17 얼룩, 자국 m_____

18 무료의 f_____

19 이기다 w_____

20 숙제 h_____

B 보기에서 알맞은 말을 골라 알맞은 형태로 문장을 완성하시오.

보기	may	cook	move to	get together	introduce

1 I'm going to _____ my school to them in English.

2 All of my family members will _____ for my grandfather's 70th birthday party.

3 She _____ not know when your birthday is.

4 I helped my brother's homework and _____ pancake for him.

5 Did you get any e-mail or letters from him after he _____ Canada?

C 인물의 심정을 나타내는 단어를 보기에서 골라 쓰시오.

보기				
angry	pleased	nervous	lonely	bored

1 Heejin lives alone. When she comes home, there is no one. She feels _____.

2 Mina will take part in the speaking contest tomorrow. She is _____.

3 Brian's brother took Brian's bike without saying a word to him. Brian is so _____.

4 Today is Amy's birthday. She's got a lot of presents. She is _____.

5 Julian is in history class, but he feels sleepy. He is _____.

D 응답에 알맞은 이유를 묻는 질문을 보기에서 골라 쓰시오.

보기
- Why can't you come to my party?
- Why were you late for the meeting?
- What makes you think that?
- You look sad. What happened to you?

1 A _____
  B There was a car accident on the road.

2 A _____
  B I lost my purse. I can't find it anywhere.

3 A I think that Harry is angry at me.
  B _____
  A He didn't look at me at all.

4 A _____
  B I have to study for my final exam.

A 다음 영어는 우리말로, 우리말은 영어로 쓰시오.

1	enough	_____	11	양초	c_____
2	heater	_____	12	체육관	g_____
3	tired	_____	13	주말	w_____
4	spend	_____	14	따뜻한	w_____
5	focus	_____	15	건조한	d_____
6	ride	_____	16	놓치다	m_____
7	bring	_____	17	수업	c_____
8	shopping list	_____	18	이동하다	m_____
9	outside	_____	19	신선한	f_____
10	indoor	_____	20	싫어하다	h_____

B 보기에서 알맞은 말을 골라 알맞은 형태로 문장을 완성하시오.

> 보기
> yet   turn on   suddenly   for a moment   outside

1 My mom _____ got sick, so I had to take care of my brother at home.

2 We can't go hiking, because it's raining _____.

3 Mr. Brown, can I talk with you _____?

4 I borrowed some comic books yesterday, but I haven't read them _____.

5 It's cold in here. How about _____ the heater?

C 질문에 알맞은 응답을 보기에서 골라 쓰시오.

> 보기
> • Really? How was it?
> • I'm sorry, but I can't.
> • I'm going to travel to New York.
> • I visited my grandparents.
> • That's cool! What can I do there?

1 A What are you going to do this vacation?
  B _____

2 A Why don't you volunteer at the library?
  B _____

3 A I went to the National Museum.
  B _____

4 A Could you take care of my dog this afternoon?
  B _____

5 A What did you do last weekend?
  B _____

D 우리말과 일치하도록 빈칸에 알맞은 말을 쓰시오.

1 우리 공원을 산책하자.
  Let's _____ _____ _____ in the park.

2 30분만 기다려 줄 수 있니?
  Can you wait for _____ _____ _____?

3 너는 교실 앞에 앉고 싶니?
  Do you want to sit _____ _____ _____ _____ the classroom?

4 나의 아버지는 출장 중이셨어.
  My dad was _____ _____ _____ _____.

5 우리는 그곳에서 8시간 이상을 보냈어.
  We spent _____ _____ eight hours there.

A 다음 영어는 우리말로, 우리말은 영어로 쓰시오.

1	take	_____	11	걸어가다	w_____
2	delete	_____	12	학년	g_____
3	auto	_____	13	바이러스	v_____
4	museum	_____	14	~전에	a_____
5	wizard	_____	15	쪽지 시험	q_____
6	director	_____	16	역할	r_____
7	love story	_____	17	담임 선생님	h_____
8	aboard	_____	18	(날씨가) 맑은	c_____
9	travel time	_____	19	비행	f_____
10	unnecessary	_____	20	수학여행	f_____

B 보기에서 알맞은 말을 골라 문장을 완성하시오.

보기					
	come in	visit	join	aboard	miss

1 I will _____ Jeonju with my family this weekend.

2 Does this skirt _____ any other colors?

3 Don't _____ this amazing fantasy movie.

4 Will you _____ us for dinner?

5 Welcome _____ Fresh Airlines Flight 218 flying to Paris.

C 우리말과 일치하도록 빈칸에 알맞은 말을 쓰시오.

1 Mike, 너는 컴퓨터에 재주가 있어, 그렇지?

Mike, you _____ _____ _____ computers, right?

2 당신은 대회를 위해 양식을 작성하셔야 합니다.

You need to _____ _____ _____ _____ for the contest.

3 오디션에 참가하는 게 어때?

Why don't you _____ _____ _____ our audition?

4 당신은 5월 16일까지 그 양식을 제출하셔야 합니다.

You should _____ _____ the form by May 16.

5 엄마가 그곳에 차로 태워다 주신다고 하셨어.

My mom said she would take me there _____ _____.

D 질문에 알맞은 응답을 보기에서 골라서 기호를 쓰시오.

보기
a I was in the hospital.
b Sure. What is it?
c I will walk there after school.
d We're going to the history museum.
e Oh, we're having an English quiz tomorrow.

1 How will you go to Jason's birthday party? _____

2 Why didn't you come to school yesterday? _____

3 Where are we going for the school field trip? _____

4 Do we have homework or anything to do? _____

5 Can I ask you something about my computer? _____

A　다음 영어는 우리말로, 우리말은 영어로 쓰시오.

1　advice　＿＿＿＿＿　　11　구멍　h＿＿＿＿＿

2　creative　＿＿＿＿＿　　12　수리하다　f＿＿＿＿＿

3　number one　＿＿＿＿＿　　13　직업　j＿＿＿＿＿

4　different　＿＿＿＿＿　　14　예약하다　b＿＿＿＿＿

5　reservation　＿＿＿＿＿　　15　금방, 곧　s＿＿＿＿＿

6　architect　＿＿＿＿＿　　16　보관하다　k＿＿＿＿＿

7　useful　＿＿＿＿＿　　17　떠나다, 출발하다　l＿＿＿＿＿

8　knowledge　＿＿＿＿＿　　18　보여 주다　s＿＿＿＿＿

9　driver's license　＿＿＿＿＿　　19　~을 초과한　o＿＿＿＿＿

10　speed limit　＿＿＿＿＿　　20　표지판　s＿＿＿＿＿

B　보기에서 알맞은 말을 골라 문장을 완성하시오.

보기
kid　　role model　　free of charge　　in need　　absent from

1　The CEO is ＿＿＿＿＿ for many young people.

2　Amy has a high fever, so I think she should be ＿＿＿＿＿ school today.

3　I will make useful smartphone apps to help people ＿＿＿＿＿.

4　I wanted to be a teacher when I was a ＿＿＿＿＿.

5　People can take various classes ＿＿＿＿＿ on the internet.

C

괄호 안에 주어진 단어를 활용하여 대화를 완성하시오.

보기

a We provide fresh bread and cakes.
b What's wrong with your puppy?
c Please show me your driver's license.
d How would you like your hair cut?

1

_____

2

_____

3

_____

4

_____

D

대화 속 인물들의 관계를 보기에서 골라 기호를 쓰시오.

보기   a 점원 — 손님   b 택시 기사 — 승객   c 의사 — 환자   d 친구 — 친구

1   A How long will it take?

   B With this traffic, it will take about 25 minutes.   _____

2   A What's wrong with you?

   B I have a sore throat and a high fever.   _____

3   A What do you want to be in the future?

   B I want to be a flight attendant.   _____

4   A What can I do for you?

   B I'm looking for a dress for my 5-year-old daughter.   _____

A 다음 영어는 우리말로, 우리말은 영어로 쓰시오.

1	bookstore	_____	11	돌아가다	t_____
2	bus stop	_____	12	저울	s_____
3	dinner table	_____	13	~근처에서	n_____
4	movie theater	_____	14	헬멧	h_____
5	package	_____	15	빌려주다	l_____
6	P.E. class	_____	16	종류	k_____
7	police station	_____	17	이야기책	s_____
8	comic book	_____	18	보내다	s_____
9	traditional	_____	19	가구	f_____
10	historically	_____	20	중요한	i_____

B 보기에서 알맞은 말을 골라 알맞은 형태로 문장을 완성하시오.

보기	turn	stop by	next to	dinner table	break one's arm

1 Can I _____ your house this afternoon?

2 I'm looking for a _____ for four people.

3 Go straight one block and _____ left.

4 Kevin is in the hospital, because he _____ in P.E. class yesterday.

5 The ABC Mall is _____ the post office.

C 대화에서 설명하는 곳의 기호를 쓰시오.

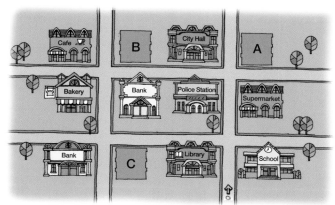

You are here!

1 **A** Is there a park around here?

  B Yes. Go straight two blocks and turn left. It is across from the bank.

  _____

2 **A** How can I get to the National Museum?

  B Go straight one block and turn left. You can find it on your left next to the library.

  _____

3 **A** Can you tell me where the Miracle Building is?

  B Sure. Walk along this street and turn right at the second corner. You'll see it on your left.

  _____

D 우리말과 일치하도록 빈칸에 알맞은 말을 쓰시오.

1 두 블록을 직진하셔서 모퉁이에서 오른쪽으로 도세요.

  Go straight two blocks and turn right _____ _____ _____.

2 그 상자를 저울 위에 올려주세요.

  Put the box _____ _____ _____, please.

3 우리 함께 도서관에 잠시 들른 후 그곳에 갈 수 있을까?

  Can we go there together after we _____ _____ the library?

4 그것은 경찰서 건너편에 있습니다.

  It's _____ _____ the police station.

5 저에게 도서관이 어디에 있는지 말씀해 주실 수 있으세요?

  Can you tell me _____ _____ _____ _____?

A

다음 영어는 우리말로, 우리말은 영어로 쓰시오.

1	volunteer work _____	11	먹이를 주다　f_____
2	excited _____	12	(공을) 치다　h_____
3	performance _____	13	씻다　w_____
4	professional _____	14	깊은　d_____
5	expensive _____	15	이른　e_____
6	probably _____	16	(돈을) 지불하다　p_____
7	leave _____	17	여행　t_____
8	experience _____	18	쌀쌀한　c_____
9	passenger _____	19	나라　c_____
10	depart _____	20	연기하다, 미루다　d_____

B

보기에서 알맞은 말을 골라 문장을 완성하시오.

보기				
usually	apologize for	in the hospital	museum	medical bills

1　We _____ the delay.

2　When do you go to bed _____?

3　His _____ are too expensive, so he can't pay them.

4　Andy is _____ now, because he got hurt this morning.

5　My class will visit the Bike _____ to learn about the history of bikes.

C

단어들을 하나로 묶을 수 있는 말을 보기에서 골라 기호를 쓰시오.

보기
a leisure   b school life   c volunteer work   d environment   e weather

1   It's a nice, warm day with no clouds in the sky.

2   I'll go to the community center to teach English to kids.

3   To keep the air clean, we should plant lots of trees.

4   I can't wait to visit school festival.

5   What do you usually do in your free time?

D

보기에서 알맞은 말을 골라 대화를 완성하시오.

보기
• What's your favorite program?   • Yes. I sing songs for the elderly people at a hospital.
• How was your trip to Finland?   • I think the dance performance will be good, too.

1   A _____
    B It was good, but it was a bit hot.

2   A I'm looking forward to seeing the school orchestra's concert.
    B _____

3   A Do you also do volunteer work?
    B _____

4   A _____
    B I enjoy watching *Sad Love Story* on Channel 5.

A 다음 영어는 우리말로, 우리말은 영어로 쓰시오.

1	exercise	_____	11	즉시, 곧바로	r_____
2	sports day	_____	12	자유 시간	f_____
3	calendar	_____	13	밥	r_____
4	coming	_____	14	특별한	s_____
5	stuff	_____	15	화가 난, 속상한	u_____
6	price	_____	16	걷기	w_____
7	after-school activity	_____	17	포스터	p_____
8	popular	_____	18	영화; 필름	f_____
9	festival	_____	19	후식	d_____
10	already	_____	20	한번 시도해 보다	t_____

B 보기에서 알맞은 말을 골라 문장을 완성하시오.

보기

see a movie	take place	for free	after-school	ride

1 The cooking class is the most popular of the five _____ classes.

2 A garage sale will _____ on May 1.

3 I am free at that time, I can give you a _____ to there.

4 Night walking tour is _____ for children.

5 I am bored. why don't we go to _____ together?

C 우리말과 일치하도록 빈칸에 알맞은 말을 쓰시오.

1 저는 스테이크와 토마토 샐러드를 먹을 것입니다.
   I'll _____ _____ _____ and a tomato salad.

2 나는 그녀의 생일이 다가오는 목요일이라고 들었어.
   I heard that her birthday is _____ _____ _____.

3 바이올린 수업은 미술 수업보다 인기가 있다.
   The violin class is _____ _____ _____ the art class.

4 영화가 시작하기 전 10분 전에 만나자.
   _____ _____ 10 minutes before the movie starts.

5 그 중고 물품 판매는 10월 1일부터 2일까지야.
   The garage sale is _____ _____ _____ _____ _____.

D 다음 달력을 보고, 빈칸에 알맞은 말을 쓰시오.

September						
Sun	Mon	Tue	Wed	Thu	Fri	Sat
	1 (Today)	2	3	4	5	6
7	8	9	10	11 Jimin's Birthday	12	13
14	★15 mid-term exam	16 mid-term exam	17 mid-term exam	18	19	20
21	22	23	24	25	26 School Sports Day	27
28	29	30				

1 Today is September first, and tomorrow is September _____.

2 Jimin's birthday is September _____.

3 The mid-term exams are _____ September fifteenth _____ seventeenth.

4 School sports day is the _____ Friday in September.

어색한 대화 고르기 Word & Expression TEST

A

다음 영어는 우리말로, 우리말은 영어로 쓰시오.

1	favorite	_____	11	배부르게 먹은	f	_____
2	pleasure	_____	12	취미	h	_____
3	take a bath	_____	13	곱슬곱슬한	c	_____
4	drugstore	_____	14	줄넘기를 하다	j	_____
5	surprising	_____	15	실내에서	i	_____
6	toothache	_____	16	가까운	c	_____
7	away	_____	17	(개인의) 집; 장소	p	_____
8	alarm clock	_____	18	고장 나다	b	_____
9	vet	_____	19	(경기에) 지다	l	_____
10	agree with	_____	20	~해 보이다	s	_____

B

보기에서 알맞은 단어를 골라 알맞은 형태로 문장을 완성하시오.

보기

try	break	win	take	play

1 How often do you _____ computer games?

2 I _____ first prize in the speaking contest last year.

3 I'm so tired now, so I'll _____ a nap at home.

4 I was late for school because my alarm clock _____.

5 Don't worry. Just _____ your best.

C 응답에 알맞은 질문이 되도록 빈칸에 알맞은 말을 쓰시오.

1 A _____ is our school field trip?

   B It's next Thursday.

2 A _____ _____ does it take to get there?

   B It takes about 30 minutes by subway.

3 A _____ did you meet Mr. Han?

   B In front of movie theater.

4 A _____ _____ do you go to the theater?

   B Twice a week.

5 A _____ were you late for school?

   B Because the traffic was terrible.

D 질문에 알맞은 응답을 보기에서 골라서 기호를 쓰시오.

보기
a He is an engineer.   b It's very interesting.   c Sure. Go ahead.
d On foot.   e He is honest and kind.

1 How does Amy go to school?

2 What is Peter like?

3 What does your brother do?

4 What do you think of the novel?

5 Can I borrow your notebook?

A

다음 영어는 우리말로, 우리말은 영어로 쓰시오.

1	flea market	_____	11	가지고 다니다	c_____
2	set up	_____	12	방금	j_____
3	genius	_____	13	강아지	p_____
4	anywhere	_____	14	(문제를) 풀다	s_____
5	backpack	_____	15	수학	m_____
6	locked	_____	16	해답, 답	a_____
7	passport	_____	17	비밀번호	p_____
8	stay	_____	18	배우다	l_____
9	moment	_____	19	신사	g_____
10	mean	_____	20	애완동물	p_____

B

보기에서 알맞은 말을 골라 알맞은 형태로 문장을 완성하시오.

보기				
solve	carry	give birth to	have dinner	leave

1   Do you _____ your own cup?

2   We'd like to _____ at the *Gold Dragon* restaurant this evening.

3   Can I _____ a message for her?

4   I am very happy because my dog just _____ five puppies.

5   Did you _____ this math problem?

C 대화가 완성되도록 바르게 짝지으시오.

1 I won first prize at the piano contest. •   • a Good luck.

2 Jenny got into a car accident. •   • b Congratulations!

3 I failed the English test. •   • c Oh, no. Is she okay?

4 I have a speech contest tomorrow. •   • d That's all right.

5 I like this pencil case. Thank you. •   • e I'm glad you like it.

6 Can I join you guys? •   • f Sure. No problem.

7 I'm sorry I broke your camera. •   • g Thanks. These are delicious.

8 Help yourself. •   • h Cheer up! There is always
next time.

D 질문에 알맞은 응답을 보기에서 골라 쓰시오.

> 보기
> • He is tall and thin.   • For one month.
> • Me too. I can't wait!   • No, but I want to learn it.
> • How about in front of the theater at 5 p.m.?

1 A When and where shall we meet?
  B _____

2 A Do you know how to play the piano?
  B _____

3 A What does Eric look like?
  B _____

4 A How long will you stay in Tokyo?
  B _____

5 A I am looking forward to seeing that movie.
  B _____

A

다음 영어는 우리말로, 우리말은 영어로 쓰시오.

1 Parents' Day _____
2 sunbathe _____
3 protect _____
4 living room _____
5 capture _____
6 grandparents _____
7 worried _____
8 plan _____
9 refrigerator _____
10 recommend _____

11 햇빛 s_____
12 (눈이) 충혈된 r_____
13 마을 v_____
14 열정 p_____
15 채소 v_____
16 여배우 a_____
17 ~의 건너편에 a_____
18 분실물 센터 l_____
19 결석한 a_____
20 야경 n_____

B

보기에서 알맞은 단어를 골라 문장을 완성하시오.

보기				
answer	enjoy	during	favor	bed

1 Do you _____ listening to music?

2 Why didn't you _____ the phone?

3 Can you do me a _____?

4 I was sick yesterday, so I stayed in _____ all day.

5 The wind will get stronger _____ the night.

C 우리말과 일치하도록 빈칸에 알맞은 말을 쓰시오.

1 자외선 차단제가 태양을 차단하여 당신의 피부는 보호될 것입니다.

Sunblock _____ _____ the sun, and your skin will be protected.

2 우리 가족이 캠핑에 갈 때, 아빠가 텐트를 설치하실 것이다.

When my family go camping, my father will _____ _____ the tent.

3 너는 삼 일 동안 시험을 치르니?

Do you _____ _____ for three days?

4 나는 너의 콘서트를 기대할 거야.

I'll _____ _____ _____ _____ your concert.

5 여러분이 잊기 전에, 해야만 하는 것을 메모하는 것은 중요하다.

It's important to _____ _____ of what you have to do before you forget.

D 대화가 완성되도록 바르게 짝지으시오.

1 How can I get there from here? • • a At 5 o'clock.

2 Why didn't you watch the game? • • b That's because I had a bad cold.

3 What time will the movie end? • • c Take bus number 77.

4 I'm going to visit Busan this weekend. • • d Yes. There is one near here.
How about you?

5 Is there a flower shop around here? • • e I'm going camping with my family.

A 다음 영어는 우리말로, 우리말은 영어로 쓰시오.

1	choose	_____	11	유형, 종류	t_____
2	presentation	_____	12	반납하다	r_____
3	go out	_____	13	여행 가이드	t_____
4	type	_____	14	자세	p_____
5	less	_____	15	지하철	s_____
6	volunteer	_____	16	감동적인	m_____
7	line	_____	17	주제	t_____
8	water	_____	18	다시 시작하다	r_____
9	search	_____	19	모으다	c_____
10	experiment	_____	20	(점수를) 얻다	g_____

B 보기에서 알맞은 말을 골라 문장을 완성하시오.

보기

away	throughout	look good on	speed limit	every day

1 Those pants really _____ you.

2 You were driving faster than the _____.

3 The library is one block _____ from the restaurant.

4 I eat vegetables and fruits _____ for my health.

5 The movie was very touching, so I cried _____ the movie.

» 정답과 해설 p.54

C 보기에서 알맞은 말을 골라 대화를 완성하시오.

┌─ 보기 ───┐
- What time is it?
- What did you do yesterday, Emily?
- I think I should take a taxi.
- I got a perfect score on my math test.
└───┘

1 **A** _____

   B I watched the movie *The Avengers* with my friends.

2 **A** You look excited ! What's up?

   B _____

3 **A** _____

   B It's 3 : 45.

4 **A** How are you going home? By subway or bus ?

   B _____

D 우리말과 일치하도록 빈칸에 알맞은 말을 쓰시오.

1 우체국 옆에 빌딩 말씀이세요?

   _____ _____ the building next to the post office?

2 대학교 로고가 있는 이 티셔츠는 어때?

   _____ _____ this T-shirt with the university logo?

3 내게 잠시 시간을 줄래?

   Can you _____ _____ _____ _____ ?

4 나는 무대에서 아무 말도 할 수 없었어.

   I couldn't say anything _____ _____ .

5 영화는 4시 반에 시작한다.

   The movie starts at _____ _____ _____ .

A 다음 영어는 우리말로, 우리말은 영어로 쓰시오.

1	press	_____	11	색칠하기 책	c_____
2	control	_____	12	여전히	s_____
3	weekly	_____	13	자연	n_____
4	open	_____	14	끝나다	e_____
5	photographer	_____	15	(여성용) 지갑	p_____
6	magazine	_____	16	요리; 접시	d_____
7	novelist	_____	17	지역	a_____
8	decide	_____	18	의미하다	m_____
9	important	_____	19	~임에 틀림없다	m_____
10	straight	_____	20	(가격이) 싼	c_____

B 보기에서 알맞은 말을 골라 문장을 완성하시오.

> 보기
>
> bring   try on   mean to   come out   order

1 Can I _____ those red shoes?

2 I waited so long for her new novel to _____.

3 You can _____ a pizza if you want.

4 I really didn't _____ offend him.

5 I forgot to _____ my purse with me to the supermarket.

C 우리말과 일치하도록 괄호 안에 주어진 단어를 활용하여 문장을 완성하시오.

1 그 피아노는 나무로 만들어졌다. (made)

The piano _____ _____ _____ wood.

2 나는 요리하는 것을 좋아해서, 매주 새로운 음식을 만들려고 노력한다. (try)

I like cooking, so I _____ _____ make one new dish every week.

3 선생님들은 학생들이 배움에 있어서 즐거움을 느끼기 바란다. (fun)

Teachers want students to _____ _____ in learning.

4 너는 기타 치는 것을 잘 하잖아. (good)

You _____ _____ _____ playing the guitar.

5 그 사이즈는 모두 품절되었습니다. (sell)

That size is all _____ _____.

D 대화가 완성되도록 바르게 짝지으시오.

1 What size do you wear? • • a It was great.

2 What do you do in your free time? • • b Size 245.

3 Where do you usually buy clothes? • • c No, my home a bit far from the school.

4 How was your holiday, James? • • d I play tennis with my brother.

5 Do you live near the school? • • e I go to the outlet to buy clothes.

A 다음 영어는 우리말로, 우리말은 영어로 쓰시오.

1	stomach	_____	11	주머니	p_____
2	temperature	_____	12	상징	s_____
3	historian	_____	13	(비·눈이) 내리다	f_____
4	single room	_____	14	서두르다	h_____
5	square	_____	15	문법	g_____
6	within	_____	16	부끄러워하는	s_____
7	review	_____	17	식사	m_____
8	visitor	_____	18	12개	d_____
9	sometime	_____	19	착륙	l_____
10	dangerous	_____	20	조이다, 채우다	f_____

B 보기에서 알맞은 말을 골라 문장을 완성하시오.

> 보기
>
> get off　　opening date　　a few　　breath　　perfect score

1 I got a _____ on the English test.

2 When you are nervous, calm down and take a deep _____.

3 Which station do I have to _____ at?

4 Tickets are free for a week from the _____.

5 The food you ordered will be arriving in _____ minutes.

C 우리말과 일치하도록 괄호 안에 주어진 말을 바르게 배열하여 문장을 완성하시오.

1 네가 좋아하는 종류의 음악은 무엇이니? (music, your, what's, favorite, of, kind)

_____

2 그 도서관은 우체국 건너편에 있어요. (the, is, library, from, the, across, post office)

_____

3 제가 질문을 좀 해도 될까요? (you, I ,ask, may, questions, some)

_____

4 그 경기는 1시간 후에 시작될 것이다. (The, one, game, will, in, begin, hour)

_____

5 나는 고등학교에서 영어를 가르치고 싶어. (I, high school, to, English, teach, at, a, want)

_____

D 보기에서 알맞은 말을 골라 대화를 완성하시오.

보기
• Can I borrow your science notebook? • Are you going to watch the soccer game today?
• Go one block and turn right. • I want to, but I can't.

1 A _____
   B Yes. I'll watch it at the City Hall square.

2 A Can you show me the way to the ABC hospital?
   B _____

3 A _____
   B Okay, but you should get it back to me by tomorrow.

4 A Why don't we go to the school cafeteria this afternoon?
   B _____

A 다음 영어는 우리말로, 우리말은 영어로 쓰시오.

1 wing _____
2 thunderstorm _____
3 perform _____
4 storyline _____
5 old-fashioned _____
6 prepare _____
7 invite _____
8 neighbor _____
9 especially _____
10 opposite _____

11 (테니스·탁구) 라켓 r_____
12 비행기 조종사 p_____
13 지루한 b_____
14 심지어 e_____
15 연극 p_____
16 소음 n_____
17 (남성용) 지갑 w_____
18 빠트리다 m_____
19 (거리가) 먼 f_____
20 (기분) 좋은, 다정한 s_____

B 보기에서 알맞은 말을 골라 문장을 완성하시오.

보기				
a couple of	indoors	throw	decide	refrigerator

1 Let's _____ a surprise party for parents.

2 I have to visit my grandparents for _____ days.

3 You should take off your shoes _____.

4 There are some bread and vegetables in the _____.

5 I have to _____ which class I will take this semester.

C 우리말과 일치하도록 빈칸에 알맞은 말을 쓰시오.

1 지금으로는 그게 다예요.

That is all _____ _____.

2 나는 네가 피아노 경연 대회에 참가할 것이라고 들었어.

I heard that you will _____ _____ _____ a piano contest.

3 우리 일본 식당에서 외식하는 게 어때?

Why don't we _____ _____ at a Japanese restaurant?

4 나는 외국어 배우는 것에 흥미가 있어.

I _____ _____ _____ learning foreign language.

5 너는 미래에 무엇이 되고 싶니?

What do you want to be _____ _____ _____?

D 질문에 알맞은 응답을 보기에서 골라 기호를 쓰시오.

보기
a It's a bit far.
c I play the guitar in the school band.
e No problem, I like animals.
b Of course! What's your name?
d Sure. How about tomorrow?

1 Can I have your autograph? _____

2 Is the subway station close from here? _____

3 Can you teach me how to play tennis? _____

4 Can you take care of my dog this weekend? _____

5 Jim, which club are you in? _____

Answer

듣기를 방해하는 발음 01 리듬을 타라! (문장 강세)   p.2

A 1 table, front, sofa   2 What time, start
   3 pick, seven
B 1 likes playing, piano
   2 want, see, doctor tomorrow
   3 has, math class, afternoon
   4 English, not hard, learn
   5 How, go there
   6 Turn left, corner, walk down, street
C 1 He, to, the   2 I, to be a
   3 She, the, in the   4 It is, to
   5 Do you, to   6 and then

A 1 소파 앞에 탁자가 하나 있다.
   2 그것은 몇 시에 시작합니까?
   3 그는 나를 일곱 시에 데리러 올 것이다.

B 1 그녀는 피아노 연주를 좋아한다.
   2 나는 내일 진료를 받고 싶다.
   3 그는 오후에 수학 수업이 있다.
   4 영어는 배우기 어렵지 않다.
   5 제가 어떻게 그곳에 갈 수 있나요?
   6 모퉁이에서 왼쪽으로 돌아서 길을 따라 걸으세요.

C 1 그는 피아노 연주를 좋아한다.
   2 나는 언젠가 의사가 되고 싶다.
   3 그녀는 오후 수학 수업을 좋아하지 않았다.
   4 영어를 배우는 것은 어렵지 않다.
   5 너는 그곳에 어떻게 가는지 아니?
   6 두 블록을 걸은 다음 오른쪽으로 도세요.

듣기를 방해하는 발음 02 다른 소리로 바뀌어 버려 (동화 현상)   p.3

A 1 ① 2 ② 3 ② 4 ① 5 ③
B 1 Didn't you   2 around you   3 Could you
   4 invite you   5 at you
C 1 find   2 read   3 about   4 glad
   5 want

B 1 너는 아직 네 숙제를 안 했니?
   2 네 주변 사람들을 잘 돌봐 주어라.
   3 저를 위해서 문을 닫아 주실 수 있나요?
   4 나는 너를 내 생일 파티에 초대할 것이다.
   5 그들은 너를 비웃지 않았다.

C 1 나는 너를 대략 십분 후에 찾게 될 거야.
   2 그녀는 너의 마음을 읽을 수 있다.
   3 우리는 너에 대해서 이야기하고 있었다.
   4 나는 네가 나를 보러 와 주어서 매우 기뻐.
   5 나는 네가 규칙들을 따르길 원한다.

듣기를 방해하는 발음 03 한 단어야? 두 단어야? (같은 자음 간 탈락 현상)   p.4

A 1 ① 2 ① 3 ① 4 ② 5 ②
B 1 next time   2 hundred dollars
   3 These zebras   4 this Saturday
   5 should do
C 1 trip   2 romance   3 dead   4 with
   5 helped

B 1 나는 다음번에는 너와 함께 갈 것이다.
   2 그는 그 셔츠에 200달러를 지불했다.
   3 이 얼룩말들은 매우 빠른 속도로 달린다.
   4 이번 주 토요일에 극장에서 만나자.
   5 너는 설거지를 해야 한다.

C 1 나는 나의 다음 여행을 기대하고 있다.
   2 이 로맨스 이야기를 읽어봐.
   3 그는 죽은 개들에게 유감을 느꼈다.
   4 내가 이 가방들을 드는 것을 도와줄 수 있니?
   5 선생님은 Ted가 그 문제를 푸는 것을 도와주셨다.

듣기를 방해하는 발음 04 단어의 끝이 어딘 거야? (연음 현상)   p.5

A 1 ③ 2 ① 3 ① 4 ② 5 ①
B 1 Keep up   2 horse as   3 run away
   4 live in   5 pick a, up on
C 1 save   2 take   3 about   4 wake up
   5 knock

B 1 (지금처럼) 계속 잘하세요.
2 그 남자는 그의 아들에게 선물로 말을 주었다.
3 그녀는 집에서 도망칠 수 없다.
4 그는 시골에서 살기를 원한다.
5 그 남자는 절벽 위 높은 곳에서 꽃을 꺾으려고 했다.

C 1 그냥 그것을 저장하는 것이 어때?
2 그녀는 신발을 벗고 싶었다.
3 우리 아버지께서는 돈에 대해서 말씀하신다.
4 나는 오늘 아침에 일어날 수 없었다.
5 나는 누군가 내 문을 두드리는 것을 들었다.

05 t, d를 조심해! (t와 d의 약화 현상) p.6

A 1 ② 2 ② 3 ③ 4 ① 5 ① 6 ③
B 1 different 2 had a 3 What
4 theater, city 5 add a, at a
6 spend, card
C 1 mad 2 ride 3 correct 4 sit
5 behind 6 lend

B 1 나는 그 문제에 대해서 다른 생각을 가지고 있다.
2 그녀는 매우 바쁜 하루를 보냈다.
3 너는 내 방에서 무엇을 하고 있니?
4 이 도시에는 영화관이 없다.
5 그냥 한 번에 밀가루를 조금 넣으세요.
6 우리는 많은 시간을 함께 카드게임을 하며 보냈다.

C 1 나는 어젯밤에 미친 고양이들을 보았다.
2 그는 공원에서 자전거를 타고 싶었다.
3 만약 제가 틀리면 편하게 바로잡아 주세요.
4 조금 더 가까이 앉아 주세요.
5 그 소녀는 나의 뒤에 서 있었다.
6 그는 그 책을 빌려주려고 했다.

06 연속된 자음은 하나의 소리처럼 (탈락 현상) p.7

A 1 west 2 next 3 list 4 must
5 masks 6 craft
B 1 best 2 risk 3 almost 4 text 5 left
C 1 Lift 2 worst 3 desk 4 gift 5 left

A 1 그는 서쪽 문으로 갔다.
2 그 여자는 내 옆집에 산다.
3 방문자들의 이름을 나열해 주겠니?
4 너는 그것을 지금 당장 해야 한다.
5 네가 그 가면들을 숨겼니?
6 그들은 좋은 공예 상점을 찾았다.

B 1 John은 나의 가장 친한 친구이다.
2 나는 그녀가 모험을 즐기는 사람이라고 생각한다.
3 Jenny는 넘어질 뻔했다.
4 그가 너에게 문자 메시지를 보낼 것이다.
5 질문이 있으시면 왼손을 드세요.

C 1 고기를 팬〔넓은 냄비〕 밖에 놔두세요.
2 Kate는 최악의 가수이다.
3 나는 새로운 탁상용 램프가 필요하다.
4 나는 생일 선물로 상품권을 받았다.
5 나는 직장에 늦지 않기 위해 일찍 집을 떠났다.

07 동사원형만 기억하면 안 돼! (동사의 변형) p.8

A 1 bought 2 asks 3 wore 4 thought
5 built 6 won 7 gave 8 slept 9 starts
10 knew
B 1 felt 2 bakes 3 drove 4 woke
5 grew
C 1 looks 2 dropped 3 brought
4 understood 5 broke

B 1 Ted는 광대처럼 느껴졌다.
2 엄마는 항상 매주 금요일에 쿠키를 구우신다.
3 Michael은 전속력으로 운전했다.
4 나는 긴 잠 후에 깨어났다.
5 그녀는 자라서 변호사가 되었다.

C 1 그녀는 그 원피스를 입으니 예뻐 보인다.
2 나는 바닥에 내 교과서를 떨어뜨렸다.
3 James가 그것을 내게 돌려주었다.
4 나는 그가 내 말을 이해하지 못했다고 생각한다.
5 Julie가 어제 내 새 컴퓨터를 고장 냈다.

A 1 ③ 2 ② 3 ① 4 ③ 5 ①
B 1 her 2 him 3 has 4 her 5 this
C 1 knows his 2 change her 3 with his
   4 Did he 5 say his

B 1 나는 그녀와 이야기하고 싶다.
   2 나는 그가 오늘 아침에 잔디를 깎게 시켰다.
   3 그것에는 큰 동그라미가 있다.
   4 그녀의 미소 뒤에는 어둠이 있었다.
   5 우리는 이 차를 보았다.

C 1 그는 그의 이름을 안다.
   2 그녀는 그녀의 마음을 바꾸지 않을 것이다.
   3 그는 그의 전화를 가지고 집을 떠났다.
   4 그는 어젯밤에 일찍 잤니?
   5 너의 아기가 언제 첫 단어를 말했니?

A 1 ② 2 ② 3 ①
B 1 alone 2 among 3 fresh 4 about
   5 amount 6 allow
C 1 alive 2 amazing 3 awake 4 ahead
   5 agree 6 arrive

B 1 그녀는 한동안 혼자 지내야 했다.
   2 그것들 중에서 하나를 선택해라.
   3 나는 새로운 시작을 하고 싶다.
   4 그는 그것에 대해서 모든 것을 알고 싶어 한다.
   5 반드시 알맞은 양의 소금을 넣도록 하세요.
   6 우리 부모님은 내가 영화를 보러 가는 것을 허락하지 않으
     신다.

C 1 우리 조부모님께서는 여전히 살아계신다.
   2 그가 그의 일을 마쳤다니 놀랍다.
   3 내가 잠자리에 들었을 때 Brian은 깨어있었다.
   4 저는 기다릴 수 없어요. 어서 해 주세요.
   5 그녀는 그의 의견에 동의하지 않았다.
   6 그들은 곧 공항에 도착할 것이다.

A 1 announcer – b 2 latte – e 3 opera – a
   4 cocoa – f 5 orange – d 6 antenna – c
   7 radio – h 8 data - g
B 1 model 2 opera 3 announcer, radio
   4 film 5 cocoa 6 oasis 7 perm

B 1 그녀는 자라서 패션모델이 되었다.
   2 그는 오페라 가수가 되고 싶어 한다.
   3 그 아나운서는 라디오 방송국에서 일한다.
   4 그녀는 그녀의 카메라에 새 필름을 넣었다.
   5 나는 카페에서 코코아 한 잔을 마셨다.
   6 그는 사막에서 오아시스를 발견했다.
   7 그녀는 지난 주말에 파마를 했다.

유형 01 그림 정보 Word & Expression TEST p.12-13

A 1 흐린, 구름이 잔뜩 낀 2 둥근, 동그란 3 계속되다
   4 유감인; 두려운 5 국적 6 목적지 7 (칼·도구
   등의) 날 8 (시계) 바늘; 손 9 평화로운 10 외국의
   11 gift 12 travel 13 tool 14 middle
   15 dark 16 empty 17 sunset 18 sunny
   19 stadium 20 most
B 1 forget 2 clear 3 rainy 4 until
   5 present
C 1 Here is today's weather report.
   2 I'm looking for an eco-bag.
   3 Don't forget to take an umbrella with you.
   4 You drew beautiful flowers on the box.
   5 You can enjoy outdoor activities.
D 1 curly 2 straight 3 blouse, skirt
   4 glasses 5 short

B 1 버스에서 내릴 때 잃어버린 물건이 없도록 주의하세요.
   2 맑은 날에, 여러분은 여기서 산을 볼 수 있습니다.
   3 비가 올 것이므로, 당신은 우산을 챙겨야 합니다.
   4 이 비는 오늘 밤까지 계속 될 것입니다.
   5 저는 이것을 외국인 친구에게 선물로 줄 것입니다.

D 1 Angela는 어두운 곱슬머리를 가지고 있다.
   2 Jenny는 짧은 생머리를 가지고 있다.
   3 Mary는 블라우스와 치마를 입고 있다.

4 Jenny와 Kate는 안경을 쓰고 있다.

5 Angela와 Nancy는 반지를 입고 있다.

유형 02 숫자 정보 Word & Expression TEST   p.14-15

A 1 재미있는, 흥미로운 2 다른 계획이 없는 3 도서전
4 함께하다 5 끝나다 6 ~의 값이 나가다 7 방과
후의 8 치과 의사 9 연습 10 환영받는 11 late
12 bat 13 total 14 enjoy 15 pay ~ back
16 borrow 17 club 18 want 19 last
20 arrive

B 1 on sale 2 take care of 3 have lunch
4 has a concert 5 pay

C 1 c 2 d 3 a 4 e 5 b

D 1 It's 30 dollars.
2 I go about three to four times a week.
3 Are you free tomorrow?
4 Can you tell me the time?

B 1 그 목걸이와 반지는 10% 할인 중입니다.
2 너는 나를 위해 동생을 돌봐 줄 수 있니?
3 너는 오늘 점심을 먹었니?
4 그 유명한 밴드는 매년 세 번 콘서트를 개최한다.
5 나는 점심값을 지불하기 위해 나의 친구로부터 5달러를
빌렸다.

C 1 그것들은 얼마인가요?
c 총액은 45달러입니다.
2 너는 얼마나 자주 그곳에 가니?
d 나는 그곳에 일주일에 두 번 가.
3 우리 몇 시에 만날까?
a 6시는 어때?
4 분홍색 블라우스는 30달러입니다.
e 알겠습니다, 그것을 살게요.
5 언제 지하철이 도착하나요?
b 그것은 5분 후에 도착할 것이다.

D 1 A 이 야구 글러브 좋아 보여요. 얼마인가요?
B 30달러입니다.
2 A 너는 얼마나 자주 산악 자전거를 타러 가니?
B 나는 일주일에 3번에서 4번 가.
3 A 너 내일 시간 있니?
B 응. 왜 물어보니?
4 A 제게 지금 시간을 말씀해 주시겠어요?
B 물론이죠. 4시 15분입니다.

유형 03 의도·목적 Word & Expression TEST   p.16-17

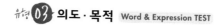

A 1 ~을 무료로 나눠 주다 2 돌고래 3 결석한
4 참석하다 5 수업 6 그런데 7 문제 8 돌려
주다 9 두통 10 소풍, 견학 11 in that case
12 work 13 talent 14 meeting 15 lose
16 hard 17 wrong 18 unit 19 maybe
20 sure

B 1 got angry at 2 Take the medicine
3 see a doctor 4 talent 5 stay up late

C 1 d 2 a 3 c 4 e 5 b

D 1 You need to bring your lunch.
2 You can do better next time.
3 I can't attend the club meeting tomorrow.
4 I have a headache, and I can't stand it.

B 1 내가 수업 시간에 너무 떠들어서, 선생님이 내게 화가 나셨다.
2 매 식사 30분 후에 하루 3번 약을 드세요.
3 여러분이 감기에 걸렸다면, 여러분은 병원에 가야 합니다.
4 나는 내가 프로그래밍에 재능이 없다고 생각해.
5 나는 시험에 통과하기 위해 밤늦게까지 공부하곤 했다.

C 1 나는 두통이 있어.
d 내 생각에 너는 약간의 휴식을 취해야 해.
2 저녁 식사하러 내 집에 올래?
a 유감이지만 나는 갈 수 없어.
3 내가 너의 휴대전화를 사용할 수 있을까?
c 물론이야. 어서 써.
4 나는 오늘 밤의 야구 경기가 기대돼!
e 그것을 함께 보는 것이 어때?
5 우리 팀은 축구 경기에서 졌어.
b 힘내. 너는 최선을 다했어.

유형 04 심정·이유 Word & Expression TEST   p.18-19

A 1 과목 2 수학 3 선물 4 가족 행사 5 소개하다
6 긴장되는 7 ~하게 들리다 8 교환하다 9 뒤,
뒷부분 10 아픈 11 fun 12 date 13 forget
14 report 15 visit 16 dirty 17 mark
18 free 19 win 20 homework

B 1 introduce 2 get together 3 may
4 cooked 5 moved to

C 1 lonely 2 nervous 3 angry 4 pleased
5 bored

D 1 Why were you late for the meeting?

2 You look sad. What happened to you?

3 What makes you think that?

4 Why can't you come to my party?

B 1 나는 그들에게 영어로 우리 학교를 소개할 거야.

2 저의 모든 가족 구성원들은 할아버지의 70세 생신 파티를 위해 모일 것입니다.

3 그녀는 너의 생일이 언제인지 모를 수도 있어.

4 나는 남동생의 숙제를 도와주었고, 그를 위해 팬케이크를 만들었어.

5 너는 그가 캐나다로 이사 간 후에 그로부터 이메일이나 편지를 받은 적 있니?

C 1 희진이는 혼자 산다. 그녀가 집에 왔을 때, 아무도 없다. 그녀는 외롭다.

2 미나는 내일 말하기 대회에 참가할 것이다. 그녀는 초조하다.

3 Brian의 남동생이 그에게 말 한마디 없이 Brian의 자전거를 가져갔다. Brian은 매우 화가 난다.

4 오늘은 Amy의 생일이다. 그녀는 많은 선물을 받았다. 그녀는 기쁘다.

5 Julian은 역사 수업을 듣고 있지만, 그는 졸음이 온다. 그는 지루해 한다.

D 1 A 너는 왜 회의에 늦었니?

B 도로에서 자동차 사고가 있었어.

2 A 너 슬퍼 보여. 무슨 일 있었어?

B 나는 내 지갑을 잃어버렸어. 나는 어느 곳에서도 그것을 찾을 수가 없어.

3 A Harry가 나에게 화가 난 것 같아.

B 무엇이 네가 그렇게 생각하게 만든 거니?

A 그는 나를 전혀 쳐다보지 않았어.

4 A 너는 왜 내 파티에 올 수 없니?

B 나는 내 기말고사를 위해 공부해야 해.

유형 05 세부 정보 I (한 일/할 일) Word & Expression TEST p.20-21

A 1 충분한 2 난방기 3 피곤한 4 (시간을) 보내다

5 집중하다 6 (자전거 등을) 타다 7 가져오다

8 구매 목록 9 바깥에 10 실내의 11 candle

12 gym 13 weekend 14 warm 15 dry

16 miss 17 class 18 move 19 fresh

20 hate

B 1 suddenly 2 outside 3 for a moment

4 yet 5 turning on

C 1 I'm going to travel to New York.

2 That's cool! What can I do there?

3 Really? How was it?

4 I'm sorry, but I can't.

5 I visited my grandparents.

D 1 take a walk   2 half an hour

3 at the front of   4 on a business trip

5 more than

B 1 엄마가 갑자기 아프셔서, 나는 집에서 동생을 돌봐야 했어.

2 우리는 등산을 하러 갈 수 없어, 밖에 비가 오기 때문이야.

3 Brown 씨, 저랑 잠시 동안 이야기할 수 있으세요?

4 나는 어제 만화책 몇 개를 빌렸지만, 아직 그 만화책들을 읽지 않았다.

5 여기 춥다. 난방기를 트는 것이 어때?

C 1 A 너는 이번 방학에 무엇을 할 예정이니?

B 나는 뉴욕으로 여행을 갈 예정이야.

2 A 도서관에서 봉사 활동을 하는 게 어때?

B 그거 멋진데! 내가 거기서 무엇을 할 수 있니?

3 A 나는 국립 박물관에 갔었어.

B 정말? 어땠어?

4 A 오늘 오후에 나의 개를 돌봐줄 수 있니?

B 미안한데, 나는 할 수 없어.

5 A 너는 지난 주말에 무엇을 했니?

B 나는 나의 조부모님을 방문했어.

유형 06 세부 정보 II Word & Expression TEST p.22-23

A 1 (사람을) 데려다주다 2 지우다, 삭제하다 3 자동차

4 박물관 5 마법사 6 감독 7 사랑 이야기

8 탑승한 9 이동 시간 10 불필요한 11 walk

12 grade 13 virus 14 ago 15 quiz

16 role 17 homeroom teacher 18 clear

19 flight 20 field trip

B 1 visit 2 come in 3 miss 4 join

5 aboard

C 1 are good with 2 fill out a form 3 take part in 4 turn in 5 by car

D 1 c 2 a 3 d 4 e 5 b

B 1 나는 이번 주말에 가족과 함께 전주에 방문할 거야.

2 이 스커트 다른 색깔도 있나요?

3 이 굉장한 판타지 영화를 놓치지 마세요.

4 우리 저녁 식사 함께 할래?

5 파리로 비행하고 있는 Fresh Airlines 218편에 탑승하신 것을 환영합니다.

D 1 Jason의 생일 파티에 어떻게 갈 거니?

　c 나는 학교 끝나고 그곳에 걸어갈 거야.

2 너는 왜 오늘 학교에 오지 않았니?

　a 나는 병원에 있었어.

3 학교 현장 학습으로 어디에 가나요?

　d 우리는 역사박물관에 갈 거야.

4 우리 숙제나 해야 할 일 있니?

　e 오, 우리는 내일 영어 퀴즈가 있어.

5 내가 너에게 내 컴퓨터에 관해 무엇을 물어봐도 될까?

　b 그럼. 뭔데?

유형 07 관계·직업 Word & Expression TEST
p.24-25

A 1 충고　2 창의적인　3 1위, 최고　4 다른, 다양한
5 예약　6 건축가　7 유용한　8 지식　9 운전 면허증　10 제한 속도　11 hole　12 fix　13 job
14 book　15 soon　16 keep　17 leave
18 show　19 over　20 sign

B 1 role model　2 absent from　3 in need
4 kid　5 free of charge

C 1 d　2 b　3 c　4 a

D 1 b　2 c　3 d　4 a

B 1 그 CEO는 많은 젊은 사람들에게 역할 모델이다.

2 Amy가 높은 열이 있어서, 제 생각에 그녀는 오늘 학교를 결석해야 할 것 같아요.

3 저는 도움을 필요로 하는 사람들을 돕기 위해 유용한 스마트폰 앱을 만들 거예요.

4 내가 어렸을 때 나는 선생님이 되고 싶었다.

5 사람들은 인터넷에서 무료로 다양한 강좌를 수강할 수 있다.

C 1 d 머리는 어떻게 잘라드릴까요?

2 b 당신의 강아지에게 무슨 문제가 있나요?

3 c 당신의 운전 면허증을 저에게 보여 주세요.

4 a 저희는 신선한 빵과 케이크를 제공합니다.

D 1 A 얼마나 걸릴까요?

　B 이 교통상황으로는, 25분 정도 걸릴 것입니다.

2 A 어디가 아프세요?

　B 저는 목이 아프고 고열이 있어요.

3 A 너는 장래에 무엇이 되고 싶니?

　B 나는 승무원이 되고 싶어.

4 A 무엇을 도와드릴까요?

　B 저는 제 5살짜리 딸을 위한 원피스를 찾고 있어요.

유형 08 장소 추론 Word & Expression TEST

p.26-27

A 1 서점　2 버스 정류장　3 식탁　4 영화관
5 소포　6 체육 시간　7 경찰서　8 만화책
9 전통적인　10 역사적으로　11 turn　12 scale
13 near　14 helmet　15 lend　16 kind
17 storybook　18 send　19 furniture
20 important

B 1 stop by　2 dinner table　3 turn
4 broke his arm　5 next to

C 1 B　2 C　3 A

D 1 at the corner　2 on the scale
3 drop by　4 across from
5 where the library is

B 1 오늘 오후에 네 집에 잠시 들려도 될까?

2 저는 4명을 위한 식탁을 찾고 있어요.

3 한 블록 직진하시고 왼쪽으로 도세요.

4 Kevin은 병원에 있는데, 그의 팔이 어제 체육 시간에 부러졌기 때문이다.

5 ABC 몰은 우체국 옆에 있습니다.

C 1 A 여기 근처에 공원이 있나요?

　B 네. 두 블록을 곧장 가서 왼쪽으로 도세요. 그것은 은행 맞은편에 있어요.

2 A 국립 박물관에 어떻게 가나요?

　B 한 블록을 곧장 가서 왼쪽으로 도세요. 당신은 그것을 당신의 왼편 도서관 옆에서 찾을 수 있어요.

3 A 미라클 빌딩이 어디에 있는지 말해줄 수 있으신가요?

　B 물론이죠. 이 길을 따라 걷다가 두 번째 모퉁이에서 오른쪽으로 도세요. 당신은 그것을 당신의 왼편에서 볼 거예요.

유형 09 주제 추론 Word & Expression TEST

p.28-29

A 1 봉사 활동　2 신이 난, 들뜬　3 공연　4 전문적인
5 비싼　6 아마　7 두다, 놓고 오다　8 경험하다
9 승객　10 출발하다, 떠나다　11 feed　12 hit
13 wash　14 deep　15 early　16 pay
17 trip　18 chilly　19 country　20 delay

B 1 apologize for 2 usually 3 medical
　　bills 4 in the hospital 5 museum

C 1 e 2 c 3 d 4 b 5 a

D 1 How was your trip to Finland?
　　2 I think the dance performance will be
　　　good, too.
　　3 Yes. I sing songs for the elderly people at
　　　a hospital.
　　4 What's your favorite program?

C 1 have a steak 2 this coming Thursday
　　3 more popular than 4 Let's meet
　　5 from October first to second

D 1 second 2 eleventh 3 from, to
　　4 fourth

B 1 저희는 지연에 대해 사과드립니다.
　　2 너는 보통 언제 잠을 자러 가니?
　　3 그의 병원비가 너무 비싸서, 그는 병원비를 지불할 수 없다.
　　4 Andy는 지금 병원에 있는데, 오늘 아침에 다쳤기 때문이다.
　　5 우리 반은 자전거의 역사에 대해 배우기 위해 자전거 박물
　　　관을 방문할 예정이다.

C 1 하늘에 구름 없는 맑고 따뜻한 날이다. – e 날씨
　　2 나는 아이들에게 영어를 가르치러 지역 문화 센터에 갈 것
　　　이다. – c 봉사 활동
　　3 공기를 깨끗하게 유지하기 위해, 우리는 많은 나무들을 심
　　　어야 한다. – d 환경
　　4 나는 학교 축제에 가는 것이 기다려진다. – b 학교생활
　　5 너는 자유 시간에 주로 무엇을 하니? – a 여가 생활

D 1 A 핀란드 여행은 어땠니?
　　　B 좋았어, 근데 약간 더웠어.
　　2 A 나는 학교 오케스트라 공연을 보는 것이 기대돼.
　　　B 나는 댄스 공연도 또한 좋을 것 같아.
　　3 A 너도 또한 봉사 활동을 하고 있니?
　　　B 응. 나는 병원에서 어르신들을 위해 노래를 불러.
　　4 A 네가 좋아하는 프로그램은 무엇이니?
　　　B 나는 채널 5에서 하는 「슬픈 사랑 이야기」를 즐겨 봐.

B 1 요리 수업은 5개의 방과 후 수업 중 가장 인기가 있다.
　　2 중고 물품 판매는 5월 1일에 열린다.
　　3 나는 그때 아무 계획이 없으므로, 너를 거기까지 데려다
　　　줄 수 있어.
　　4 야간 걷기 투어는 아이들에게 무료이다.
　　5 나 심심해. 우리 같이 영화 보러 가는 게 어때?

D 1 오늘은 9월 1일이고, 내일은 9월 2일이다.
　　2 지민이의 생일은 9월 11일이다.
　　3 중간고사는 9월 15일부터 17일까지이다.
　　4 학교 체육 대회는 9월의 네 번째 금요일이다.

유형 ⑪ 어색한 대화 고르기 Word & Expression TEST　　p.32-33

A 1 가장 좋아하는 2 기쁨, 즐거움 3 목욕을 하다
　　4 약국 5 놀라운 6 치통 7 (거리상으로) 떨어져
　　8 알람시계 9 수의사 10 ~와 동의하다 11 full
　　12 hobby 13 curly 14 jump rope
　　15 indoors 16 close 17 place 18 break
　　19 lose 20 seem

B 1 play 2 won 3 take 4 broke 5 try

C 1 When 2 How long 3 Where
　　4 How often 5 Why

D 1 d 2 e 3 a 4 b 5 c

B 1 너는 얼마나 자주 컴퓨터 게임을 하니?
　　2 나는 작년에 말하기 대회에서 1등을 했어.
　　3 나는 지금 너무 피곤해서, 집에서 낮잠을 잘 거야.
　　4 나는 알람시계가 고장 났기 때문에 학교에 지각했다.
　　5 걱정하지 마. 그냥 최선을 다해.

C 1 A 우리 학교 현장 학습은 언제니?
　　　B 다음 주 목요일이야.
　　2 A 그곳에 가는데 얼마나 걸리니?
　　　B 지하철로 30분 정도 걸려.
　　3 A 너는 Han 씨를 어디에서 만났니?
　　　B 영화관 앞에서.
　　4 A 너는 얼마나 자주 극장에 가니?
　　　B 일주일에 두 번.

유형 ⑩ 도표 정보 Word & Expression TEST　　p.30-31

A 1 운동 2 (학교의) 체육 대회 3 달력 4 (시기
　　적으로) 다가오는 5 물건 6 가격 7 방과 후
　　활동 8 인기 있는 9 축제 10 이미 11 right
　　12 free time 13 rice 14 special
　　15 upset 16 walking 17 poster 18 film
　　19 dessert 20 try

B 1 after-school 2 take place 3 ride
　　4 for free 5 see a movie

5 A 너는 왜 학교에 늦었니?

    B 왜냐하면 차가 너무 막혔어.

D **1** Amy는 학교에 어떻게 가니?

    d 도보로.

  2 Peter는 어떤 사람이야?

    e 그는 정직하고 친절해.

  3 너의 남동생은 무슨 일을 하니?

    a 그는 엔지니어야.

  4 너는 그 소설에 대해 어떻게 생각하니?

    b 그것은 매우 흥미로워.

  5 내가 너의 공책을 빌릴 수 있을까?

    c 물론이지. 빌려가.

유형 12 마지막 말에 적절하게 응답하기 Word & Expression TEST

A **1** 벼룩시장 **2** 설정하다 **3** 천재 **4** 어디에서도 **5** 배낭 **6** 잠겨 있는 **7** 여권 **8** 머무르다 **9** 잠깐, 순간 **10** 의미하다 **11** carry **12** just **13** puppy **14** solve **15** math **16** answer **17** password **18** learn **19** gentleman **20** pet

B **1** carry **2** have dinner **3** leave **4** gave birth to **5** solve

C **1** b **2** c **3** h **4** a **5** e **6** f **7** d **8** g

D **1** How about in front of the theater at 5 p.m.?

  2 No, but I want to learn it.

  3 He is tall and thin.

  4 For one month.

  5 Me too. I can't wait!

B **1** 너는 네 컵을 가지고 다니니?

  2 우리는 Gold Dragon 식당에서 오늘 저녁 식사를 하고 싶습니다.

  3 제가 그녀에게 메시지를 남겨도 될까요?

  4 나는 내 애완견이 방금 5명의 강아지를 낳아서 매우 기뻐.

  5 너 이 수학 문제를 풀었니?

C **1** 나는 피아노 경연 대회에서 1등 상을 받았어.

    b 축하해!

  2 Jenny가 자동차 사고를 당했어.

    c 오, 저런. 그녀는 괜찮니?

  3 나는 영어 시험에서 떨어졌어.

    h 힘내! 기회는 항상 있어.

4 나는 내일 말하기 대회가 있어.

    a 행운을 빌어.

5 나는 이 필통이 맘에 들어. 고마워.

    e 네가 그것을 좋아하니 기뻐.

6 내가 너희들과 함께해도 될까?

    f 물론이지. 문제없어.

7 내가 너의 카메라를 고장 내서 미안해.

    d 괜찮아.

8 마음껏 먹어.

    g 고마워. 이것들은 매우 맛있어.

D **1** A 우리 언제 어디서 만날까?

    B 극장 앞에서 오후 5시는 어때?

  2 A 너 피아노를 칠 줄 아니?

    B 아니, 하지만 피아노 치는 법을 배우고 싶어.

  3 A Eric은 어떻게 생겼어?

    B 그는 키가 크고 날씬해.

  4 A 당신은 얼마나 도쿄에 머무르실 예정입니까?

    B 한 달 동안이요.

  5 A 나는 그 영화를 보는 것이 기대돼.

    B 나도. 정말 기대돼!

01회 실전 모의고사 Word & Expression TEST

A **1** 어버이날 **2** 일광욕하다 **3** 보호하다 **4** 거실 **5** (분위기를) 포착하다 **6** 조부모님 **7** 걱정하는 **8** 계획 **9** 냉장고 **10** 추천하다 **11** sunlight **12** red **13** village **14** passion **15** vegetable **16** actress **17** across **18** lost and found **19** absent **20** night view

B **1** enjoy **2** answer **3** favor **4** bed **5** during

C **1** blocks out **2** set up **3** take tests **4** be looking forward to **5** take notes

D **1** c **2** b **3** a **4** e **5** d

B **1** 너는 음악 듣는 것을 즐겨 하니?

  2 너는 왜 전화를 받지 않니?

  3 너는 내 부탁을 들어줄 수 있니?

  4 나는 어제 아파서 하루 종일 침대에 누워있었다.

  5 밤 동안 바람은 더 심해질 것이다.

D 1 여기서 그곳까지 어떻게 가나요?

c 77번 버스를 타세요.

2 너는 왜 게임을 보지 않았니?

b 그 이유는 내가 독감에 걸렸기 때문이야.

3 이 영화는 몇 시에 끝나니?

a 5시.

4 나는 이번 주말에 부산에 가. 너는 언제?

e 나는 가족과 함께 캠핑을 가.

5 여기 주변에 꽃집이 있나요?

d 네. 이 근처에 하나 있습니다.

 2회 실전 **모의고사** Word & Expression TEST   p.38-39

A 1 선택하다   2 발표   3 외출하다   4 유형, 종류
5 덜 ~한   6 자원봉사하다   7 (영화·연극의) 대사
8 (화초 등에) 물을 주다   9 검색하다   10 실험
11 type   12 return   13 tour guide
14 pose   15 subway   16 moving   17 topic
18 restart   19 collect   20 get

B 1 look good on   2 speed limit   3 away
4 every day   5 throughout

C 1 What did you do yesterday, Emily?
2 I got a perfect score on my math test.
3 What time is it?
4 I think I should take a taxi.

D 1 You mean   2 What about
3 give me a second   4 on stage
5 half past four

B 1 그 바지는 너에게 정말 잘 어울린다.
2 당신은 제한 속도보다 빠르게 운전했습니다.
3 그 도서관은 식당으로부터 한 블록 떨어져 있습니다.
4 나는 나의 건강을 위해 채소와 과일을 매일 먹는다.
5 그 영화는 매우 감동적이어서, 나는 영화 내내 울었다.

C 1 A Emily, 너는 어제 무엇을 했니?
B 나는 어제 친구들과 함께 영화 「어벤져스」를 봤어.
2 A 너 정말 신나 보인다. 무슨 일이야?
B 나는 수학 시험에서 100점을 받았어.
3 A 지금 몇 시야?
B 3시 45분이야.
4 A 너는 어떻게 집에 가니? 지하철 아니면 버스?
B 나는 택시를 타고 가야 할 것 같아.

 3회 실전 **모의고사** Word & Expression TEST   p.40-41

A 1 누르다   2 조절하다   3 주간의, 매주의   4 영업을
하는   5 사진작가   6 잡지   7 소설가   8 결정하다
9 중요한   10 곧장   11 coloring book   12 still
13 nature   14 end   15 purse   16 dish
17 area   18 mean   19 must   20 cheap

B 1 try on   2 come out   3 order   4 mean
to   5 bring

C 1 is made of   2 try to   3 have fun
4 are good at   5 sold out

D 1 b   2 d   3 e   4 a   5 c

B 1 그 빨간 신발을 신어 봐도 될까요?
2 나는 그녀의 새 소설이 출간되기를 정말 오랫동안 기다렸어.
3 네가 원한다면 피자를 주문해도 좋아.
4 그를 기분 나쁘게 할 생각은 정말 없었어요.
5 나는 슈퍼마켓에 지갑을 가져오는 것을 깜빡했어.

D 1 당신은 무슨 사이즈를 신습니까?
b 245 사이즈요.
2 너는 자유 시간에 무엇을 하니?
d 나는 내 남동생과 테니스를 쳐.
3 너는 옷을 주로 어디에서 사니?
e 나는 옷을 사러 아웃렛으로 가.
4 James, 너의 휴일은 어땠니?
a 좋았어.
5 너는 학교 주변에서 사니?
c 아니, 나의 집은 학교에서 조금 멀어.

4회 실전 **모의고사** Word & Expression TEST   p.42-43

A 1 배(복부); 위   2 기온, 온도   3 사학자   4 1인실
5 광장   6 ~이내의   7 복습하다   8 방문객
9 언젠가   10 위험한   11 pocket   12 symbol
13 fall   14 hurry   15 grammar   16 shy
17 meal   18 dozen   19 landing   20 fasten

B 1 perfect score   2 breath   3 get off
4 opening date   5 a few

C 1 What's your favorite kind of music?
2 The library is across from the post office.
3 May I ask you some questions?

4 The game will begin in one hour.

5 I want to teach English at a high school.

D 1 A Are you going to watch the soccer game today?

2 Go one block and turn right.

3 Can I borrow your science notebook?

4 I want to, but I can't.

B 1 나는 영어 시험에서 만점을 받았어.

2 긴장이 될 때, 마음을 가라앉히고 심호흡을 하세요.

3 저는 어느 역에서 내려야 하나요?

4 입장권은 개장일로부터 일주일 동안 무료입니다.

5 당신이 주문한 음식은 몇 분 후에 도착할 예정입니다.

D 1 A 너는 오늘 축구 게임을 볼 예정이니?

B 응. 나는 시청 광장에서 볼 거야.

2 A 제게 ABC 병원으로 가는 길을 알려 주시겠습니까?

B 한 블록 가셔서 우회전하세요.

3 A 네 과학 노트를 빌려줄래?

B 그럼, 하지만 너는 그것을 내게 내일까지 돌려주어야 해.

4 A 우리 오늘 오후에 학교 식당에 가는 게 어때?

B 나도 그러고 싶지만, 그럴 수 없어.

05회 실전 모의고사 Word & Expression TEST   p.44-45

A 1 날개   **2** 뇌우(천둥·번개를 동반한 비)   **3** 연기 〔공연〕하다   **4** 줄거리   **5** 구식의   **6** 준비하다

7 초대하다   **8** 이웃   **9** 특히   **10** ~의 맞은편에

11 racket   **12** pilot   **13** boring   **14** even

15 play   **16** noise   **17** wallet   **18** miss

19 far   **20** sweet

B 1 throw   **2** a couple of   **3** indoors

4 refrigerator   **5** decide

C 1 for now

2 take part in

3 eat out

4 am interested in

5 in the future

D 1 b   **2** a   **3** d   **4** e   **5** c

B 1 우리 부모님을 위해 깜짝 파티를 열자.

2 나는 조부모님을 뵈러 며칠 동안 가야만 해.

3 여러분은 실내에서 여러분의 신발을 벗어야 합니다.

4 냉장고에 조금의 빵과 야채가 있습니다.

5 나는 이번 학기에 어떤 수업을 들을지 정해야 해.

D 1 제가 당신의 사인을 받아도 될까요?

b 그럼요! 이름이 뭐예요?

2 지하철역이 여기서 가깝나요?

a 다소 멀어요.

3 테니스 치는 것을 가르쳐 줄 수 있니?

d 그럼. 내일 어때?

4 이번 주말에 내 강아지를 돌봐 줄 수 있니?

e 문제없어, 나 동물을 좋아해.

5 Jim, 너는 어떤 동아리에 들고 있니?

c 나는 학교 밴드에서 기타를 치고 있어.

visang

레전드 리더스뱅크로
독해를 쉽게

리더스뱅크 전문 앱 '힌통'으로
독해를 새롭게

힌통앱에 접속해보세요

READER'S BANK

모바일 서비스로 새로워진
영어 전문 독해서 **리더스뱅크**

**1300만 부
돌파**

• 흥미롭고 감동적인 스토리로 구성
• 교과서에 나오는 중요 구문의 문제화
• 리더스뱅크 전문 독해 앱 '힌통'으로 단어 의미를 한방에!

• 수능 독해 문제 + 내신 서술형 문제
• 혼자서도 공부할 수 있는 친절한 해설

리더스뱅크 시리즈 (중·고등 6단계)

Starter	Level 1	Level 2	Level 3	Level 4	Level 5
중학 입문		중1 ~ 중3			고등 입문

* 원서형 독해집으로는 **이장돌** 선생님의 Reading Spark 시리즈(9권)가 있습니다.

온라인강의 **무료체험권**이 들어 있습니다.

soobok

1 등 을 디 자 인 하 다

visang

발행일 2017년 10월 1일
펴낸날 2017년 10월 1일
펴낸곳 (주)비상교육
펴낸이 양태회
등록번호 제 14-1654호
출판사업총괄 최대찬
개발총괄 김희정
개발책임 이상태
디자인책임 김재훈
표지디자인 닷츠
영업책임 이지웅
마케팅책임 김동남
품질책임 석진안
대표전화 1544-0554
주소 서울특별시 구로구 디지털로33길 48
　　　대륭포스트타워 7차 20층

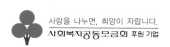

사랑을 나누면, 희망이 자랍니다.
사회복지공동모금회 후원 기업

착한 너를
칭찬하는
비밀 신호

도전하는
네게
용기를 주는
비밀 신호

노력하는
너를
응원하는
비밀 신호

비상교육
누리집에서
더 많은 정보를
확인해 보세요.

엄마가
지켜보고 있다!

유형으로 격파하는

LISTENING
TAPA

정답과 해설

LEVEL 1

📖 책 속의 가접 별책 (특허 제 0557442호)

- '정답과 해설'은 본책에서 쉽게 분리할 수 있도록 제작되었으므로
  유통 과정에서 분리될 수 있으나 파본이 아닌 정상제품입니다.
- 표지에 사용된 코팅액에는 항균 성분이 들어 있습니다.

visang

도전하는 네게 용기를 주는

비 밀 신 호

LISTENING TAPA
정답과 해설

LEVEL 1

Special Section   발음을 잡아라

듣기를 방해하는 발음 01   p.8

A   1 ate pizza, salad, lunch
     2 What, think, new teacher
     3 looking, sister
     4 nice, help
     5 going, party tonight
B   1 I, to, and, at
     2 do you, our, will be
     3 I, for a, with my
     4 You are, to, me
     5 I am, a, this

A   1 나는 점심 식사로 피자와 샐러드를 먹었다.
     2 너는 우리의 새 선생님에 대해서 어떻게 생각해?
     3 그녀는 그녀의 여동생을 찾고 있었다.
     4 네가 나를 도와주는 것은 착한 일이다.
     5 나는 오늘 밤 그 파티에 갈 것이다.

B   1 나는 점심 때 피자와 샐러드를 먹고 싶었다.
     2 너는 누가 우리의 새 선생님이 될 것이라고 생각하니?
     3 나는 나의 여동생과 시계를 찾았다〔보러 다녔다〕.
     4 나를 도와주다니 너는 착하구나.
     5 나는 이번 주 토요일에 파티를 열 것이다.

듣기를 방해하는 발음 02   p.9

A   1 ①   2 ②   3 ①   4 ③   5 ②
B   1 Did you   2 aren't you
     3 guide you   4 eat your
     5 at you, heard you

B   1 너는 어제 영화 보러 갔니?
     2 실례합니다만, 당신은 Kate의 아버지 아니세요?
     3 Jeff가 도시 주변을 너에게 안내해 줄 거야.
     4 나는 네 샌드위치를 먹지 않았다.
     5 Marie는 그녀가 네가 그것을 말한 것을 들었기 때문에 너에게 화가 났다.

듣기를 방해하는 발음 03   p.10

A   1 ②   2 ①   3 ①   4 ②   5 ②
B   1 cold drink   2 take care
     3 about tomorrow   4 enough food
     5 This song, us sad

B   1 저는 차가운 음료를 마시고 싶습니다.
     2 제가 떠나 있는 동안 제 개를 돌봐 주세요.
     3 내일 밤은 어때?
     4 상자 안에는 충분한 음식이 있지 않다.
     5 이 노래는 우리를 슬프게 만들었다.

듣기를 방해하는 발음 04   p.11

A   1 ①   2 ②   3 ②   4 ③   5 ①
B   1 on a   2 work at
     3 love it   4 pick up
     5 Look at, bugs in

B   1 Miranda와 나는 이번 주말에 소풍을 갈 것이다.
     2 나는 그 우체국에서 일했었다.
     3 이것은 새 컴퓨터야. 나는 이것이 정말 좋아!
     4 나는 전화를 받으려고 애를 쓰고 있었다.
     5 새장 안의 벌레들을 봐.

듣기를 방해하는 발음 05   p.12

A   1 ①   2 ②   3 ③   4 ②   5 ①   6 ②   7 ③
B   1 write   2 button
     3 What, matter   4 side
     5 told, sad

B   1 그녀는 언젠가 책을 쓸 것이다.
     2 먼저, 너는 빨간색 버튼을 눌러야 한다.
     3 너에게 무슨 일 있니?
     4 그것은 새 건물의 오른쪽에 있다.
     5 우리 할머니는 어젯밤 내게 슬픈 이야기를 들려주셨다.

A 1 ② 2 ③ 3 ① 4 ② 5 ③
B 1 trust that   2 ask the, soft drinks
  3 next door   4 Most people
  5 last minute, disk drive

B 1 그가 나에게 거짓말을 했기 때문에 나는 그 소년을 믿지 않는다.
  2 내가 저 남자에게 나에게 청량음료를 좀 달라고 요청할게.
  3 Sally는 옆집에 사는 소녀이다.
  4 대부분의 사람은 그가 틀렸다고 생각했다.
  5 마지막 순간에, 나는 그 파일을 네 디스크 드라이브에 저장했다.

A 1 ① 2 ② 3 ① 4 ③ 5 ② 6 ①
B 1 likes   2 caught
  3 bought, kept   4 taught
  5 thought, met

B 1 Ann은 그녀의 아빠와 테니스 치는 것을 좋아한다.
  2 그 아름다운 원피스는 그녀의 눈길을 끌었다.
  3 나는 운동화를 샀고 그것들을 상자 안에 보관했다.
  4 James는 3년 동안 한국에서 영어를 가르쳤다.
  5 나는 우리가 전에 만났던 적이 있다고 생각했다.

A 1 ① 2 ③ 3 ② 4 ③ 5 ②
B 1 him   2 her
  3 we
C 1 him her   2 his, her

B 1 우리는 모두 그를 아주 많이 사랑한다.
  2 나는 그녀의 도움으로 내 일을 끝마칠 수 있었다.
  3 우리는 어젯밤에 TV를 보았니?

C 1 나는 그에게 그녀의 전화번호를 주었다.
  2 모든 사람은 그나 그녀 자신의 의견에 대해서 말할 수 있다.

A 1 Wake, asleep   2 way
  3 no gain   4 along
  5 across
B 1 afraid   2 around
  3 attend   4 again
  5 away, abroad

A 1 그를 깨워라. 그는 잠들어 있다.
  2 아파트로부터 먼 길이다.
  3 고통이 없이는 얻는 것도 없다.
  4 우리는 아침에 해변을 따라 걸었다.
  5 너는 길 건너에서 그 가게를 찾을 수 있다.
B 1 그녀는 그를 매우 두려워한다.
  2 나는 네가 내 주변에 있을 때 편안함을 느낀다.
  3 그는 내일 회의에 참석할 것이다.
  4 그녀는 또 학교에 늦었다.
  5 나는 집에서 도망쳤고 해외로 갔다.

A 1 target   2 interior
  3 plankton   4 film
  5 oasis   6 xylophone
  7 model   8 perm
  9 soup   10 yogurt
  11 allergy   12 digital camera
B 1 model   2 allergy
  3 soup   4 digital camera
  5 oasis   6 interior
  7 yogurt   8 perm
  9 target   10 plankton
  11 film   12 xylophone

유형 **01** 그림 정보

유형잡는 대표기출 ······················· p.20-21

1 그림 정보 – 날씨 | ①

해석

여 좋은 아침입니다. 일기예보입니다. 지금 비가 많이 오고 있습니다만, 오늘 밤엔 그칠 예정입니다. 오늘 비가 내린 이후에, 내일은 화창해질 예정입니다. 하늘이 더 이상 흐리지 않을 것입니다. 여러분은 야외 활동을 즐길 수 있을 것입니다.

해설 일기예보에서 오늘 비가 내린 이후에 내일은 화창해질 것이라고 했다.

어휘 cloudy 흐린, 구름이 잔뜩 낀 outdoor activity 야외 활동

2 그림 정보 – 'this'가 가리키는 것 | ①

해석

여 당신은 이것을 부엌에서 볼 수 있습니다. 보통, 이것은 둥근 모양이고 손잡이가 있습니다. 당신은 이것을 스토브 위에 놓고, 이것을 가지고 팬케이크나 계란 프라이를 만듭니다. 당신이 요리를 할 때 이것은 아주 뜨거워집니다. 이것은 무엇인가요?

해설 둥근 모양에 손잡이가 있고, 이것으로 팬케이크나 계란 프라이를 만들 수 있는 물건은 프라이팬이다.

어휘 round 둥근, 동그란 handle 손잡이

3 그림 정보 – 선물 상자 | ④

해석

남 Sophie, 저것은 무엇이니?

여 아빠, 엄마를 위한 생신 선물이에요.

남 오, 상자 위에 아름다운 꽃들을 그렸구나. 그것들이 마음에 든다.

여 아빠는 엄마가 꽃을 좋아하는 것을 아시잖아요.

남 네 말이 맞아. 이 큰 리본도 박스 위에 두는 것은 어떠니?

여 이렇게요? [잠시 후] 와, 정말 완벽해요.

해설 박스에 꽃과 큰 리본이 있는 박스는 ④이다.

어휘 gift 선물 How about -ing? ~하는 것은 어때?

핵심 유형 파고들기 ····················· p.22-25

1 ②	2 ③	3 ④	4 ④	5 ④	6 ③
7 ④	8 ④	9 ①	10 ③	11 ③	12 ⑤

핵심 유형 받아쓰기 ····················· p.26-29

1 ❶start raining ❷take an umbrella ❸clear skies again
2 ❶this lake ❷ride my bike ❸Why not
3 ❶a foreign country ❷travel history ❸will stamp this
4 ❶use them ❷to cut things
5 ❶There is ❷the hands are
6 ❶these are ❷the dark colors ❸looks so peaceful
7 ❶looks like ❷run very fast ❸at night
8 ❶will be sunny ❷it will be rainy ❸return home late
9 ❶last Sunday ❷fell off my bike ❸put a cast
10 ❶saved an old lady ❷He has short hair ❸know him
11 ❶as a present ❷how much is this ❸I'll take
12 ❶in most cities ❷it'll rain ❸it's sunny

1 그림 정보 – 날씨 | ②

해석

여 오늘의 일기예보입니다. 지금은 매우 흐리고, 오후에는 비가 오기 시작할 것입니다. 그러므로 우산을 챙기는 것을 잊지 마세요. 비는 오늘 밤까지 계속될 것이고, 내일 아침에 당신은 다시 맑은 하늘을 볼 수 있습니다.

해설 일기예보에서 내일 아침에 맑은 하늘을 볼 수 있다고 했으므로 ②가 답으로 적절하다.

어휘 in the afternoon 오후에 forget 잊다 continue 계속되다 until ~까지 clear (날씨가) 맑은 again 다시

2 그림 정보 – 표지판 | ③

해석

남 나는 이 호수가 좋아. 나는 다음번에 이곳에서 자전거를 탈 거야.

여 그거 좋은 생각이다. 나는 내 개를 산책시킬 거야.

남 이런! 유감이지만 너는 할 수 없어.

여 왜 안 돼?

남 저 표지판을 봐.

해설 개를 산책시키고 싶다고 말하는 여자에게 표지판을 보고 개를 산책시킬 수 없다고 말하는 것으로 보아 ③이 답으로 적절하다.

어휘 lake 호수 ride a bike 자전거를 타다 walk 산책시키다; 걷다 afraid 유감인; 두려운 Why not? 왜 안 돼? sign 표지판

> Focus on Sounds
> I'm afraid에서 afraid 같이 a-로 시작하는 단어들은 첫 번째 모음인 a가 강세를 받지 않기 때문에 [어] 소리가 빠르게 발음되면서 잘 들리지 않게 됩니다.

3 그림 정보 – this가 가리키는 것 | ④

해석

남 당신은 외국 여행을 할 때 이것을 가지고 다녀야 한다. 이것은 당신의 이름과 국적, 그리고 여행 기록을 보여 준다. 목적지에 도착하면, (출입국) 직원이 이것에 도장을 찍어 줄 것이다.

해설 여행 갈 때 꼭 가지고 다녀야 하며 이름과 국적, 여행 기록이 남아 있는 것은 여권이다.

어휘 carry 가지고 다니다 foreign 외국의 nationality 국적 travel 여행 destination 목적지 officer 관리원

4 그림 정보 – they가 가리키는 것 | ④

해석

여 그것들은 작은 자르는 도구입니다. 당신은 그것들을 종이와 옷을 자르는 데 사용합니다. 그것들은 두 개의 날과 두 개의 구멍이 있습니다. 당신은 그 구멍들에 당신의 손가락들을 넣습니다. 그다음에, 당신은 물건들을 자르기 위해 당신의 손가락들을 움직입니다. 당신이 그것들을 사용할 때 조심하세요, 그렇지 않으면 당신은 다칠 수도 있습니다.

해설 두 개의 날과 구멍이 있고, 손가락을 구멍에 끼워 물건을 자르는 작은 도구는 가위이다.

어휘 cut 자르다 tool 도구 clothes 옷 blade (칼·도구 등의) 날 hole 구멍 move 움직이다 careful 조심하는 get hurt 다치다

5 그림 정보 – 시계 | ④

해석

남 이봐, 이 시계를 봐. 가운데에 해가 있어.

여 오, 나는 그것이 마음에 들어.

남 그리고 (시계) 바늘들이 우산이야. 그것들은 매우 귀여워.

여 나도 그렇게 생각해. 난 그것을 살래.

해설 가운데에 해가 있고, 바늘이 우산으로 되어 있는 시계는 ④이다.

어휘 clock (벽)시계 middle 가운데 hand (시계) 바늘; 손 cute 귀여운 I'll take it. 난 그것으로 할게(살게).

> Focus on Sounds
> There is the sun in the middle. 영어 문장에서 주요 내용을 전달하는 단어들은 강하게 읽히고, 그렇지 않은 단어는 약하게 읽혀 영어 특유의 리듬을 만들어 냅니다.

6 그림 정보 – 그림 | ③

해석

여 James, 이것들은 그림 그리기 대회 수상 작품들이야.

남 와! 네가 가장 좋아하는 그림은 무엇이니?

여 나는 엄마와 아기 그림이 좋아.

남 이것에 대해서는 어떻게 생각해? 하늘에 있는 구름들이 꽃처럼 보여.

여 음, 나는 어두운 색깔을 좋아하지 않아. 네가 가장 좋아하는 것은 뭐야?

남 나는 이것이 맘에 들어. 해 질 녘에 비어 있는 벤치가 매우 평화로워 보여.

해설 해 질 녘에 비어 있는 벤치가 있는 그림은 ③이다.

어휘 prize winner 수상 작품; 수상자 favorite 가장 좋아하는 (것) cloud 구름 look like ~처럼 보이다 dark 어두운 empty 비어 있는 sunset 해 질 녘 peaceful 평화로운

7 그림 정보 – I가 가리키는 것 | ④

해석

남 제 얼굴은 고양이의 것(얼굴)처럼 보입니다. 제 털은 갈색이고, 저는 제 몸 곳곳에 검은 점들을 가지고 있습니다. 저는 네 개의 다리를 가지고 있고, 매우 빨리 달릴 수 있습니다. 저는 사슴과 소를 먹는 것을 좋아하고, 밤에 사냥을 나갑니다. 저는 무엇인가요?

해설 4개의 다리가 있고, 매우 빨리 달릴 수 있으면서 갈색 털과 몸의 곳곳에 검은 점이 있는 고양이와 비슷하게 생긴 동물은 치타이다.

어휘 hair (머리) 털 dot 점 all over ~의 곳곳에, 도처에 deer 사슴 hunt 사냥하다

8 그림 정보 – 날씨 | ④

해석

남 여러분 안녕하세요. 저는 Charles Lewis입니다. 뉴욕의 오늘 날씨입니다. 아침에는 화창할 것입니다. 하지만 오후에는 구름이 끼고, 저녁에는 비가 올 것입니다. 오늘 밤 늦게 집에 가면, 우산을 꼭 가져가세요.

해설 일기예보에서 저녁에 비가 올 것이라고 했으므로 ④가 적절하다.

어휘 sunny 화창한 cloudy 흐린, 구름이 낀 rainy 비가 많이 오는 forget 잊다

9 그림 정보 – 여자의 상태 | ①

해석

여 그것은 지난 일요일에 일어났습니다. 저는 국립 대공원에서 제 자전거를 타고 있었습니다. 저는 바위에 부딪혔고 제 자전거에서 떨어졌습니다. 저는 발목이 부러졌습니다. 그것은 매우 아팠습니다. 저는 일어설 수 없었습니다. 제 친구 Cindy가 저를 병원으로 데려다주었고, 의사가 제 발목에 깁스를 해 주었습니다.

해설 발목이 부러졌고, 부러진 발목에 깁스를 하고 있는 여자는 ①이다.

어휘 happen 발생하다 hit ~와 부딪히다 rock 바위 fall off ~에서 떨어지다 break one's ankle ~의 발목이 부러지다 take *A* to *B* A를 B로 데려가다 put a cast 깁스를 하다

10 그림 정보 – 찾고 있는 사람 | ③

해석

남 주목해 주세요, 학생 여러분! 저희는 한 학생을 찾고 있습니다. 어제, 차 사고가 있었고, 이 소년이 한 노부인을 구했습니다. 그 여성분이 그를 찾고 있습니다. 그 당시, 그는 우리 학교 교복을 입고 있었습니다. 그는 머리가 짧고 안경을 씁니다. 만약 그를 아신다면, 저희에게 말해 주세요.

해설 자신의 학교 교복을 입고 있고, 머리가 짧으며 안경을 쓰고 있는 소년은 ③이다.

어휘 Attention! (안내 방송 등에서) 알립니다!, 주목하세요! look for ~을 찾다 car accident 자동차 사고 save 구하다 at that time 그때, 그 당시 wear 입다

Focus on Sounds

him과 같이 h로 시작하는 단어가 문장의 중간에 올 경우에는 [임]과 같이 약화되어 발음됩니다.

---

11 그림 정보 – 에코백 | ③

해석

여 안녕하세요. 도와드릴까요?

남 저는 제 외국인 친구에게 선물로 줄 에코 백을 찾고 있어요.

여 전통 한옥 그림이 있는 이것은 어때요?

남 글쎄요, N서울타워가 있는 이것은 얼마예요?

여 5천 원이에요. 이 월드컵 경기장 에코백도 좋아요.

남 글쎄요, N서울타워가 있는 걸로 할게요. 여기 5천 원이 있어요.

해설 남자의 마지막 말에서 N서울타워가 그려져 있는 에코 백을 구입할 것임을 알 수 있다.

어휘 present 선물 foreign 외국의 tower 탑 stadium 경기장

12 그림 정보 – 날씨 | ⑤

해석

남 안녕하세요. 오늘의 아시아 지역 일기예보입니다. 대부분의 도시에 비가 오고 있습니다. 자카르타, 싱가포르, 그리고 마닐라에는 하루 종일 비가 올 것입니다. 반면에, 베이징과 도쿄는 화창합니다. 그러나, 오후에 베이징에도 비가 오기 시작할 것입니다.

해설 일기예보에서 베이징은 화창했다가 오후에 비가 오기 시작한다고 했다.

어휘 Asia 아시아 most 대부분의 all day long 하루 종일 on the other hand 반면에 however 그러나

유형 02 숫자 정보

유형잡는 대표기출 p.30-31

1 숫자 정보 – 시각 | ⑤

해석

[휴대전화벨이 울린다.]

남 안녕, Jessica!

여 안녕, Sam! 넌 어디야?

남 나는 지금 공연장에 가는 길이야.

여 나도 거기에 가고 있어. 근데 나는 조금 늦을 것 같아.

남 괜찮아. 지금 4시거든.

여 그러면, 매표소 앞에서 4시 반에 만나자.

남 그래.

해설 마지막 여자의 말에서 두 사람은 매표소 앞에서 4시 반에 만나기로 한 것을 알 수 있다.

어휘 on one's way to ~으로 가는 길에 late 늦은, 지각한 No worries. 괜찮아요.

2 숫자 정보 – 금액 | ④

해석

남 이 야구 글러브 좋아 보이네요! 이것은 얼마예요?

여 30달러예요. 당신은 (야구) 배트도 필요하세요? 그것은 할인 중이에요.

남 제가 하나 봐도 될까요?

여 물론이죠. 이것은 겨우 10달러예요.

남 오, 좋네요! 글러브 2개랑 배트 하나 주세요.

여 그러면 총액은 70달러입니다.

남 알겠습니다. 여기 있어요.

해설 남자는 글러브 2개($30×2=$60)와 야구 방망이 1개($10)를 구입했으므로 총 70달러를 지불해야 한다.

3 숫자 정보 – 횟수 | ④

해석

여 네 취미는 무엇이니?

남 나는 산악자전거 타는 것을 즐겨.

여 흥미로운데! 너는 얼마나 자주 가니?

남 나는 일주일에 3번에서 4번 정도 가.

여 와, 그렇게나 많이.

해설 남자의 두 번째 말에서 남자가 일주일에 3~4번 산악자전거를 타러 가는 것을 알 수 있다.

어휘 enjoy 즐기다 interesting 재미있는, 흥미로운 How often do you ~? 얼마나 자주 ~를 하나요?

핵심 유형 파고들기

p.32-33

1 ② 　 2 ③ 　 3 ② 　 4 ⑤ 　 5 ③ 　 6 ①
7 ④ 　 8 ⑤

핵심 유형 받아쓰기

p.34-35

1 ❶don't look good ❷did you have ❸your friend back

2 ❶Are you free ❷Sounds great ❸in front of

3 ❶What are you ❷why you're in ❸read books

4 ❶see them ❷Here you are ❸cost one dollar

5 ❶I have to ❷How often ❸will last for

6 ❶need to go ❷take care of ❸I'll be back

7 ❶four fifteen ❷the bus arrives ❸in ten minutes

8 ❶band practice ❷this Saturday ❸starts at

1 숫자 정보 – 금액 | ②

해석

여 John, 너 안 좋아 보여. 무슨 일 있니?

남 엄마, 저 오늘 12달러를 잃어버렸어요.

여 정말이야? 그럼 너 오늘 점심은 먹었니?

남 네. 저는 점심값을 내기 위해 제 친구에게 5달러를 빌렸어요.

여 내가 너에게 그 돈을 줄게. 내일 네 친구에게 갚으렴.

남 알았어요, 감사합니다.

해설 여자는 남자가 친구에게 빌린 돈을 준다고 했는데, 남자는 친구에게 5달러를 빌렸으므로 ②가 답으로 적절하다.

---

2 숫자 정보 – 시각 | ③

해석

남 이봐, Lucy. 내일 시간 있니?

여 응. 왜 물어보니?

남 Mike와 나는 코엑스에서 하는 도서전에 갈 거야. 우리와 함께 갈래?

여 좋아. 언제 갈 거니? 내 피아노 레슨은 1시에 끝나.

남 학교 앞에서 1시 30분에 만나는 게 어떠니?

여 좋아. 내일 보자.

해설 여자의 피아노 레슨이 1시에 끝나므로 두 사람은 1시 30분에 학교 앞에서 만나기로 했다.

어휘 free 다른 계획이 없는 book fair 도서전 join 함께하다 finish 끝나다 in front of ~앞에

Focus on Sounds

join us처럼 자음으로 끝나는 단어와 모음으로 시작하는 단어가 만나면, 하나의 소리처럼 연결되어 [조이너스]와 같이 발음됩니다.

3 숫자 정보 – 횟수 | ②

해석

남 넌 어떤 것에 관심이 있니, Sarah?

여 난 책 읽는 것에 관심이 있어.

남 아, 그것이 네가 책 동아리에 있는 이유구나.

여 응. 우리는 매주 화요일과 금요일에 모여서 책을 읽어.

해설 여자의 마지막 말에서 매주 화요일과 금요일에 모임을 갖는다고 했으므로 여자는 일주일에 두 번 동아리 모임을 갖는다는 것을 알 수 있다.

① 한 번 ② 두 번 ③ 세 번 ④ 네 번 ⑤ 다섯 번

어휘 be interested in ~에 관심이 있다 that's why ~ 그것이 ~한 이유이다 club 동아리 get together 함께 모이다

4 숫자 정보 – 금액 | ⑤

해석

여 어떻게 지내세요, Johnson 씨?

남 잘 지내요. 고마워요. 무엇을 도와드릴까요?

여 저는 몇몇의 색깔 펜을 사고 싶어요. 제가 그것들을 볼 수 있나요?

남 물론이죠. 여기요.

여 그 펜들은 얼마예요?

남 빨간 펜은 2달러인데, 다른 색깔 펜들은 각각 1달러씩이에요.

여 좋아요, 저는 빨간 펜 두 개랑 파란 펜 두 개를 살게요.

해설 여자는 빨간 펜 2개($2×2＝$4)와 파란 펜 2개($1×2＝$2)를 구입했으므로 총 6달러를 지불해야 한다.

어휘 How are you doing? 어떻게 지내시나요? want 원하다 cost ~의 값이 나가다

5 숫자 정보 – 횟수 | ③

해석

여 Mike, 너 방과 후에 뭐 할 예정이야?

남 나는 방과 후 수업을 들어야 해.

여 방과 후 수업? 어떤 수업?

남 난 수학을 듣고 있어.

여 너는 얼마나 자주 그것을 들어야 하니?

남 일주일에 두 번, 그리고 그 수업은 3주 동안 계속될 거야.

해설 일주일에 2번 수업이 있고, 3주 동안 계속된다고 했으므로 수업을 들어야 하는 총 횟수는 6번이다.

어휘 take a class 수업을 듣다 after-school 방과 후의 last 지속하다, 계속하다

6 숫자 정보 – 시각 | ①

해석

여 Jason, 너 오늘 집에 더 일찍 올 수 있니?

남 무슨 일이에요, 엄마?

여 내가 4시까지 치과에 가야 한단다. 나를 대신해 네 남동생을 돌봐 주겠니?

남 그럼요. 제가 3시 45분까지 집에 올게요. 언제 돌아오실 거예요?

여 5시 30분까지 돌아올게.

해설 남자의 두 번째 말에서 남자는 3시 45분까지 집으로 돌아오기로 했다. 여자가 돌아오는 시각인 5시 30분과 헷갈리지 않도록 주의한다.

어휘 dentist 치과 의사 take care of ~을 돌보다 come(be) back 돌아오다

> Focus on Sounds
> t의 경우 주변에 어떤 소리가 오느냐에 따라 약화되어 [ㄹ]처럼 들립니다. matter의 경우도 t소리가 약화되어 발음이 됩니다.

7 숫자 정보 – 시각 | ④

해석

여 실례합니다. 저에게 시간을 알려 주실 수 있나요?

남 그럼요. 4시 15분이에요.

여 그리고 당신은 버스가 언제 도착하는지 아시나요?

남 어떤 버스요?

여 춘천 가는 버스요.

남 제가 볼게요…. 그건 10분 후에 도착할 거예요.

여 정말 감사합니다.

해설 현재 시각은 4시 15분이고, 남자의 세 번째 말에서 버스는 10분 후에 도착한다고 했으므로 버스는 4시 25분에 도착한다.

어휘 No problem. (부탁·질문에 대해) 그럼요. arrive 도착하다 Let me see. 제가 좀 볼게요.

8 숫자 정보 – 요일과 날짜 | ⑤

해석

여 안녕, Mark야. 어디 가니?

남 밴드 연습하러 가. 우리 (밴드)는 어린이 병원에서 콘서트를 할 거거든.

여 와, 멋지다. 내가 그 콘서트에 가도 되니?

남 물론이지. 너는 언제나 환영이야. 그것은 이번 주 토요일에 있어.

여 이번 주 토요일이 5월 31일, 맞지?

남 아니, 6월 1일이야. 콘서트는 오후 3시에 시작해. 너 시간 되니?

여 응, 시간 돼. 고마워. 콘서트에서 보자.

해설 남자의 두 번째 말과 세 번째 말에서 콘서트는 6월 1일 토요일에 한다는 것을 알 수 있다.

어휘 practice 연습 give a concert 연주회를 하다 go to ~에 가다 welcome 환영받는

유형 03 의도 · 목적

유형잡는 대표기출 ----------------------------- p.36-37

1 의도 · 목적 – 의도 | ⑤

해석

남 와! 가게 앞에 많은 사람들이 있어.

여 오. 그들은 공짜 아이스크림을 기다리고 있어. 새로 생긴 가게가 공짜 아이스크림을 나눠 주고 있어.

남 너도 아이스크림을 받고 싶니? 너는 아이스크림을 좋아하잖아.

여 그러고 싶지만, 그럴 수 없어. 나는 지금 수영 강습을 받으러 가야 하거든.

해설 여자의 마지막 말로 보아 수영 강습을 받으러 가야 하기 때문에 남자의 제안을 거절하는 것을 알 수 있다.

어휘 in front of ~ 앞쪽에 give away ~을 무료로 나눠 주다

② 의도 · 목적 – 목적 | ①
[해석]

[휴대전화벨이 울린다.]

여 여보세요?

남 여보세요, Jane. 나 Mark야. 이봐, 넌 과학 박물관 근처에 살지, 그렇지?

여 응. 왜?

남 내가 이번 주 토요일에 내 친구들과 그곳에 가.

여 정말?

남 응. 박물관 근처에 좋은 음식점이 있니?

여 응. 좋은 이탈리아 음식점이 그곳 바로 옆에 있어.

남 정말 고마워.

[해설] 남자의 세 번째 말에서 박물관 근처에 좋은 음식점이 있는지 물어봤으므로 남자가 전화를 건 목적은 ①이다.

[어휘] near (거리상으로) 가까운 museum 박물관

③ 의도 · 목적 – 의도 | ⑤
[해석]

여 Liam, 봐라. 나 집에서 엄마와 함께 이 비누를 만들었어.

남 귀여운 돌고래네!

여 맞아. 내가 가장 좋아하는 동물이야.

남 냄새 좋다. 나도 하나 만들고 싶어. 이것을 만드는 것은 어렵니?

여 아니. 쉬워. 우리는 이번 주 토요일에 비누를 더 만들 예정이야. 너는 오고 싶니?

남 당연하지! 그러면, 토요일에 보자.

[해설] 여자가 남자에게 함께 비누 만드는 것을 제안하였고 남자가 이에 동의했으므로 남자의 마지막 말의 의도는 승낙이다.

[어휘] dolphin 돌고래 Would you like to ~ ? 너 ~할래?

핵심 유형 파고들기
p.38-39

1 ⑤	2 ②	3 ③	4 ②	5 ⑤	6 ④
7 ②	8 ③

핵심 유형 받아쓰기
p.40-41

1 ❶This is ❷what do I need ❸That's all

2 ❶look down ❷you stayed up late ❸any talent for programming

3 ❶May I speak to ❷can't attend the club ❸next meeting

4 ❶made too much noise ❷other teachers there ❸writing a letter

5 ❶but I lost it ❷you should pay for ❸Just a moment

6 ❶get a good grade ❷I studied ❸that's too bad

7 ❶He's not here ❷Will he come ❸give it to him

8 ❶I can't stand it ❷it didn't help ❸let me call

1 의도 · 목적 – 목적 | ⑤
[해석]

[휴대전화벨이 울린다.]

남 여보세요.

여 안녕, John. 나 Kate야.

남 안녕, Kate. 너 괜찮니? 너 오늘 결석했잖아.

여 나 괜찮아. 고마워. 그런데, 내일 현장 학습을 위해서 내가 무엇이 필요할까?

남 너는 너의 점심을 가져와야 해. 그게 다야.

여 알았어, 고마워. 내일 보자.

[해설] 여자의 두 번째 말에서 여자는 남자에게 내일 현장 학습에 가져가야 할 준비물을 물어봤으므로 ⑤가 답으로 적절하다.

[어휘] absent 결석한 by the way 그런데 field trip 소풍, 견학 bring 가져오다

2 의도 · 목적 – 의도 | ②
[해석]

남 기분이 안 좋아 보여. 무슨 일 있니?

여 컴퓨터 프로그램을 만들었는데, 작동을 안 해.

남 오, 안됐다. 그거 하느라 늦게까지 자지 않았다고 하지 않았니?

여 응, 한숨도 못 잤어. 나는 프로그래밍에 재능이 없는 것 같아.

남 그런 말 하지 마. 다음에는 더 잘할 거야.

[해설] 밤새 만든 컴퓨터 프로그램이 작동하지 않아 낙심한 친구에게 다음에는 더 잘할 것이라고 말했으므로 남자의 마지막 말의 의도는 격려이다.

[어휘] work 작동하다 stay up late 늦게까지 안 자다 couldn't sleep a wink 한숨도 못 자다 talent 재능

3 의도 · 목적 – 목적 | ③
[해석]

[전화벨이 울린다.]

남 여보세요. 수지랑 통화할 수 있을까요? 저는 Mike예요.

여 나야. 무슨 일이야, Mike?

남 미안한데, 나는 내일 동아리 모임에 참석할 수 없어.

여 왜 못 해?

남 나는 테니스 수업이 있어.

여 괜찮아. 문제없어.

남 미안해. 다음 모임에는 참석할게.

해설 남자의 세 번째 말에서 테니스 수업이 있어 동아리 모임에 참석할 수 없는 것을 알 수 있다.

어휘 attend 참석하다 meeting 모임 lesson 수업

Focus on Sounds

I can't attend에서 attend와 같이 a-로 시작하는 단어들은 첫 번째 모음인 a가 강세를 받지 않기 때문에 [어] 소리가 빠르게 발음됩니다.

---

4 의도·목적 – 의도 | ②

해석

남 Sally, 너 안 좋아 보여. 무슨 일이야?

여 내가 수업 중에 너무 시끄럽게 해서, 우리 선생님이 나에게 화가 나셨어.

남 그녀에게 가서 죄송하다고 말하는 것이 어떠니?

여 나는 교무실에 가고 싶지 않아.

남 왜?

여 그곳에는 다른 선생님들이 계셔. 난 내가 죄송하다고 말하는 걸 다른 선생님들이 들으시는 것을 원하지 않아.

남 그럼 편지를 쓰는 것은 어때?

해설 다른 선생님들께 죄송하다고 말하는 모습을 보이고 싶지 않은 여자에게 남자는 편지 쓰는 것을 제안하고 있다.

어휘 make noise 시끄럽게 떠들다 get angry at ~에게 화나다

---

5 의도·목적 – 목적 | ⑤

해석

[전화벨이 울린다.]

여 왓슨 도서관입니다. 무엇을 도와드릴까요?

남 제가 도서관에서 Fun Stories라는 책을 빌렸는데, 그것을 잃어버렸어요. 어떻게 해야 하죠?

여 그 경우엔, 당신은 그 책값을 지불하셔야 합니다.

남 알겠습니다. 제게 그 가격을 알려 주세요.

여 잠시만요…. *[타이핑하는 소리]* 10,000원입니다.

남 정말 감사합니다.

해설 남자의 두 번째 말에서 남자가 잃어버린 책을 변상하는 방법을 물어보고 있음을 알 수 있다.

어휘 lose 잃어버리다 in that case 그 경우에는 pay for ~의 값을 지불하다 price 가격

---

6 의도·목적 – 의도 | ④

해석

여 아빠, 저 수학 시험에서 좋은 성적을 받지 못했어요.

남 왜? 너는 정말 열심히 공부했잖아.

여 그랬죠, 하지만 제가 잘못된 단원을 공부했어요.

남 이런, 그것참 안됐구나.

여 저는 너무 슬퍼요.

남 힘을 내렴. 너는 다음번에 더 잘할 수 있을 거야.

해설 남자는 수학 시험에서 좋은 성적을 받지 못한 딸에게 다음번에는 더 잘할 수 있을 거라고 격려를 하고 있다.

어휘 get a good(bad) grade 좋은(나쁜) 성적을 받다 hard 열심히; 어려운 wrong 잘못된 unit 단원

Focus on Sounds

next time에서 next의 -t와 time의 t-가 중복될 때 t를 모두 발음하지 않고 한 번만 발음합니다.

---

7 의도·목적 – 의도 | ②

해석

여 안녕, Jake. Mike는 어디에 있니?

남 그는 여기 없어. 아마 그는 음악실에 있을 거야.

여 그가 곧 돌아올까?

남 나는 잘 모르겠어. 무슨 일인데?

여 내가 이 라켓을 Mike에게 돌려주어야 해. 나를 위해 네가 그에게 이것을 줄 수 있니?

해설 여자는 라켓을 Mike에게 전달해 줄 것을 남자에게 부탁하고 있다.

어휘 maybe 아마도 sure 확신하는 problem 문제 return 돌려주다

---

8 의도·목적 – 목적 | ③

해석

여 Anderson 선생님, 저 집에 가야 할 것 같아요.

남 무슨 일이니?

여 저 두통이 있어요, 그리고 제가 그것을 못 참겠어요.

남 너 약은 먹었니?

여 네, 하지만 그것은 도움이 되지 않았어요.

남 그럼 너는 병원에 가는 게 좋겠구나.

여 제가 지금 집에 가도 될까요?

남 그래, 하지만 우선 내가 너희 어머니께 전화를 해야겠다.

해설 여자의 네 번째 말에서 선생님께 조퇴를 해도 되는지 허락을 받고 있는 것을 알 수 있다.

어휘 headache 두통 can't stand ~을 참을 수 없다 take medicine 약을 복용하다 see a doctor 병원에 가다

유형 04 심정·이유

유형잡는 대표기출 ‥‥‥‥‥‥‥‥‥‥‥‥‥‥‥‥‥‥‥ p.42-43

1 심정·이유 – 심정 | ④

[해석]

여 Ted. 너 늦었구나.

남 죄송해요, Johnson 선생님. 오늘 늦게 일어났어요.

여 너 안 좋아 보이는구나. 괜찮니?

남 열이 있어서 잠을 푹 잘 수가 없었어요.

여 오, 안됐구나. 병원에는 가 봤니?

[해설] 여자는 열이 있어서 잠을 푹 자지 못해 얼굴이 안 좋아 보이는 남자가 걱정스러울 것이다.

[어휘] have a fever 열이 있다 see a doctor 병원에 가다

2 심정·이유 – 이유 | ④

[해석]

여 상민아, 너 피곤해 보인다. 어젯밤에 무엇을 했니?

남 나 새벽 2시까지 TV로 축구 경기를 보았어.

여 정말? 그것은 큰 게임이었니?

남 응, 그것은 한국과 이란 간의 최종 경기였어.

여 한국이 이겼니?

남 응, 한국이 그 시합에서 이겼어.

[해설] 남자의 첫 번째 말에서 새벽 2시까지 TV에서 하는 축구 경기를 보느라 잠을 늦게 잔 것을 알 수 있다.

[어휘] win the match 시합에서 이기다

3 심정·이유 – 이유 | ②

[해석]

여 민수야, 지난 주말에 무엇을 했니?

남 나는 가족과 함께 평창에 갔어.

여 평창? 동계 올림픽 장소? 그곳에는 왜 갔니?

남 나는 그곳에 얼음낚시를 하러 갔는데, 재미있었어. 너는 무엇을 했니?

여 나는 내 친구와 영화를 봤어.

[해설] 남자의 두 번째 말에서 남자는 평창에 얼음낚시를 하러 간 것을 알 수 있다.

[어휘] ice fishing 얼음낚시 watch a movie 영화를 보다

핵심 유형 파고들기

p.44-45

1 ③	2 ①	3 ⑤	4 ⑤	5 ④	6 ①
7 ⑤	8 ③				

핵심 유형 받아쓰기

p.46-47

1 ❶favorite subject ❷How about you ❸It's fun to speak

2 ❶when your birthday is ❷told her the date ❸Cheer up

3 ❶can't come ❷Why not ❸write a short report

4 ❶Are you planning to ❷introduce my school ❸looking forward to seeing

5 ❶bought this skirt ❷wrong with it ❸for another one

6 ❶Where did you ❷Did he give them ❸won them

7 ❶The picture of ❷after he moved to ❸he's very busy

8 ❶you are sick ❷go home so early ❸with my little brother

1 심정·이유 – 이유 | ③

[해석]

여 네가 가장 좋아하는 과목은 뭐야?

남 수학이 내가 가장 좋아하는 과목이야. 너는 어떠니?

여 난 수학을 좋아하지 않아. 그건 어려워.

남 너는 어떤 과목을 좋아해?

여 난 영어를 좋아해. 영어로 말하는 것은 재미있어.

[해설] 여자의 세 번째 말에서 영어로 말하는 것이 재미있어서 영어를 좋아한다는 것을 알 수 있다.

[어휘] subject 과목 math 수학 fun 재미있는

2 심정·이유 – 심정 | ①

[해석]

남 안녕, 민지야. 무슨 일이야?

여 오늘은 내 생일인데, 내 가장 친한 친구인 Sally가 내게 선물을 주지 않았어.

남 그녀는 네 생일이 언제인지 모를 수도 있어.

여 아니야, 나는 지난주에 그녀에게 날짜를 말했어!

남 기운 내. 모든 사람이 잘 잊어버려.

[해설] 여자는 친한 친구에게 자신의 생일을 말했지만 친구가 자신의 생일을 챙겨 주지 않아 속상했을 것이다.

[어휘] present 선물 may ~일지도 모른다 date 날짜 forget 잊다 things (복수형으로) 상황, 형편

Focus on Sounds

best friend와 같이 두 개 이상의 자음으로 끝나는 단어 뒤에 자음으로 시작하는 단어가 올 경우, -st는 [슽]처럼 발음이 됩니다.

3 심정·이유 – 이유 | ⑤

해석

남 이 선생님, 저 이번 주 금요일에 학교에 올 수 없어요.

여 왜?

남 저희 가족이 제 할아버지의 일흔 번째 생신 잔치를 할 거예요. 저희 가족 구성원들 모두가 모일 거예요.

여 오, 알겠다. 하지만 너는 그 가족 행사 후에 짧은 보고서를 써야 해.

남 알겠어요. 그럴게요.

해설 남자의 두 번째 말에서 남자는 할아버지의 생신 잔치에 참석하기 위해 학교에 오지 못하는 것을 알 수 있다.

어휘 get together 모이다 report 보고서 family event 가족 행사

4 심정·이유 – 심정 | ⑤

해석

남 Sarah야, 너는 무엇을 보고 있니?

여 싱가포르 중학교 홈페이지.

남 왜? 그 학교를 방문할 계획이니?

여 아니, 이 학교 학생들 몇 명이 다음 주에 우리 학교를 방문할 거야.

남 오, 멋지다. 그들을 위해서 뭔가를 할 거니?

여 응, 나는 그들에게 우리 학교를 영어로 소개할 거야.

남 걱정되지 않니? 어려울 것 같아.

여 전혀 안 돼. 나는 그들을 만나는 것이 기대돼.

해설 여자는 싱가포르 학생들을 만나는 것을 기대하고 있으므로 여자는 흥분될(excited) 것이다.

① 슬픈 ② 외로운 ③ 무서워하는 ④ 감사하는 ⑤ 흥분된

어휘 plan to ~할 계획이다 visit 방문하다 introduce 소개하다 nervous 긴장되는 sound ~하게 들리다 not at all 전혀 아니다 look forward to -ing ~할 것을 기대하다

5 심정·이유 – 이유 | ④

해석

남 어떻게 도와드릴까요?

여 저는 여기서 이 치마를 샀는데, 저는 이것을 교환하고 싶어요.

남 그것에 무슨 문제가 있나요?

여 그것은 깨끗하지 않아요. 뒷부분에 더러운 자국이 있어요.

남 오, 대단히 죄송합니다. 제가 그것을 다른 것으로 바꿔드릴게요.

해설 여자의 두 번째 말에서 여자는 치마의 뒷부분에 더러운 얼룩이 있어서 치마를 교환하려고 하는 것을 알 수 있다.

어휘 exchange 교환하다 dirty 더러운 mark 얼룩, 자국 back 뒤, 뒷부분 change 바꾸다 another 다른 (하나의)

6 심정·이유 – 심정 | ①

해석

남 야구 경기 보러 가자. 나 무료 티켓 두 장을 갖고 있어.

여 무료 티켓? 그것을 어디서 구했어?

남 우리 담임 선생님한테서.

여 그가 그것들을 너에게만 주셨니?

남 다른 모두가 그것들을 갖고 싶어 했지만, 내가 가위바위보를 해서 그들을 이겼어.

여 그거 대단하다!

해설 남자는 가위바위보에서 이겨 야구 티켓을 얻게 되었으므로 남자는 흥분될(excited) 것이다.

① 흥분된 ② 긴장한 ③ 지루한 ④ 화가 난 ⑤ 걱정하는

어휘 free 무료의 win 이기다 play rock-scissors-paper 가위바위보를 하다

7 심정·이유 – 심정 | ⑤

해석

남 너는 무엇을 보고 있니?

여 Mike, 너, 그리고 내 사진. 나는 정말로 이 사진이 좋아.

남 나도 그것을 좋아해. 나는 Mike가 그리워.

여 나도 마찬가지야.

남 너는 그가 캐나다로 이사 간 후에 그에게서 어떤 이메일이나 편지를 받았니?

여 아니 아직. 아마 그는 그의 새로운 장소에서 매우 바쁠 거야.

해설 남자가 Mike가 그립다고 말했을 때 여자가 마찬가지라고 말했으므로 여자도 Mike를 그리워하는 것을 알 수 있다.

어휘 miss ~을 그리워하다 Same here. 나도 마찬가지야. letter 편지 move to ~으로 이사 가다

8 심정·이유 – 이유 | ③

해석

[휴대전화벨이 울린다.]

남 안녕, Cindy. 무슨 일이니?

여 안녕, Mark. Jake가 네가 아프다고 말해 줬어. 괜찮니?

남 그가 그렇게 말했니? 나는 아프지 않았어.

여 그러면 오늘 왜 집에 일찍 갔어?

남 나는 동생이랑 함께 있어야 했어. 엄마가 오늘 집에 안 계셨거든.

여 그렇구나. 동생이랑 뭐했어?

남 동생의 숙제를 도와주고 라면을 끓여 줬어.

해설 남자의 세 번째 말에서 남자는 엄마가 집에 안 계셔서 동생과 함께 있기 위해 집에 일찍 간 것을 알 수 있다.

어휘 sick 아픈 have to ~해야 한다 be home 집에 있다 homework 숙제 cook 요리하다

Focus on Sounds
did you에서처럼 '-d' 소리로 끝나는 단어 다음에 you가 오면 you가 '쥬'로 발음되어 did you는 '디쥬'와 같이 들립니다.

유형 05 세부 정보 I (한 일/할 일)

유형잡는 대표기출 ---- p.48-49

1 세부 정보 I - 할 일 | ④

[해석]

남 와우, 이 학교 축제는 정말 재미있어.

여 맞아, 그렇지.

남 다음에 무엇을 하고 싶니?

여 체육관에서 양초를 만들자.

남 근데 너무 많은 시간이 걸릴 것 같아. 페이스 페인팅을 하는 것은 어때?

여 좋은 생각이야. 지금 바로 당장 가자.

[해설] 남자가 여자에게 페이스 페인팅을 하러 가자고 제안하였고 여자는 이에 동의했다.

[어휘] candle 양초 gym 체육관 Why don't we ~? ~하는 게 어때?

2 세부 정보 I - 한 일 | ③

[해석]

여 Charlie, 너는 지난 주말에 무엇을 했니?

남 나는 친구들과 함께 수영장에 갔어.

여 정말? 재미있었어?

남 응, 물론이지! 네 주말은 어땠니?

여 훌륭했지! 나는 우리 가족을 위해 쿠키를 만들었어.

남 오, 괜찮은데!

[해설] 여자의 세 번째 말에서 여자는 주말에 가족을 위해 쿠키를 만들었던 것을 알 수 있다. 남자가 주말에 한 일과 헷갈리지 않도록 주의한다.

[어휘] weekend 주말 swimming pool 수영장 have fun 재미있게 놀다, 흥겨워하다

3 세부 정보 I - 요청한 일 | ④

[해석]

여 Robinson 선생님. 잠시 시간 좀 내주시겠어요?

남 무슨 일이니, 수진아?

여 제 영어 편지를 검토해 주시겠어요? 이 편지를 태국에 있는 친구에게 보내고 싶어요.

남 그런데, 나는 지금 그것을 할 충분한 시간이 없단다. 학교를 마친 후에 다시 오겠니? 그때 나는 기꺼이 너를 도와줄게.

여 당연하죠. 감사합니다.

[해설] 여자의 두 번째 말에서 여자가 남자에게 영어 편지 검토를 요청한 것을 알 수 있다.

[어휘] Thailand 태국 enough 충분한 Can you ~? ~할 수 있니?

핵심 유형 파고들기

p.50-51

1 ③　　2 ④　　3 ⑤　　4 ④　　5 ②　　6 ④

7 ①　　8 ③

핵심 유형 받아쓰기

p.52-53

1 ❶in the park ❷half an hour ❸read them yet

2 ❶cold in here ❷the air dry ❸are open

3 ❶during the weekend ❷went shopping ❸more than eight hours

4 ❶make it there ❷got sick ❸at home

5 ❶What do you want ❷to the front ❸Let me think

6 ❶why don't we ❷just watch ❸get some fresh air

7 ❶Is that ❷forgot to bring ❸right next to

8 ❶busy stores ❷swim at all ❸give it a try

1 세부 정보 I - 할 일 | ③

[해석]

남 맑고 따뜻한 날이다. 공원에서 산책하자.

여 좋아. 너는 30분 동안 기다려 줄 수 있어?

남 물론, 그런데 왜?

여 어제 내가 만화책을 몇 권 빌렸는데, 아직 그것들을 못 읽었어.

남 나는 만화책을 아주 좋아해. 우리가 그 책들을 같이 읽을 수 있을까?

여 물론이지.

해설 남자가 여자에게 만화책을 같이 읽는 것을 제안하자 여자는 이에 동의했다.

어휘 fine (날씨가) 맑은 warm 따뜻한 take a walk 산책하다 half an hour 30분 borrow 빌리다(↔ lend) comic book 만화책 yet 아직

2 세부 정보 I – 부탁한 일 | ④

해석

여 여기 안은 매우 춥다, 그렇지 않니?

남 응, 맞아. 난방기를 켜는 것이 어때?

여 그건 좋은 생각이 아니야. 그것은 공기를 건조하게 해.

남 네가 그렇게 말한다면….

여 봐! 창문들이 열려 있어. 네가 그것들을 닫아 줄 수 있니?

남 물론이지!

해설 여자의 세 번째 말에서 여자는 남자에게 열려 있는 창문을 닫아 달라고 부탁했다.

어휘 turn on (전기 · 가스 등을) 켜다 heater 난방기 air 공기 dry 건조한

3 세부 정보 I – 한 일 | ⑤

해석

남 너 오늘 피곤해 보인다.

여 응, 주말에 바빴어.

남 왜? 프로젝트 때문에?

여 아니. 부산에서 사촌이 왔어. 주말 내내 그녀와 함께 시간을 보냈어.

남 그녀와 무엇을 했니?

여 동대문 시장에 쇼핑하러 갔어. 우리는 그곳에서 8시간보다 더 오래 있었어.

해설 여자의 마지막 말에서 여자가 주말에 부산에서 온 사촌과 동대문 시장에서 쇼핑을 한 것을 알 수 있다.

어휘 look ~해 보이다 tired 피곤한 spend (시간을) 보내다 weekend 주말 more than ~보다 더 많이

4 세부 정보 I – 한 일 | ④

해석

남 어젯밤 그 콘서트 어땠어?

여 나는 거기에 갈 수 없었어.

남 믿을 수가 없구나. 왜 못 갔어?

여 엄마가 갑자기 아프셔서, 나는 집에서 내 남동생을 돌봐야 했어.

남 너희 아빠는?

여 그는 출장 중이셨어.

남 그거 너무 안됐다. 네가 그것을 놓쳤다니 유감이야.

해설 여자의 두 번째 말에서 여자가 어젯밤에 남동생을 돌본 것을 알 수 있다.

어휘 suddenly 갑자기 get sick 아프다 on a business trip 출장 중인 miss 놓치다

> Focus on Sounds
> last night와 같이 두 개 이상의 자음으로 끝나는 단어 뒤에 자음으로 시작하는 단어가 올 경우, -st는 [슽]처럼 발음이 됩니다.

5 세부 정보 I – 요청한 일 | ②

해석

여 Brown 선생님, 잠깐 이야기할 수 있을까요?

남 물론이지, 지나야. 무엇에 대해 이야기하고 싶니?

여 요즘 수업 시간에 집중을 할 수 없어요. 앞쪽으로 이동할 수 있을까요?

남 교실 앞쪽에 앉으면 집중할 수 있을 거라고 생각하니?

여 그렇게 생각해요.

남 알았어. 생각해 볼게.

해설 여자는 수업 시간에 집중을 할 수 없어 선생님께 앞쪽으로 이동하는 것을 부탁했다.

어휘 for a moment 잠시 동안 focus 집중하다 class 수업 move 이동하다 front 앞쪽 at the front of ~의 앞 부분에

6 세부 정보 I – 할 일 | ④

해석

남 너 방과 후에 무엇을 할 거야?

여 특별한 건 없어.

남 그러면 우리 자전거 타는 것은 어때?

여 나는 그것을 하고 싶지 않아. 나는 그냥 집에서 TV를 볼 거야.

남 그러지 말고! 넌 약간의 신선한 공기를 마실 필요가 있어.

여 그래, 네가 맞아. 너와 함께 갈게.

해설 여자는 자전거 타러 가자는 남자의 제안을 처음엔 거절했지만 남자가 설득하자 남자와 함께 자전거를 타러 가기로 했다.

어휘 ride (자전거 등을) 타다 I don't feel like it. 나는 그것을 하고 싶지 않아. fresh 신선한

7 세부 정보 I – 부탁한 일 | ①

해석

[전화벨이 울린다.]

남 여보세요.

여 너니, Jack?

남 네, 엄마.

여 오, 다행이다. 내가 구매 목록을 가져오는 걸 깜박했어.

네가 그것의 사진을 찍어서 내 휴대전화로 보내줄 수 있니?

남 물론이죠. 그것은 어디 있어요?

여 그것은 커피메이커 바로 옆에 있단다.

[해설] 여자의 두 번째 말에서 여자가 남자에게 구매 목록의 사진을 찍어서 휴대전화로 보내 주는 것을 부탁한 것을 알 수 있다.

[어휘] forget 잊다 bring 가져오다 shopping list 구매 목록 take a picture of ~의 사진을 찍다 right 바로

Focus on Sounds

Is that you?와 같이 -t 소리로 끝나는 단어 다음에 you가 오면 you는 우리말의 [츄]와 같이 들립니다.

---

8 세부 정보 I - 할 일 | ③

[해석]

남 봐! 밖에 비가 내리고 있어. 우리는 등산을 갈 수 없어.

여 대신에 쇼핑을 가는 것은 어때?

남 난 분주한 상점들이 싫어. 실내 수영장에 가자.

여 미안하지만, 난 수영을 전혀 못해.

남 가자. 나는 우리가 함께 튜브를 타고 놀 수 있을 것이라 확신해.

여 그래. 내가 한번 시도해 볼게.

남 좋아.

[해설] 실내 수영장에 가자는 남자의 제안에 여자는 수영을 못한다고 거절했지만, 튜브를 타고 놀면 된다는 남자의 설득에 같이 수영장에 가기로 했다.

[어휘] outside 바깥에 instead 그 대신에 hate 싫어하다 indoor 실내의 not ~ at all 전혀 ~이 아닌 give it a try 시도하다, 한번 해 보다

유형 06 세부 정보 II

유형잡는 대표기출 ----------------------------- p.54-55

1 세부 정보 II - 교통수단 | ③

[해석]

남 너는 어떻게 Jake의 생일 파티에 갈 거니, Stella?

여 나는 피아노 수업이 끝난 후에 그곳에 걸어갈 거야. 너는 어때?

남 엄마가 그곳에 차로 태워다 주신다고 하셨어.

여 알았어. 파티에서 보자.

남 거기서 보자.

[해설] 남자의 두 번째 말에서 남자의 엄마가 남자를 생일 파티에 차로 데려다줄 것을 알 수 있다. 걸어간다고 한 여자의 말과 헷갈리지 않도록 주의한다.

[어휘] walk 걸어가다 take (사람을) 데려다주다 by car 차로

---

2 세부 정보 II - 언급하지 않은 것 | ③

[해석]

여 안녕하세요, 여러분. Happy Shopping의 Amy입니다. 오늘, 저는 Jump Shoes를 소개하려고 합니다. 그것은 겨우 400g입니다. 조깅하는 데 매우 좋습니다! 이 신발은 파란색과 분홍색이 있습니다. 지금 구입하시고 20퍼센트 할인을 받으세요. 겨우 24달러입니다. 주문하시려면, 123-4949로 연락주세요!

[해설] Jump Shoes의 무게는 400g이고, 색상은 파란색과 분홍색이 있다. 할인율은 20%이며 가격은 24달러이다. 치수에 대해서는 언급하지 않았다.

[어휘] introduce 소개하다 come in (상품 등이) 들어오다

---

3 세부 정보 II - 제안한 것 | ⑤

[해석]

여 Tim, 오늘 오후 영어 수업에 왜 오지 않았니?

남 Judy, 나 학교 양호실에 있었어. 몸이 좋지 않았거든.

여 정말? 지금은 괜찮아?

남 아니. 나 아직도 머리가 아파.

여 담임 선생님께 말씀드리는 건 어떠니? 그녀는 너를 집에 가게 해 주실 거야.

남 고마워.

[해설] 여자의 세 번째 말에서 여자가 남자에게 담임 선생님께 몸이 좋지 않다는 사실을 말씀드릴 것을 제안한 것을 알 수 있다.

[어휘] school nurse's office 학교 양호실 homeroom teacher 담임 선생님

핵심 유형 파고들기   p.56-57

1 ②	2 ⑤	3 ⑤	4 ⑤	5 ①	6 ④
7 ②	8 ③				

핵심 유형 받아쓰기   p.58-59

1 ❶If you want ❷will we go ❸take a train

2 ❶take part in ❷fill out ❸turn it in

3 ❶the auto museum ❷About thirty minutes ❸need to pay anything

4 ❶Let me introduce ❷he taught at ❸you will like him

5 ❶I heard you were ❷Let's study ❸That'll be great

6 ❶is coming ❷taking the role of ❸miss this amazing movie

7 ❶Welcome aboard ❷We hope you enjoy

8 ❶ask you ❷did that ❸have gotten

1 세부 정보 Ⅱ - 교통수단 | ②

해석

여 나는 이번 주말에 전주를 방문할 거야. 만약 네가 원한다면, 우리가 함께 그곳에 갈 수 있어.

남 와. 나도 너랑 함께할래. 우리는 그곳에 어떻게 갈 거니?

여 나는 내 자동차를 이용하지 않을 거야. 그곳에 버스나 기차로 가는 것이 어때?

남 글쎄, 그러면 나는 기차를 타고 싶어.

여 알겠어.

해설 남자가 기차를 타고 싶다는 말에 여자가 동의했으므로 두 사람은 기차를 이용할 것이다.

어휘 visit 방문하다 join 함께하다

2 세부 정보 Ⅱ - 포함되지 않는 것 | ⑤

해석

여 당신은 음악을 좋아하십니까? 당신은 슈퍼스타가 되고 싶으십니까? 그렇다면 저희 오디션에 참가하세요. 당신은 대회를 위해 양식을 작성하셔야 합니다. 당신의 이름, 학년, 취미 그리고 가장 좋아하는 노래를 적어 주세요. 당신은 5월 16일까지 그것을 제출하셔야 합니다.

해설 오디션 지원서에는 이름, 학년, 취미 그리고 가장 좋아하는 노래를 적어야 한다고 했으나, 다룰 수 있는 악기는 언급하지 않았다.

어휘 take part in ~에 참가하다 audition 오디션 fill out a form 서식을 작성하다 grade 학년 turn in 제출하다 May 5월

3 세부 정보 Ⅱ - 언급하지 않은 것 | ⑤

해석

남 Green 선생님, 우리 학교 수학여행은 어디로 가나요?

여 우리는 일산에 있는 자동차 박물관에 갈 거야.

남 멋지네요. 그곳에 가는데 얼마나 걸려요?

여 30분 정도. 공책과 연필만 가져오면 돼.

남 비용을 내야 하지 않나요?

여 10,000원 정도가 들어. 하지만 학교에서 지불했어.

해설 장소는 자동차 박물관이고, 가는데 걸리는 시간은 30분이며, 준비물은 공책과 연필이다. 비용은 10,000원이지만 학교에서 지불했다고 했다. 참가 인원에 대해서는 언급하지 않았다.

어휘 field trip 수학여행 auto 자동차 museum 박물관 cost (비용이) 들다

Focus on Sounds
get there에서 get의 -t와 there의 t-가 중복될 때 t는 한 번만 발음합니다.

4 세부 정보 Ⅱ - 알 수 없는 것 | ⑤

해석

여 저는 여러분에게 우리의 새로운 영어 선생님이신 Anderson 씨를 소개하겠습니다. 그는 남아프리카 출신이고, 3년 전에 처음 한국에 오셨습니다. 그는 우리 학교로 오기 전, 대전에 있는 한솔 중학교에서 가르치셨습니다. 그는 매우 친절하고 유머 감각이 있습니다. 저는 여러분이 그를 좋아할 것이라고 생각합니다.

해설 새 영어 선생님은 남아프리카 출신이고, 한국에 3년 전에 처음 왔다. 그는 이전에 대전에 있는 학교에 근무하였고, 성격은 친절하고 유머감각이 있다. 현재 거주 도시에 대해서는 알 수 없다.

어휘 introduce 소개하다 ago ~전에 a sense of humor 유머 감각

5 세부 정보 Ⅱ - 제안한 것 | ①

해석

여 안녕, Henry. 나는 네가 어제 결석했다고 들었어. 너 괜찮아?

남 응, 지금은 훨씬 나아졌어. 고마워. 우리 숙제나 어떤 할 것이 있니?

여 오, 우리 내일 영어 쪽지 시험이 있어.

남 정말? 내가 어떻게 해야 하지?

여 걱정하지 마. 내가 널 도와줄 수 있어. 방과 후에 도서관에서 같이 공부하자.

남 그거 좋겠다. 그때 봐.

해설 여자의 세 번째 말에서 여자가 남자에게 방과 후 도서관에서 같이 공부할 것을 제안한 것을 알 수 있다.

어휘 quiz 쪽지 시험

6 세부 정보 Ⅱ - 언급하지 않은 것 | ④

해석

남 판타지 영화 팬들에게 좋은 소식입니다. 새로운 판타지 영화인 「Dave의 모험」이 이번 크리스마스에 개봉합

니다. 그것은 Dave라는 이름을 가진 어린 마법사에 대한 영화입니다. Chris Adams가 Dave의 역할을 맡습니다. 감독은 아카데미 수상자인 Mark Sullivan입니다. 이 놀라운 영화를 놓치지 마십시오.

해설 영화 장르는 판타지이고, 크리스마스에 개봉하며, 주연 배우는 Chris Adams이다. 감독은 아카데미상 수상자인 Mark Sullivan이다. 촬영지에 대해서는 언급하지 않았다.

어휘 wizard 마법사 role 역할 director 감독 miss ~을 놓치다

Focus on Sounds

Here is good news for the fans of fantasy movies. 영어에서 주요 내용을 전달하는 단어는 강하게 읽히고, 그렇지 않은 단어는 약하게 읽히기 때문에 안 들리는 단어에 집착해 전체 흐름을 놓치지 않도록 주의합니다.

---

7 세부 정보 Ⅱ – 알 수 없는 것 | ②

해석

남 좋은 아침입니다, 승객 여러분. 런던으로 비행 중인 Fresh Airlines 218편에 탑승하신 것을 환영합니다. 런던의 날씨는 맑고 화창합니다. 오늘 아침 저희의 이동 시간은 1시간 15분 정도가 될 것입니다. 즐거운 여행이 되시길 바랍니다. 감사합니다.

해설 항공편 번호는 Fresh Airlines 218편이고, 도착지는 런던이다. 런던의 날씨는 맑고 화창하며, 이동 시간은 1시간 15분이다. 출발 시각은 언급하지 않았다.

어휘 passenger 승객 aboard 탑승한 clear (날씨가) 맑은 travel time 이동 시간 flight 비행

---

8 세부 정보 Ⅱ – 제안한 것 | ③

해석

여 Mike, 너는 컴퓨터에 재주가 있어, 그렇지? 내 컴퓨터에 대해 내가 너에게 뭐 좀 물어봐도 될까?

남 물론이지. 뭔데?

여 컴퓨터가 너무 느려. 너는 왜 그런지 아니?

남 몇몇의 불필요한 파일들을 삭제하는 게 어때?

여 나는 이미 그것을 했는데, 도움이 되지 않았어.

남 그럼 바이러스를 검사해 봐. 몇몇의 바이러스들이 네 컴퓨터에 들어갔을지도 몰라.

여 알았어.

해설 남자의 세 번째 말에서 남자가 여자에게 바이러스 검사를 제안한 것을 알 수 있다.

어휘 be good with ~에 재주가 있다 delete 지우다, 삭제하다 unnecessary 불필요한 virus 바이러스 get into ~안으로 들어가다

유형 07 관계 · 직업

유형잡는 대표기출 ·············· p.62-63

① 관계 · 직업 – 관계 | ⑤

해석

남 도와드릴까요?

여 제 차에 이상이 있는 것 같아요.

남 알았어요. 제가 당신의 차를 확인해 볼게요.

여 무슨 이상이 있나요?

남 이런, 바퀴에 작은 구멍이 있네요.

여 바퀴를 수리하는 데 얼마나 걸릴까요?

남 약 1시간 정도 걸릴 겁니다.

해설 남자가 차를 점검하고 여자가 남자에게 바퀴를 수리하는 시간을 묻는 것으로 보아, 남자는 자동차 정비사이고 여자는 고객이라고 할 수 있다.

어휘 hole 구멍 fix 수리하다

---

② 관계 · 직업 – 직업 | ③

해석

남 Holmes 씨, 당신의 새로운 책이 나온 것을 축하드립니다. 「초콜릿 상자」는 지금 베스트셀러 1위입니다.

여 감사합니다.

남 당신의 책에 대해서 말씀해 주시겠어요?

여 그러죠. 이것은 남편과 저와의 사랑 이야기입니다.

남 정말 다정하시네요. 당신은 언제부터 책을 쓰기 시작했나요?

여 2년 전이요.

해설 두 사람이 여자와 여자의 남편과의 사랑 이야기를 쓴 책에 대해 이야기하고 있는 것으로 보아 여자의 직업은 작가이다.

어휘 number one 1위, 최고 love story 사랑 이야기

---

③ 관계 · 직업 – 장래 희망 | ④

해석

남 저 귀여운 강아지를 봐 봐. Emily, 너는 강아지를 좋아하니?

여 응, 나는 강아지를 좋아해. 너는 어떠니?

남 나는 강아지를 매우 좋아해.

여 너는 고양이도 좋아하니?

남 응. 나는 모든 동물을 사랑해. 그래서 나는 수의사가 되고 싶어.

여 나는 네가 좋은 수의사가 될 것이라고 확신해.

해설 남자의 세 번째 말에서 남자의 장래 희망은 수의사라는 것을 알 수 있다.

어휘 like ~을 좋아하다 all 모든 animal doctor 수의사

1 ④	2 ①	3 ②	4 ④	5 ③	6 ②
7 ③	8 ③				

핵심 유형 받아쓰기　　　　　　　　p.66-67

1 ❶give me some advice ❷a travel writer ❸be interested in it

2 ❶Let me check ❷with a bath ❸start room service

3 ❶wanted to be ❷am interested in ❸How about you

4 ❶so early ❷needs to ❸gets well soon

5 ❶My role model ❷help people in need ❸With my apps

6 ❶food and drinks in ❷get it back ❸All right

7 ❶Can I help you ❷It leaves

8 ❶Did I do ❷you should drive ❸didn't see it

1 관계 · 직업 – 직업 | ④

해석

여 Johnson 선생님, 조언을 좀 해 주실 수 있을까요? 어떤 직업이 Kate에게 좋을까요?

남 그녀는 매우 창의적이고 활동적이에요.

여 알고 있어요. 그녀는 다양한 장소에 방문하는 것을 즐겨요.

남 그녀는 또한 글쓰기를 좋아해요. 그래서 저는 여행 작가가 그녀에게 좋은 직업일 수 있다고 생각해요.

여 흥미로운 직업이네요. 그녀가 관심 있어 할 것 같아요.

남 그녀가 제 도움을 필요로 하면, 언제든지 이야기해 주세요.

해설 남자의 두 번째 말에서 남자는 Kate의 직업으로 여행 작가를 추천한 것을 알 수 있다.

어휘 advice 충고 job 직업 creative 창의적인 different 다른, 다양한

2 관계 · 직업 – 관계 | ①

해석

남 안녕하세요. 도와드릴까요?

여 네. 저는 이곳에 예약이 되어 있습니다. 제 이름은 Jenny Allenberg입니다.

남 확인해 보겠습니다. 흠…. 당신은 욕실이 있는 1인실을 예약하셨네요, 그렇죠?

여 맞습니다.

남 좋습니다. 여기 당신의 열쇠입니다. 그리고 저희는 아침 식사를 위한 룸서비스를 7시에 시작합니다.

해설 남자가 여자의 예약을 확인해 주고 여자에게 룸서비스를 제공한다는 말을 종합하였을 때 남자는 호텔 직원, 여자는 손님이라는 것을 알 수 있다.

어휘 reservation 예약 book 예약하다 single room 1인실 bath 욕조

3 관계 · 직업 – 장래 희망 | ②

해석

남 저기, 미나야. 너는 장래에 뭐가 되고 싶어?

여 내가 아이였을 때 나는 선생님이 되고 싶었어.

남 그리고 지금은?

여 지금은, 집과 빌딩을 설계하는 것에 관심이 있어서, 나는 건축가가 되고 싶어. 너는 어때?

남 내 꿈은 자동차 디자이너가 되는 거야.

해설 여자의 어렸을 때 장래 희망은 선생님이었지만, 현재의 장래 희망은 건축가이다.

어휘 kid 아이 be interested in ~에 관심이 있다 architect 건축가

Focus on Sounds

How about you와 같이 -t 소리로 끝나는 단어 다음에 you가 오면 you는 우리말의 [츄]와 같이 들립니다.

---

4 관계 · 직업 – 관계 | ④

해석

[전화벨이 울린다.]

남 여보세요.

여 안녕하세요, Parker 씨. 저는 Amy의 엄마입니다.

남 좋은 아침이에요, Brown 부인.

여 아침에 너무 일찍 전화 드려 죄송해요. 오늘 Amy가 학교에 결석해야 할 것 같아요.

남 오, 정말이요? 그녀에게 무슨 문제가 있나요?

여 그녀는 매우 아파서 침대에 계속 누워 있어야 해요.

남 오, 그것 너무 안됐네요! 저는 그녀가 곧 낫기를 바라요.

여 감사합니다.

해설 여자가 남자에게 Amy가 학교에 결석해야 한다는 것을 전하고 있는 것으로 보아 여자는 부모님, 남자는 선생님이라는 것을 알 수 있다.

① 의사 – 간호사 ② 의사 – 환자 ③ 엄마 – 삼촌 ④ 부모님 – 선생님 ⑤ 선생님 – 학생

어휘 absent from ~에 결석한 stay in bed 침대에 (계속) 누워 있다 get well 회복하다, 나아지다 soon 금방, 곧

Focus on Sounds

her과 같이 h로 시작하는 단어가 문장의 중간에 올 경우에는 [얼]과 같이 약화되어 발음됩니다.

---

5 관계 · 직업 – 장래 희망 | ③

해석

남 오늘 저는 제 미래의 꿈에 대해 이야기하고 싶습니다. 제 역할 모델은 Mark Zuckerberg입니다. 저는 컴퓨터 프로그래밍에 관심이 많습니다. 저는 또한 도움을 필요로 하는 사람들을 돕고 싶습니다. 그래서 저는 그들에게 유용한 스마트폰 앱을 만들 것입니다. 제 앱으로 그들은 정보를 쉽게 공유하고, 무료로 다양한 수업을 들을 것입니다.

해설 남자는 도움이 필요한 사람들에게 도움을 주는 앱을 만들고 싶다고 했으므로 남자의 장래 희망은 앱 개발자이다.

어휘 role model 역할 모델 be into ~에 관심이 많다 in need 도움을 필요로 하는 useful 유용한 smartphone app 스마트폰 앱 knowledge 지식 free of charge 무료로

---

6 관계 · 직업 – 관계 | ②

해석

여 죄송합니다, 손님. 당신은 음식과 음료를 안으로 가지고 가실 수 없습니다.

남 죄송해요. 저는 그것을 몰랐어요. 그럼 제가 이것을 어떻게 해야 하죠?

여 저희가 당신을 위해서 그것을 보관할 수 있습니다. 그리고 당신은 콘서트 후에 그것을 가져가실 수 있으세요.

남 알겠습니다. 여기요.

여 감사합니다, 손님. 즐거운 관람 되세요.

해설 여자가 남자에게 공연장에 음식을 갖고 입장할 수 없다고 말하는 것으로 보아 여자는 공연장 직원, 남자는 관람객인 것을 알 수 있다.

어휘 keep 보관하다 get ~ back ~을 돌려받다

---

7 관계 · 직업 – 관계 | ③

해석

남 도와드릴까요?

여 부산에 가는 버스는 언제 떠나나요?

남 그것은 30분마다 떠납니다, 부인.

여 티켓은 얼마예요?

남 그것들은 각각 20달러씩입니다.

여 2시 반 표로 두 장 주세요.

해설 여자는 남자에게 부산에 가는 버스 티켓을 사고 있으므로 남자는 버스표 판매원, 여자는 승객이라는 것을 알 수 있다.

어휘 leave 떠나다, 출발하다 every ~마다 half hour 30분 each 각각

---

8 관계 · 직업 – 직업 | ③

해석

남 실례합니다, 부인. 저에게 당신의 운전 면허증을 보여 주십시오.

여 왜죠? 제가 뭘 잘못했나요?

남 당신이 제한 속도 이상으로 운전하고 있었기 때문입니다.

여 정말요? 여기 시속 60km 아닌가요?

남 아닙니다, 당신은 30 이하로 운전하셔야 합니다. 표지판을 보십시오. 어린이 보호 구역입니다.

여 오, 저는 그것을 못 봤어요. 정말 죄송합니다.

해설 속도위반을 한 여자에게 운전 면허증을 보여 줄 것을 요구하고 있는 것으로 보아 남자는 경찰관이라는 것을 알 수 있다.

① 기술자 ② 자동차 판매원 ③ 경찰관 ④ 비행기 승무원 ⑤ 뉴스 기자

어휘 show 보여 주다 driver's license 운전 면허증 over ~을 초과한 speed limit 제한 속도 sign 표지판 school zone (학교 주위) 어린이 보호 구역

유형 08 장소 추론

유형잡는 대표기출 ---- p.68-69

1 장소 추론 – 길 안내 | ②

해석

남 Emily, 근처에 좋은 미용실을 알고 있니?

여 그럼, Smile Shop이 있어.

남 그래. 내가 여기서 그곳에 어떻게 가야 하니?

여 두 블록을 쭉 걸어가. 그리고 나서 오른쪽으로 돌아.

남 오, 알았어.

여 너는 왼쪽에서 서점을 볼 수 있을 거야. 서점 바로 옆에 있어.

남 고마워.

해설 현재 있는 장소에서 두 블록을 쭉 걸어가서 오른쪽으로 돈 후, 서점 바로 옆에 있는 곳의 위치는 ②이다.

어휘 turn (특정한 방향으로) 돌아가다 bookstore 서점

정답과 해설 **19**

② 장소 추론 - 만나기로 한 장소 | ⑤

해석

[휴대전화벨이 울린다.]

여 여보세요?

남 여보세요, 민지야. 오늘 저녁에 영화 보러 갈래?

여 좋은데! 우리 언제 만날까?

남 스타 영화관에서 오후 6시 어때?

여 나는 그것(스타 영화관)이 어디에 있는지 몰라. 우리 학교 근처 버스 정류장에서 만나는 것이 어때?

남 알겠어. 그곳에서 보자.

해설 여자가 극장 위치를 몰라 남자에게 학교 근처 버스 정류장에서 만나는 것을 제안하였고, 남자는 이에 동의했다.

어휘 go to the movies 영화 보러 가다 movie theater 영화관 bus stop 버스 정류장

③ 장소 추론 - 대화하는 장소 | ③

해석

남 Brown Wood에 온 것을 환영합니다. 도와드릴까요?

여 안녕하세요. 저는 4인용 식탁을 찾고 있습니다.

남 이것들은 모두 4인용 식탁입니다.

여 어느 것이 가장 인기가 많은가요?

남 이것이요. 사람들이 이 디자인을 매우 좋아하고, 비싸지도 않습니다.

여 좋아요. 저는 이 색깔도 아주 마음에 듭니다.

해설 남자가 여자에게 식탁을 추천해 주고, 남자와 여자가 식탁의 디자인, 가격, 색깔에 대해 이야기하고 있는 것으로 보아 이들이 대화하는 장소는 가구점이다.

어휘 dinner table 식탁 popular 인기 있는

핵심 유형 파고들기

1 ②	2 ④	3 ⑤	4 ⑤	5 ④	6 ⑤
7 ②	8 ⑤				

핵심 유형 받아쓰기

p.72-73

1 ❶send this package ❷What's in it ❸Put the box

2 ❶turn left ❷walk along ❸You can't miss it

3 ❶This is Sam ❷join us ❸near the park

4 ❶waiting for ❷broke his arm ❸I heard that too

5 ❶have a helmet ❷lend mine ❸one hour from now

6 ❶get there ❷You'll find it ❸across from

7 ❶what kind of books ❷buy a storybook ❸I'll take this

8 ❶traditional Korean furniture ❷do not touch ❸take about an hour

1 장소 추론 - 대화하는 장소 | ②

해석

여 좋은 아침입니다.

남 좋은 아침입니다. 저는 이 소포를 런던으로 보내고 싶어요.

여 알겠습니다. 그것 안에 무엇이 있나요?

남 몇 권의 책과 옷이 있어요.

여 그 상자를 저울 위에 올려 주세요.

남 그것은 얼마죠?

여 그것은 33달러입니다.

해설 런던으로 보낼 소포의 요금을 재고 있는 상황으로 보아 두 사람이 대화하는 장소는 우체국이다.

어휘 send 보내다 package 소포 scale 저울

2 장소 추론 - 길 안내 | ④

해석

남 실례합니다. 당신은 저에게 ABC몰이 어디 있는지 말씀해 주실 수 있으신가요?

여 한 블록을 쭉 가서 왼쪽으로 도세요.

남 알겠습니다.

여 그리고 나서, Main Street를 따라 걸으세요. 그것은 우체국 옆에 있습니다. 바로 찾으실 거예요.

남 감사합니다.

해설 현재 있는 장소에서 한 블록을 직진하고, 왼쪽으로 꺾은 다음 우체국 옆에 있는 곳의 위치는 ④이다.

어휘 next to ~옆에 You can't miss it. 찾기 쉬워요, 금방 찾을 수 있어요.

3 장소 추론 - 만나기로 한 장소 | ⑤

해석

[휴대전화벨이 울린다.]

여 여보세요.

남 안녕, Katie. 나 Sam이야.

여 야! 무슨 일이야?

남 Jessy와 나는 국립 미술 박물관에 가는 중이야. 너는 우리와 함께하고 싶니?

여 좋아! 나는 너희와 같이 갈게. 우리 어디서 만날까?

남 공원 근처의 버스 정류장에서 만나자.

여 그래.

해설 남자가 여자에게 버스 정류장에서 만나는 것을 제안하였고, 여자는 이에 동의했다.

어휘 join 함께하다 Sounds great! 좋아!, 재미있겠다! near ~ 근처에서

> **Focus on Sounds**
> bus stop과 같이 bus의 -s와 그다음에 오는 stop의 s-가 중복될 때, 앞 자음은 거의 소리가 나지 않고 뒤에 있는 단어의 첫 자음만 소리가 납니다.

4 장소 추론 – 가려고 하는 장소 | ⑤

해석

남 안녕, Judy. 너 버스 기다리고 있니?

여 응, 나는 이 책을 반납하기 위해 도서관에 가는 중이야. 너는 어디에 가는 중이니?

남 난 병원에 입원한 Kevin을 보러 가고 있어. 그는 체육 시간에 팔이 부러졌어.

여 나도 그 소식을 들었어. 우리 함께 도서관에 잠시 들른 후에 그곳에 갈 수 있을까?

남 물론이지!

해설 여자가 남자에게 함께 도서관에 들른 후에 Kevin의 병문안을 갈 것을 제안하였고, 남자는 이에 동의했다. 대화 직후 두 사람이 가려고 하는 장소는 도서관이다.
① 공항 ② 학교 ③ 병원 ④ 버스 정류장 ⑤ 도서관

어휘 wait for ~을 기다리다 break one's arm ~의 팔이 부러지다 P.E. class 체육 시간 drop by 잠시 들르다

5 장소 추론 – 만나기로 한 장소 | ④

해석

여 너는 헬멧을 갖고 있니?

남 응. 왜?

여 나는 오늘 오후에 공원에서 인라인 스케이트를 배울 예정이야. 그런데 나는 헬멧을 갖고 있지 않아.

남 그렇구나. 내가 너에게 내 것을 빌려줄게.

여 내가 오늘 오후에 그것을 받기 위해 너희 집에 잠시 들러도 될까?

남 미안하지만, 지금부터 한 시간 후에 제과점에서 보는 게 어때?

여 그래. 거기서 보자.

해설 헬멧을 빌리려는 여자에게 남자는 한 시간 후에 제과점에서 볼 것을 제안하였고, 여자는 이에 동의했다.

어휘 helmet 헬멧 lend 빌려주다 stop by 잠시 들르다

> **Focus on Sounds**
> t는 주변에 어떤 소리가 오느냐에 따라 약화되어 [ㄹ]처럼 발음합니다. how about meeting의 meeting의 경우도 t소리가 약화되어 [ㄹ]처럼 들립니다.

6 장소 추론 – 길 안내 | ⑤

해석

여 실례합니다, 선생님. 저는 SKB 극장을 찾고 있어요. 제가 그곳에 어떻게 가나요?

남 두 블록을 직진하셔서 모퉁이에서 오른쪽으로 도세요.

여 두 블록 그리고 오른쪽으로 돌아요?

남 네. 당신의 왼쪽에서 그것을 보게 될 거예요. 그것은 경찰서 건너편에 있습니다.

여 대단히 감사합니다.

해설 현재 있는 장소에서 두 블록을 직진하고, 오른쪽으로 꺾은 다음 경찰서 건너편에 있는 곳의 위치는 ⑤이다.

어휘 police station 경찰서

7 장소 추론 – 대화하는 장소 | ②

해석

남 Lucy야, 어떤 종류의 책을 읽는 것을 좋아하니?

여 만화책 읽는 것을 좋아해. 나는 Giyom85의 열혈 팬이야.

남 나도 그를 좋아해. 오늘 만화책을 살 거니?

여 아니, 여동생에게 줄 이야기책을 살 거야. 내일이 그녀의 생일이거든.

남 이 책이 좋아 보인다. 그림이 정말 귀여워.

여 응, 좋다. 이걸 사야겠어.

해설 여자가 동생에게 선물할 이야기책을 구입하고 있으므로 두 사람이 대화하는 장소는 서점이다.

어휘 kind 종류 comic book 만화책 storybook 이야기책

8 장소 추론 – 안내하는 장소 | ⑤

해석

남 안녕하세요, 가나중학교 학생 여러분. 만나게 되어 반갑습니다. 저는 안내원인 Kevin Lee입니다. 오늘 여러분은 한국 전통 가구를 보실 것입니다. 이곳에 있는 모든 가구는 역사적으로 중요한 것이므로, 만지거나 사진을 찍지 말아 주세요. 투어는 1시간 정도 걸릴 것이며 가구와 관련된 역사에 관해 말씀드리겠습니다. 준비되시면, 시작합니다.

해설 역사적으로 중요한 한국 전통 가구를 볼 수 있고, 가구를 만지거나 사진 찍는 것을 금지하는 장소는 가구 박물관이다.

어휘 traditional 전통적인 furniture 가구 historically 역사적으로 important 중요한 take a picture 사진을 찍다

유형 09 주제 추론

유형잡는 대표기출 ----------------------------------- p.74-75

❶ 주제 추론 – 무엇에 관한 내용 | ②

해석

남 이봐, 지혜야. 너는 봉사 활동으로 무엇을 하니?

여 나는 하나 동물 센터에서 불쌍한 강아지들을 돌보고 있어.

남 그곳에서 무엇을 하니?

여 나는 강아지들을 씻기고 밥을 먹여. 너도 봉사 활동을 하니?

남 응. 나는 병원에서 어르신들을 위해 노래를 불러.

해설 남자와 여자는 자신이 하는 봉사 활동에 대해 대화하고 있다.

어휘 volunteer work 봉사 활동 feed 먹이를 주다

❷ 주제 추론 – 무엇에 관한 내용 | ⑤

해석

여 James, 너 신나 보인다. 무슨 새로운 일 있니?

남 오늘 우리 반은 자전거 박물관에 방문할 거야.

여 멋지다. 거기서 무엇을 할 예정이니?

남 우리는 자전거의 역사에 대해서 배울 거야.

여 그 밖에 다른 것도 할 거니?

남 우리는 또한 특별한 자전거를 탈 거야. 그것은 재미있을 거야.

해설 남자와 여자는 자전거 박물관에 방문해서 할 일에 대해 대화하고 있다.

어휘 excited 신이 난, 들뜬 museum 박물관

❸ 주제 추론 – 무엇에 관한 설명 | ①

해석

남 선수들은 필드에 있는 각각의 구멍 안으로 공을 쳐서 넣으려고 시도합니다. 그 공은 작고 단단합니다. 선수들은 공을 치기 위해 긴 막대를 사용합니다. 게임을 하는 동안, 많은 사람들은 그것을 지켜보기 위해 서 있습니다. 작년에, 많은 한국 선수들이 대회에서 우승했습니다.

해설 필드에 있는 구멍 안으로 공을 치고, 공이 작고 딱딱하며, 공을 치기 위해 긴 막대를 사용하는 운동 종목이라는 점을 통해 답이 골프라는 것을 유추할 수 있다.

어휘 hit (공을) 치다 win a prize 상을 타다

핵심 유형 파고들기
p.76-77

1 ① 2 ③ 3 ⑤ 4 ⑤ 5 ④ 6 ⑤

7 ③ 8 ④

핵심 유형 받아쓰기
p.78-79

1 ❶all of the fruit ❷put them ❸mix it

2 ❶don't look well ❷go to bed ❸get a deep sleep

3 ❶is coming up ❷looking forward to seeing ❸very professional

4 ❶Did he get hurt ❷I heard ❸collect some money

5 ❶left it at home ❷read it ❸already asked

6 ❶your trip ❷is famous for ❸went to

7 ❶heard of it ❷watch it ❸favorite program

8 ❶be delayed ❷with the engine ❸leave at

1 주제 추론 – 무엇을 만드는 과정 | ①

해석

여 먼저, 사과와 딸기를 씻으세요. 바나나와 오렌지의 껍질을 벗기세요. 그다음, 모든 과일을 작은 조각들로 자르세요. 그리고 나서, 그것들을 사발에 넣으세요. 마지막으로, 약간의 요구르트를 첨가하고 그것을 과일과 섞으세요. 이제, 먹어 봅시다!

해설 작은 조각으로 자른 과일과 요구르트를 섞어 만든 음식으로 적절한 것은 과일 샐러드이다.

어휘 wash 씻다 fruit 과일 piece 조각 bowl 사발, 공기

2 주제 추론 – 무엇에 관한 내용 | ③

해석

남 건강이 좋아 보이지 않아. 무슨 문제가 있니?

여 모르겠어. 난 그냥 피곤해.

남 보통 언제 잠자리에 드니?

여 새벽 1시 쯤.

남 그건 너무 늦어. 깊은 잠을 자려면 저녁 10시 전에 잠자리에 들어야 해.

여 오, 그건 너무 일러.

해설 남자는 여자에게 몇 시에 자는지 물었고 새벽 1시에 잔다고 대답한 여자에게 저녁 10시 전에는 자야 한다고 이야기하고 있으므로 대화의 주제는 잠자리에 드는 시각이다.

어휘 usually 보통, 대개 go to bed 잠자리에 들다 deep 깊은 early 이른

3 주제 추론 – 무엇에 관한 내용 | ⑤

해석

여 학교 축제가 다가오고 있어. 정말 기대돼.

남 나도. 너는 학교 축제 중에 어떤 것이 가장 좋니?

여 나는 동아리의 공연들을 가장 좋아해. 너는?

남 나도. 댄스 공연을 보는 것이 기대돼.

여 학교 오케스트라의 콘서트도 훌륭할 거라고 생각해.

남 맞아. 그들은 정말 전문적이야.

해설 남자와 여자는 학교 축제 중 동아리 공연을 가장 좋아한다고 하며 가장 기대되는 동아리 공연에 대해 대화하고 있다.

어휘 most 가장 많이 performance 공연 club 동아리 look forward to -ing ~를 기대하다 orchestra 오케스트라, 관현악단 professional 전문적인

4 주제 추론 – 무엇에 관한 내용 | ⑤

해석

여 너는 Andy가 지금 입원 중인 거 아니?

남 아니. 그가 다쳤니?

여 그는 다리가 부러졌어.

남 오, 저런.

여 나는 그가 자신의 병원비를 낼 수 없다고 들었어. 그것들은 너무 비싸.

남 그러면 우리가 그를 위해 약간의 돈을 모으는 건 어때?

여 참 좋은 생각이다! 다른 몇몇 학생들도 아마 우리를 도와줄 거야.

남 나도 그렇게 생각해.

해설 남자와 여자는 병원비를 낼 수 없는 친구를 위해 병원비를 모금하는 것에 대해 대화하고 있다.

어휘 be in the hospital 입원 중이다 break one's leg(s) ~의 다리가 부러지다 pay (돈을) 지불하다 medical bill 의료비 expensive 비싼 collect 모으다 probably 아마

5 주제 추론 – 무엇에 관한 내용 | ④

해석

남 나는 도서관에서 책을 한 권 빌렸는데, 나는 그것을 찾을 수가 없어.

여 어쩌면 너는 그것을 집에 놓고 왔을 거야.

남 아니, 나는 오늘 그것을 점심 시간에 교실에서 읽었어.

여 너 과학실은 확인했어? 우리 거기서 수업이 있었잖아.

남 내가 이미 과학 선생님께 여쭤봤어.

해설 남자는 도서관에서 빌린 책을 찾고 있고, 여자는 남자가 책을 찾는 것을 도와주는 내용의 대화이다.

어휘 borrow 빌리다 leave 두다, 놓고 오다 during ~동안에

Focus on Sounds
동사는 형태가 다양하므로 다양한 동사의 변형을 소리로 기억해야 합니다. 그 예로 read의 현재형은 [리드]로 읽지만, 과거형인 read는 [레드]로 읽습니다.

6 주제 추론 – 무엇에 관한 내용 | ⑤

해석

남 핀란드로 간 네 여행은 어땠니?

여 좋았는데, 조금 더웠어.

남 더웠다고? 하지만 핀란드는 추운 날씨로 유명하잖아.

여 맞아. 그게 아주 이상했어.

남 내 부모님은 지난달에 태국에 갔었어. 그들은 그곳이 쌀쌀했다고 말했어.

여 정말? 나는 몇몇 나라들이 특이한 날씨를 겪고 있다는 게 걱정돼.

해설 여자는 추운 날씨로 유명한 핀란드가 더웠다고 말했고, 남자의 부모님이 더운 날씨로 유명한 태국이 쌀쌀했다고 한 것으로 보아 여자와 남자는 이상 기후 현상에 대해 대화하고 있다.

어휘 trip 여행 be famous for ~으로 유명하다 Thailand 태국 chilly 쌀쌀한 country 나라 experience 경험하다 unusual 특이한, 평범하지 않은

7 주제 추론 – 무엇에 관한 내용 | ③

해석

여 나는 「바닐라 스카이」를 시청하는 것이 정말 기대돼!

남 나는 그것에 대해 들어본 적이 없어. 그게 뭐야?

여 그것은 채널 2에서 하는 유명한 드라마야. 그것은 내가 가장 좋아하는 거야. 너도 그것을 보는 건 어때?

남 흠, 난 드라마 보는 것을 좋아하지 않아.

여 그럼 네가 가장 좋아하는 프로그램은 무엇이니?

남 나는 채널 5에서 하는 「오늘의 스포츠」를 보는 것을 즐겨.

해설 여자는 「바닐라 스카이」라는 드라마를 좋아하고, 남자는 「오늘의 스포츠」를 좋아한다며 좋아하는 TV 프로그램에 대해 대화하고 있다.

어휘 soap opera 드라마, 연속극

8 주제 추론 – 무엇에 관한 내용 | ④

해석

남 주목해 주세요, 승객 여러분. 오전 10시에 출발하는 부산행 기차가 지연될 것입니다. 그것은 10시에 출발하기로 예정되어 있었지만, 엔진에 문제가 있습니다. 그 문제를 고치기 위해서는 약 20분이 걸릴 것입니다. 그래서 기차는 10시 30분에 출발할 것입니다. 저희는 (출발) 지연에 대해 사과드립니다.

해설 오전 10시에 출발하는 기차의 엔진에 문제가 생겨 열차가 10시 30분에 출발할 것을 공지하고 있으므로 이 담화의 주제는 기차 출발 지연 안내이다.

어휘 passenger 승객 depart 출발하다, 떠나다(= leave) delay 연기하다, 미루다; 지체 be scheduled to ~할 예정이다 fix 고치다 apologize for ~에 대해 사과하다

Focus on Sounds
about 20 minutes에서 about과 같이 a-로 시작하는 단어들은 첫 번째 모음인 a가 강세를 받지 않기 때문에 [어] 소리가 빠르게 발음되면서 잘 들리지 않습니다.

유형 10 도표 정보

유형잡는 대표기출 ········· p.80-81

① 도표 정보 – 금액 | ①
해석
남 무엇을 드시겠습니까?
여 저는 스테이크와 토마토 샐러드 하나를 먹을게요.
남 또 다른 것은요?
여 후식은 애플파이로 하겠습니다.
남 알겠습니다. 곧 돌아올게요.

메뉴					
음식		샐러드		후식	
스테이크	15달러	토마토 샐러드 오렌지 샐러드	6달러 5달러	아이스크림 애플파이	4달러 3달러
스파게티	10달러				

해설 여자는 스테이크($15), 토마토 샐러드($6), 애플파이($3)를 주문하였으므로 총 24달러를 지불해야 한다.
어휘 What would you ~? 무엇을 ~하시겠습니까? dessert 후식 right 즉시, 곧바로

② 도표 정보 – 일치하지 않는 것 | ③
해석
여 저는 우리 반 친구들에게 그들의 취미에 대해서 물어보았습니다. 겨우 네 명의 학생만이 그림 그리기에 관심이 있습니다. 여덟 명의 학생들은 책을 읽는 것을 좋아하고 여덟 명의 학생들은 음악 듣는 것을 즐깁니다. 열 명의 학생들은 컴퓨터 게임을 하는 것을 좋아하고 같은 숫자의 학생들은 그들의 자유 시간에 운동하는 것을 좋아합니다.

해설 음악을 듣는 것을 즐겨 하는 친구들은 6명이 아니라 8명이다.
어휘 be interested in ~에 관심[흥미]이 있다 listening to music 음악 감상 exercise 운동 free time 자유 시간

③ 도표 정보 – 날짜 | ③
해석
여 체육 대회 날이 다가오네. 너는 그것이 며칠인지 아니?
남 달력을 보자. 그것은 4월의 두 번째 금요일이야.
여 두 번째 금요일? 오, 알겠어. 나 정말 기대돼.
해설 남자의 첫 번째 말에서 체육 대회는 4월의 두 번째 금요일이라는 것을 알 수 있다. 달력을 보면 4월의 두 번째 금요일은 4월 13일이라는 것을 알 수 있다.
어휘 sports day (학교의) 체육 대회 calendar 달력

핵심 유형 파고들기 ········· p.82-83

1 ③　　2 ⑤　　3 ④　　4 ④　　5 ⑤　　6 ③

핵심 유형 받아쓰기 ········· p.84-85

1 ❶I'm not sure ❷want to eat ❸We will have
2 ❶there will be ❷it's this coming ❸not this week
3 ❶night walking tour ❷for an hour ❸give you a ride
4 ❶a garage sale ❷get good stuff ❸it will take place
5 ❶the most popular ❷the Chinese class ❸the computer programming class
6 ❶why don't we ❷want to try ❸before it starts

1 도표 정보 – 요일 | ③
해석
남 이봐, Kate. 너는 오늘 점심 메뉴를 아니?
여 나는 그것이 밥과 김치찌개라고 생각하는데, 확실하지 않아.
남 오, 안 돼! 난 특별하고 맛있는 것을 먹고 싶어!
여 속상해하지 마. 우리는 내일 피자와 스파게티를 먹을 거야.
남 정말이야? 그건 내가 제일 좋아하는 거야. 나 정말 기대된다!

해설 여자의 두 번째 말에서 내일 점심 메뉴는 피자와 스파게티라는 것을 알 수 있는데, 목요일에 피자와 스파게티가 나오므로 오늘은 수요일이다.

어휘 rice 밥 special 특별한 upset 화가 난, 속상한

2 도표 정보 – 날짜 | ⑤

해석

여 너는 Isabella를 위한 생일 파티가 있을 거라는 것을 아니?

남 나는 그것이 다가오는 목요일이라고 들었어.

여 어디 보자. 오늘은 9월 18일이야. 그러니까 그건 21일이니?

남 오, 미안. 이번 주가 아니라 다음 주 목요일이야.

여 그래, 알았어.

해설 여자의 두 번째 말에서 이번 주 목요일이 21일이라는 것을 알 수 있다. 다음 주 목요일이 생일 파티가 열릴 날짜이므로 9월 28일이 답이다.

어휘 coming (시기적으로) 다가오는 I got it. 알았어.

Focus on Sounds

got it과 같이 자음으로 끝나는 단어와 모음으로 시작하는 단어가 만나면, 하나의 소리처럼 연결되어 [가릳]과 같이 발음이 됩니다.

---

3 도표 정보 – 일치하지 않는 것 | ④

해석

여 아빠, Moore Woods 야간 걷기 투어가 있어요. Lucy와 저는 그 투어에 가고 싶어요.

남 그것은 언제니?

여 매일 밤 1시간 동안. 그것은 3개월간 해요.

남 그 여행에서 어떤 활동을 할 수 있니?

여 야행성 동물을 관찰할 수 있어요. 그것은 무료예요.

남 미안하지만, 애야. 아빠는 너무 바빠서 참가할 수 없어. 하지만 그곳까지 차를 태워 줄 수는 있어.

여 오, 아빠. 이 포스터를 보세요. 아이들은 그 투어에 부모님과 함께 가야 한대요.

Moore Woods에서의 야간 걷기 투어
① 언제: 6월 1일 ~ 8월 31일
② 투어 시간: 저녁 8시 ~ 저녁 9시, 매일
③ 투어 활동: 야행성 동물 관찰
④ 요금: $10
⑤ 어린이들은 부모님과 함께 와야 합니다.

해설 여자의 세 번째 말에서 참가비가 무료라고 했으므로 ④가 일치하지 않는다.

어휘 walking 걷기 offer 제공하다 night animals 야행성 동물 free 무료의 give ~ a ride to ... ~를 …에 태워 주다

4 도표 정보 – 일치하지 않는 것 | ④

해석

남 너 그거 아니? Dan의 집에서 중고 물품 판매가 있을 거래.

여 중고 물품 판매? 그게 뭐니?

남 너는 좋은 물건들을 아주 싼 가격에 얻을 수 있어.

여 흥미롭게 들리는데. 그게 언제야?

남 그건 10월 1일부터 2일까지야. 그리고 오후 1시부터 3시까지 열릴 거래.

여 좋다. 우리 함께 가자.

① 중고 물품 판매
② 오세요! 좋은 물건을 구하세요!
③ 어디서: Dan의 집
④ 날짜: 10월 1일 ~ 3일
⑤ 시간: 오후 1시 ~ 오후 3시

해설 남자의 세 번째 말에서 중고 물품 판매 기간은 10월 1일부터 2일까지라는 것을 알 수 있다.

어휘 garage sale (주로 차고에서 하는) 중고 물품 판매 stuff 물건 price 가격 from A to B A에서 B까지 take place 개최되다(일어나다)

5 도표 정보 – 일치하지 않는 것 | ⑤

해석

① 여 요리 수업은 다섯 개의 방과 후 활동 중에서 가장 인기가 많다.

② 여 영화 만들기 수업은 중국어 수업보다 더 인기가 많다.

③ 여 컴퓨터 프로그래밍 수업은 중국어 수업만큼 인기가 많다.

④ 여 세 명의 학생이 바이올린 수업을 듣고 싶어 한다.

⑤ 여 바이올린 수업은 컴퓨터 프로그래밍 수업보다 더 인기가 많다.

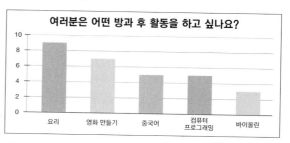

해설 컴퓨터 프로그래밍 수업을 듣고 싶어 하는 학생이 5명, 바이올린 수업을 듣고 싶어 하는 학생이 3명이므로 컴퓨터 프로그래밍 수업이 바이올린 수업보다 더 인기가 많다.

어휘 after-school activity 방과 후 활동 movie making 영화 만들기 popular 인기 있는

6 도표 정보 - 날짜와 시각 | ③

해석

여 Sam, 너 세계 영화 축제에 대한 이 포스터를 봤니?

남 응, 우리 영화를 보러 그곳에 함께 가지 않을래? 그것은 재미있을 거야.

여 좋아! 너는 어떤 종류의 영화를 보고 싶니?

남 난 이미 많은 한국 영화를 봤어. 그래서 나는 이번에 프랑스 영화를 한번 보고 싶어.

여 그래. 영화가 시작하기 10분 전에 만나자.

세계 영화 축제

	8월 3일	8월 4일
오전 9시 ~ 오후 12시	한국 영화	미국 영화
오후 12시 ~ 오후 3시	프랑스 영화	일본 영화
오후 3시 ~ 오후 6시	인도 영화	한국 영화

해설 남자와 여자는 프랑스 영화를 보기로 하였고, 프랑스 영화는 8월 3일 12시에 시작한다. 그들은 영화 시작하기 10분 전에 만나기로 했으므로 ③이 답으로 적절하다.

① 8월 3일, 오전 8시 50분　② 8월 4일, 오전 9시
③ 8월 3일, 오전 11시 50분　④ 8월 3일, 오후 12시
⑤ 8월 4일, 오후 3시

어휘 poster 포스터 film 영화; 필름 festival 축제 go to see a movie 영화 보러 가다 fun 재미있는 already 이미 try 한번 시도해 보다

Focus on Sounds
want to는 want의 -t와 to의 t-가 중복되므로 두 개의 t를 모두 발음하지 않고, t 소리를 한 번만 발음해 [원투]처럼 들립니다.

유형 **11** 어색한 대화 고르기

유형잡는 대표기출 ------- p.86-87

1 어색한 대화 고르기 | ③

해석

① 남 너 빨간색 펜 있니?
　여 아니, 나는 그것을 갖고 있지 않아.

② 남 네가 가장 좋아하는 휴일은 무엇이니?
　여 나는 크리스마스를 제일 좋아해.

③ 남 너는 얼마나 자주 컴퓨터 게임을 하니?
　여 응, 그것은 거실에 있어.

④ 남 너는 내 안경에 대해서 어떻게 생각해?
　여 나는 그것이 멋져 보인다고 생각해.

⑤ 남 식사 맛있게 했니?
　여 응, 맛있었어.

해설 ③의 How often ~?은 빈도를 물어볼 때 사용하는 표현이다. 이에 대해 I play computer games 3 times a week.(나는 컴퓨터 게임을 일주일에 3번씩 해.) 등 횟수로 대답하는 것이 적절하다.

어휘 favorite 가장 좋아하는 play computer game 컴퓨터 게임을 하다

2 어색한 대화 고르기 | ①

해석

① 여 너는 보통 몇 시에 일어나니?
　남 지난주 토요일이었어.

② 여 이 모자는 얼마입니까?
　남 15달러입니다.

③ 여 네가 가장 좋아하는 운동은 무엇이니?
　남 나는 축구를 가장 좋아해.

④ 여 우리 동아리에 들어오는 것이 어때?
　남 좋은 생각이야.

⑤ 여 무슨 일 있어? 얼굴이 안 좋아 보여.
　남 나는 두통이 있어.

해설 ①의 What time ~?은 시간을 물어볼 때 사용하는 표현이다. 이에 대해 I usually get up at around 7 in the morning.(나는 보통 아침 7시쯤에 일어나.) 등으로 대답하는 것이 적절하다.

어휘 join 가입하다 headache 두통

3 어색한 대화 고르기 | ②

해석

① 여 나를 도와줘서 고마워.
　남 도움이 되어서 기뻐.

② 여 오래만이야.
　남 나 시간이 없어.

③ 여 배고프지 않니?
　남 전혀. 나는 배불러.

④ 여 나 몸이 안 좋아.
　남 무슨 일이니?

⑤ 여 네 취미는 무엇이니?
　남 내 취미는 수영이야.

해설 ②의 Long time no see.는 오랜만에 만난 사람에게 사용하는 표현이다. 이에 대해 How have you been?(어떻게 지냈어?), How are you doing?(어떻게 지내니?) 등으로 대답하는 것이 적절하다.

어휘 pleasure 기쁨, 즐거움 full 배부르게 먹은 hobby 취미

핵심 유형 파고들기

p.88-89

1 ③	2 ①	3 ④	4 ③	5 ④	6 ②
7 ④	8 ⑤				

핵심 유형 받아쓰기

p.90-91

1 ❶I like baseball ❷I'm full ❸in the future

2 ❶always get up ❷There is one ❸your mother do

3 ❶took a trip ❷jump rope ❸Reading books

4 ❶I'm afraid I can't ❷the weather forecast ❸It's so hard

5 ❶shall we meet ❷Would you like to

6 ❶How far is it ❷What do you think of ❸help me with

7 ❶visit my grandparents ❷taking a warm bath ❸be a vet

8 ❶Would you like ❷may go to ❸take some water

---

1 **어색한 대화 고르기** | ③

해석

① 남 네가 가장 좋아하는 스포츠는 뭐니?

　여 난 야구를 제일 좋아해.

② 남 너 쿠키 더 먹을래?

　여 고맙지만 괜찮아. 난 배불러.

③ 남 그녀는 어떻게 생겼니?

　여 그녀는 긴 곱슬머리를 좋아하지 않아.

④ 남 넌 장래에 무엇이 되고 싶어?

　여 나는 컴퓨터 프로그래머가 되고 싶어.

⑤ 남 내가 네 옆자리에 앉아도 될까?

　여 그럼. 어서 앉아.

해설 ③의 What does she look like?는 인물의 외모를 물어볼 때 사용하는 표현이다. 이에 대해 She is tall and thin.(그녀는 키가 크고 말랐다.)/She wears glasses.(그녀는 안경을 쓴다.) 등으로 대답하는 것이 적절하다.

어휘 full 배부른 curly 곱슬곱슬한 take a seat 자리에 앉다

---

2 **어색한 대화 고르기** | ①

해석

① 남 잘 지내?

　여 난 항상 7시 30분에 일어나.

② 남 이 근처에 우체국이 있나요?

　여 네. 약국 옆에 하나 있어요.

③ 남 그 버스는 언제 도착하나요?

　여 그 버스는 15분 간격으로 와요.

④ 남 네 어머니는 무슨 일을 하시니?

　여 그녀는 경찰관이야.

⑤ 남 나 시험이 걱정돼.

　여 걱정하지 마. 그저 최선을 다해.

해설 ①의 What's up?은 상대방의 안부를 물어볼 때 사용하는 표현이다. 이에 대해 Great.(좋아.)/Nothing special.(특별한 건 없어.) 등으로 대답하는 것이 적절하다.

어휘 drugstore 약국 every 15 minutes 15분마다 try one's best 최선을 다하다

> **Focus on Sounds**
> get up과 같이 자음으로 끝나는 단어와 모음으로 시작하는 단어가 만나면, 하나의 소리처럼 연결되어 [게럽]과 같이 발음이 됩니다.

---

3 **어색한 대화 고르기** | ④

해석

① 남 여름 방학 기간 동안에 무엇을 했니?

　여 가족과 함께 부산으로 여행을 갔어.

② 남 한라산이 에베레스트산보다 더 높니?

　여 아니, 에베레스트산이 한라산보다 더 높아.

③ 남 너 그거 아니? 나는 1시간 동안 줄넘기를 할 수 있어.

　여 와, 놀랍다.

④ 남 그 책에 대해서 어떻게 생각하니?

　여 네 의견에 동의해. 책을 읽는 것은 언제나 재밌어.

⑤ 남 네가 교실에서 Tom을 보았을 때 무엇을 하고 있었니?

　여 그는 숙제를 하고 있었어. 그는 바빠 보였어.

해설 ④의 What do you think of ~?은 상대방의 의견을 물어볼 때 사용하는 표현이다. 이에 대해 자신의 의견을 나타내는 It was great.(좋았어.)/I like the writer.(나는 그 작가를 좋아해.) 등으로 대답하는 것이 적절하다.

어휘 jump rope 줄넘기를 하다 surprising 놀라운 agree with ~와 동의하다 seem ~해 보이다

> **Focus on Sounds**
> this Sunday처럼 this의 -s와 Sunday의 s-가 중복될 때는 앞 자음은 탈락하여 거의 소리가 나지 않고, 뒤에 오는 단어의 첫 자음만 소리가 난다.

---

4 **어색한 대화 고르기** | ③

해석

① 남 너 나랑 점심 같이 먹지 않을래?

　여 유감이지만 그럴 수 없어. 아마 다음번에.

② **남** 너희 학교 현장 학습이 언제니?

　여 5월 12일이야. 나 정말 기대돼!

③ **남** 당신은 실내에서 신발을 벗어야 합니다.

　여 네, 그래 주세요.

④ **남** 너 내일 일기예보 들었어?

　여 응. 구름이 끼고 쌀쌀할 거래.

⑤ **남** 수학은 매우 어려워.

　여 나도 그렇게 생각해. 그것은 굉장히 어려워.

해설 ③의 You should ~는 의무를 나타내는 표현이다. 이에 대해 Yes, I will.(네, 그럴게요.) 등으로 대답하는 것이 적절하다.

어휘 some other time 언젠가 field trip 현장 학습 take off ~을 벗다 indoors 실내에서 chilly 쌀쌀한 hard 어려운

---

5 **어색한 대화 고르기** | ④

해석

① **남** 너 무슨 일이야?

　여 나 치통이 있어.

② **남** Jane과 통화할 수 있을까요?

　여 나야.

③ **남** 우리 몇 시에 만날까?

　여 2시 어때?

④ **남** 가장 가까운 지하철역이 어디예요?

　여 네, 그건 매우 가까워요.

⑤ **남** 우리 집에 와 줄래?

　여 좋아. 몇 시에?

해설 ④의 Where is ~?은 장소를 물어볼 때 사용하는 표현이다. 이에 대해 It's across from(next to/between) ~ 등 위치를 안내하는 표현을 사용해 대답하는 것이 적절하다.

어휘 toothache 치통 close 가까운 place (개인의) 집; 장소

---

6 **어색한 대화 고르기** | ②

해석

① **남** 여기서 공원까지 얼마나 멀어요?

　여 그것은 대략 세 블록 정도 떨어져 있어요.

② **남** 너는 그 영화에 대해서 어떻게 생각하니?

　여 난 액션 영화들을 가장 좋아해.

③ **남** 너 왜 늦었니?

　여 내 알람시계가 고장 났기 때문이야.

④ **남** 너는 내 수학 숙제를 도와줄 수 있니?

　여 미안해. 나는 지금 바빠.

⑤ **남** 도와줘서 고마워.

　여 내가 좋아서 한 일이야.

해설 ②의 What do you think of the movie?는 영화에 대한 상대방의 의견을 물어볼 때 사용하는 표현이다. 이에 대해 It

---

was boring.(그건 지루했어.)/I liked the storyline.(나는 줄거리가 좋았어.) 등으로 대답하는 것이 적절하다.

어휘 away (거리상으로) 떨어져 alarm clock 알람시계 break 고장 나다

---

7 **어색한 대화 고르기** | ④

해석

① **남** 이번 주말에 무엇을 할 거니?

　여 나는 조부모님을 찾아뵐 거야.

② **남** 너는 축구나 농구 중 무엇을 더 좋아하니?

　여 나는 농구를 더 좋아해.

③ **남** 밤에 잠을 잘 못 자. 어떻게 해야 할까?

　여 밤에 따뜻한 목욕을 하는 것이 어때?

④ **남** 우리 팀이 또 경기에서 졌어.

　여 잘됐다. 축하해.

⑤ **남** 너는 장래에 무엇이 되고 싶니?

　여 수의사가 되고 싶어. 난 동물을 좋아해.

해설 ④의 Our team lost the game again.은 게임 패배의 아쉬움을 나타내는 표현이다. 이에 대해 I'm sorry to hear that.(그렇게 되어서 유감이다.) 등으로 대답하는 것이 적절하다.

어휘 take a bath 목욕을 하다 lose (경기에) 지다 vet 수의사

---

8 **어색한 대화 고르기** | ⑤

해석

① **남** 나는 조깅하러 가. 너도 나랑 같이 할래?

　여 아니, 나는 피곤해. 나는 집에서 낮잠 잘래.

② **남** 후식으로 무엇을 드시겠어요?

　여 메뉴 좀 보죠. 저는 아이스크림으로 주세요.

③ **남** 저기, 너 이번 주 일요일에 뭐할 거야?

　여 나는 몇 권의 책을 반납하러 도서관에 갈 거야.

④ **남** 나 내일 등산 갈 생각이야.

　여 그럼 약간의 물을 챙기는 것을 잊지 마.

⑤ **남** 나 웅변대회에서 1등 상을 탔어.

　여 그 말을 들으니 유감이구나.

해설 ⑤의 I won first prize in the speaking contest.는 웅변대회 우승을 알리는 표현이다. 이에 대해 I am glad to hear that.(그 말을 들으니 나도 기쁘다.)/Good for you!(잘됐다!) 등으로 대답하는 것이 적절하다.

어휘 tired 피곤한 take a nap 낮잠을 자다 win first prize 1등 상을 타다

유형 12 마지막 말에 적절하게 응답하기

유형잡는 대표기출 --- p.92-93

1 마지막 말에 적절하게 응답하기 – 이어질 남자의 응답 | ⑤

남 어이, Sandy. 너 걱정이 있어 보여. 무슨 일이야?

여 안녕, Ted. 너 Mike에 대해서 들었니?

남 Mike? 그에 대한 어떤 것?

여 그는 지금 병원에 있어.

남 병원에? 무슨 일이야?

여 그가 오늘 아침 농구를 했을 때 다리가 부러졌어.

남 오, 안됐다.

해설 여자가 남자에게 Mike가 농구를 하면서 다리가 부러졌다는 소식을 전하고 있는 상황이므로 유감을 표현하는 대답인 ⑤가 답으로 적절하다.

① 이것은 얼마인가요?

② 내가 너를 도와줄게.

③ 여기서 드시겠어요? 아니면 가져가시겠어요?

④ 나도 그러고 싶지만, 그럴 수 없어.

어휘 What's up? 무슨 일이야? be in the hospital 병원에 입원하다 break one's leg 다리가 부러지다 play basketball 농구를 하다

2 마지막 말에 적절하게 응답하기 – 이어질 남자의 응답 | ③

남 Nina. 오늘 학교 벼룩시장에서 무엇을 샀니?

여 응. 나는 이 배드민턴 라켓을 샀어.

남 와우! 이거 거의 새 거네. 이거 얼마였어?

여 매우 저렴했어, 겨우 1,000원이었어.

남 정말 멋진데!

여 나도 알아! 너는 무엇을 샀니?

남 음, 나는 좋은 물건을 찾을 수 없었어.

해설 벼룩시장에서 무엇을 구입했는지 물어보는 상황이므로 좋은 물건을 찾을 수 없었다는 대답인 ③이 답으로 적절하다.

① 좋은 생각이야.

② 그녀 또한 테니스를 잘해.

④ 그 배드민턴 게임은 흥미진진했어.

⑤ 맞아. 나는 그를 슈퍼마켓에서 봤어.

어휘 flea market 벼룩시장 cheap 싼, 값싼

3 마지막 말에 적절하게 응답하기 – 이어질 여자의 응답 | ⑤

[전화벨이 울린다.]

남 안녕하세요, Gold Dragon 식당입니다. 어떻게 도와 드릴까요?

여 우리는 오늘 저녁에 거기서 식사를 하고 싶습니다.

남 좋습니다. 몇 명의 사람이 오시나요?

여 세 명이요. 우리를 위한 자리가 있습니까?

남 당연하죠. 언제 오시나요?

여 우리는 거기에 6시 30분까지 갈 수 있습니다.

해설 식당에 언제 오는지 물어보는 상황이므로 6시 30분까지 갈 수 있다고 대답하는 ⑤가 답으로 적절하다.

① 그 음식은 매우 맛있었어. 고마워.

② 미안해. 나는 너와 저녁을 먹을 수 없어.

③ 왜 이래. 너는 일찍 와야 해.

④ 저는 중국 음식을 매우 좋아합니다.

어휘 have dinner 저녁 식사를 하다

핵심 유형 파고들기
p.94-95

1 ③　2 ⑤　3 ⑤　4 ④　5 ①　6 ③
7 ②　8 ③

핵심 유형 받아쓰기
p.96-97

1 ❶What's up ❷have a pet dog ❸gave birth to

2 ❶it was hard ❷a math genius ❸solving difficult problems

3 ❶speak to ❷he's out for lunch

4 ❶check your backpack ❷Let me call ❸send a message

5 ❶Here it is ❷For a week ❸be staying

6 ❶What a nice flute ❷learned it ❸play it

7 ❶take out my mug ❷use your own mug

8 ❶needed to help ❷asked me ❸walked him there

1 마지막 말에 적절하게 응답하기 – 이어질 남자의 응답 | ③
해석

남 무슨 일이야? 너 아주 신나 보여.

여 응, 나는 정말 행복해. 내게 좋은 소식이 있어.

남 그게 뭔데?

여 너는 내가 애완견을 키우고 있다는 것을 알아, 그렇지? 그녀가 방금 강아지 다섯 마리를 낳았어.

남 잘됐다!

해설 여자의 애완견이 강아지 다섯 마리를 출산한 상황이므로 이를 축하하는 대답인 ③이 답으로 적절하다.

① 힘내.　② 조심해!

④ 유감스럽지만 난 할 수 없어.　⑤ 그 말을 들으니 유감이야.

어휘 excited 흥분된, 신나는 pet 애완동물 just 방금 give birth to ~을 낳다(출산하다) puppy 강아지

정답과 해설 **29**

2 마지막 말에 적절하게 응답하기 – 이어질 여자의 응답 | ⑤

해석

남 Lisa야, 이 수학 문제 풀었니?

여 응, 하지만 그것은 어려웠어.

남 너는 수학 천재로구나. 수학 공부를 어떻게 하니?

여 나는 단지 어려운 문제를 푸는 것을 즐겨.

남 문제 푸는 것을 즐긴다고? 이해가 안 되는 걸.

여 음, 나는 내가 답을 얻었을 때 행복해.

해설 남자는 수학 문제 푸는 것을 좋아하는 여자를 이해하지 못한다고 하는 상황이므로 그 이유를 설명하는 대답인 ⑤가 답으로 적절하다.

① 나는 수학을 좋아하지 않아.

② 이것은 어려운 문제야.

③ 아니, 나는 수학 선생님이 되고 싶어.

④ 제발 내가 이 문제 푸는 것을 도와줘.

어휘 solve (문제를) 풀다 math 수학 genius 천재 answer 해답, 답

3 마지막 말에 적절하게 응답하기 – 이어질 여자의 응답 | ⑤

해석

[전화벨이 울린다.]

남 여보세요.

여 여보세요. Eric과 통화할 수 있을까요?

남 죄송합니다만, 그는 점심 식사를 위해 외출했습니다. 전화하시는 분은 누구시죠?

여 저는 Emily예요. 제가 그에게 메시지를 남길 수 있을까요?

남 물론이죠. 말씀하세요.

여 제가 전화했다고 그에게 전해 주세요.

해설 여자가 부재중인 남자에게 남길 메시지를 묻는 상황이므로 자신이 전화했다는 것을 전해 달라는 대답인 ⑤가 답으로 적절하다.

① 기다려 주세요.

② 저는 그가 집에 없다고 생각해요.

③ 전화하시는 분이 누구신지 여쭈어봐도 될까요?

④ 전화 잘못 거셨어요.

어휘 be out 외출 중인 leave a message 메시지를 남기다 Go ahead. 어서 하세요(말씀하세요).

4 마지막 말에 적절하게 응답하기 – 이어질 남자의 응답 | ④

해석

남 내 휴대전화를 어디에서도 찾을 수 없어.

여 네 배낭을 체크해 봤니?

남 응, 하지만 그곳에 없었어.

여 내가 네 번호로 전화를 해 볼게. *[잠시 후]* 신호는 가는데 아무도 안 받아.

남 내 휴대전화로 메시지를 보내 줄 수 있니?

여 응, 하지만 네 휴대전화가 잠겨 있지 않니?

남 아니, 나는 비밀번호를 설정하지 않았어.

해설 여자가 남자에게 휴대전화가 잠겨 있지 않은 물어본 상황이므로 비밀번호를 설정하지 않았다는 대답인 ④가 답으로 적절하다.

① 그건 가장 최신 모델이야.

② 너는 내 휴대전화를 사용해도 돼.

③ 누군가가 그것을 찾아 줬어.

⑤ 그래, 나는 그것으로 시간을 너무 많이 보내.

어휘 anywhere 어디에서도 backpack 배낭 ring 벨이 울리다 locked 잠겨 있는 set up 설정하다 password 비밀번호

> **Focus on Sounds**
> Could you에서 '-d'와 'you'가 만나면 (쥬)로 발음되어 Could you를 (쿠쥬)와 같이 발음합니다.

5 마지막 말에 적절하게 응답하기 – 이어질 여자의 응답 | ①

해석

남 제가 당신의 여권을 봐도 될까요?

여 네. 여기 있습니다.

남 당신은 미국에서 얼마나 오래 머무르실 겁니까?

여 일주일 동안이요.

남 당신은 어디에 머무르실 예정입니까?

여 저는 제 이모의 집에서 머무를 거예요.

해설 남자가 여자에게 미국에서 지낼 장소를 물어본 상황이므로 이모의 집에서 머무를 것이라는 대답인 ①이 답으로 적절하다.

② 저는 출장 중이에요.

③ 그 비행은 훌륭했어요.

④ 그 호텔은 제 집 근처에 있습니다.

⑤ 저는 많은 장소들을 방문하고 싶습니다.

어휘 passport 여권 stay 머무르다 the United States 미국

6 마지막 말에 적절하게 응답하기 – 이어질 여자의 응답 | ③

해석

여 와! 정말 좋은 플루트구나!

남 고마워. 우리 엄마가 나에게 크리스마스 선물로 그것을 주셨어.

여 너 플루트를 연주할 수 있니?

남 응, 나는 나의 삼촌에게 그것을 배웠어.

여 난 그건 몰랐네. 멋지다!

남 너는 어때? 너는 그것을 연주할 수 있니?

여 아니. 네가 나에게 가르쳐 줄래?

해설 남자가 여자에게 플루트를 연주할 수 있는지 물어본 상황이므로 여자가 아니라고 대답한 후, 플루트를 자신에게 가르쳐 줄 수 있는지 물어보는 ③이 답으로 적절하다.

① 응. 여기 있어.
② 그것참 안됐다.
④ 나는 클래식 음악 듣는 것을 좋아해.
⑤ 응, 난 기타 연주를 잘해.
어휘 flute 플루트 as ~로서 play (악기를) 연주하다 learn 배우다 uncle 삼촌

7 마지막 말에 적절하게 응답하기 - 이어질 여자의 응답 | ②
해석
남 Lucy야, 커피를 좀 마실래?
여 응, 고마워. 잠깐만. 내 머그잔을 좀 꺼낼게.
남 오, 너는 머그잔을 가지고 다니니?
여 응, 나는 종이컵이나 플라스틱 컵을 사용하지 않아.
남 커피숍에서도 네 머그잔을 사용하니?
여 응. 나는 항상 머그잔을 갖고 다녀.
해설 남자가 여자에게 커피숍에서도 여자의 머그잔을 사용하는지 물어본 상황이므로 항상 머그잔을 가지고 다닌다는 대답인 ②가 답으로 적절하다.
① 고맙지만, 나는 배불러.
③ 나는 커피 마시는 것을 즐기지 않아.
④ 나는 커피가 한국에서 비싸다고 생각해.
⑤ 플라스틱 컵을 사용하는 것은 환경에 나빠.
어휘 moment 잠깐, 순간 take out 꺼내다 mug 머그잔 carry 가지고 다니다

8 마지막 말에 적절하게 응답하기 - 이어질 남자의 응답 | ③
해석
남 Rosa, 나는 네가 오늘 늦었다고 들었어. 무슨 일이니?
여 나는 어떤 분을 도와드려야 했어.
남 무슨 말이야?
여 한 노신사분이 나에게 역까지 가는 길을 물어보셨어.
남 지하철역 말하는 거야?
여 응, 그래서 나는 그를 그곳까지 바래다드렸어.
남 너는 정말 친절하구나!
해설 여자가 노신사를 도와주려 지각했다는 것을 남자가 안 상황이므로 여자를 친절하다고 칭찬하는 대답인 ③이 답으로 적절하다.
① 축하해!
② 흥미롭게 들린다.
④ 나는 너를 다시 봐서 기뻐.
⑤ 천만에.
어휘 someone 누군가 mean 의미하다 gentleman 신사 way 길 station 역 walk (걸어서) 바래다주다

Focus on Sounds
동사는 형태가 다양하므로 다양한 동사의 변형을 소리로 알아 두어야 합니다. 그 예로 ask의 현재형은 [에스크]로 발음을 하지만, 과거형인 asked는 [에슥트]로 발음을 합니다.

PART 2 실전에 대비하라

01회 실전 모의고사 p.102-103

01 ②	02 ②	03 ③	04 ①	05 ②	06 ④
07 ①	08 ①	09 ③	10 ①	11 ③	12 ④
13 ①	14 ④	15 ⑤	16 ③	17 ②	18 ③
19 ⑤	20 ②				

01회 Dictation Test p.104-109

01 ❶this scarf ❷the circles on it ❸Let's take it
02 ❶it is cloudy ❷wind will get stronger ❸it'll rain
03 ❶walking in the sun ❷you should wear this ❸be protected
04 ❶played computer games ❷I think I should ❸to the living room
05 ❶It was made ❷captured the beauty ❸I only stayed there
06 ❶should write ❷will it end ❸see you then
07 ❶her acting ❷looked like ❸a good actress
08 ❶will win ❷I hope so ❸a great game
09 ❶I'm going to visit ❷at a mountain ❸set it up
10 ❶mid-term exams start ❷for four days ❸The tests last
11 ❶the subway or bus ❷is closer ❸a bus stop ❹take the bus
12 ❶why didn't you ❷called you ❸I was so worried
13 ❶for the first time ❷have any plans ❸have a concert
14 ❶around here ❷where it is ❸on your left
15 ❶do me a favor ❷I'll be late ❸make sandwiches with them
16 ❶need it ❷forget things ❸usually take notes
17 ❶Lost and found ❷lost a cap ❸only one pink rabbit
18 ❶I wanted ❷take sick people ❸What's your job

01 그림 정보 – 스카프 | ②

해석

남 너는 어버이날 엄마에게 드릴 (선물로) 이 스카프에 대해서 어떻게 생각해?

여 그것은 나쁘지 않은데, 그것 위에 있는 동그라미들이 너무 커.

남 알겠어. 그러면 이것은 어때? 동그라미들이 작고 귀여워.

여 좋아. 엄마께서 그것을 좋아하실 거야. 그것을 사자.

해설 남자와 여자는 작은 동그라미들이 있는 스카프를 구입하기로 했으므로 ②가 답으로 적절하다.

어휘 Parents' Day 어버이날 circle 원, 동그라미

02 그림 정보 – 날씨 | ②

해석

여 오늘과 내일의 일기예보입니다. 오늘 아침에는, 구름이 끼며, 오후에는 바람이 불게 될 것입니다. 바람은 밤 동안 더욱 강해질 것입니다. 내일은, 온종일 비가 오겠습니다.

해설 일기예보에서 내일은 온종일 비가 온다고 했다.

어휘 during ~동안에 all day long 하루 종일

03 그림 정보 – this가 가리키는 것 | ③

해석

여 당신은 태양 아래서 걷는 것을 좋아하십니까? 당신은 일광욕하는 것을 즐기시나요? 만약 당신이 그렇다면, 당신은 이것을 발라야 합니다. 많은 햇빛은 당신의 피부에 매우 나쁩니다. 만약 당신이 이것을 바른다면, 당신의 피부는 괜찮을 것입니다. 이것은 태양을 차단하고, 당신의 피부는 보호될 것입니다. 이것은 무엇입니까?

해설 햇볕을 차단하고, 피부를 보호해 주면서 피부에 바르는 것은 자외선 차단제이다.

어휘 enjoy 즐기다 sunbathe 일광욕하다 sunlight 햇빛 skin 피부 block out ~을 막다, 차단하다 protect 보호하다

04 의도·목적 – 의도 | ①

해석

남 네 눈이 빨개. 무슨 일이니?

여 컴퓨터 게임을 너무 오래 한 것 같아.

남 게임을 얼마나 오래 했니?

여 여섯 시간 이상. 나 컴퓨터 게임을 그만 해야 할 것 같아.

남 네 PC를 거실로 옮기는 게 어떠니?

해설 컴퓨터 게임을 많이 해서 게임을 끊어야 할지 고민하는 여자에게 컴퓨터를 거실로 옮기라고 말하고 있으므로 남자의 마지막 말의 의도는 조언이다.

어휘 red (눈이) 빨간, 충혈된 more than ~보다 많이 move 옮기다 living room 거실

05 세부 정보 II – 언급하지 않은 것 | ②

해석

여 오늘 나는 K 갤러리에 갔다. 그것은 제주도의 삼달리라고 불리는 작은 마을에 있다. 그것은 김영갑이라는 사진작가에 의해 만들어졌다. 그의 사진들은 제주도의 아름다움을 실제로 포착했고, 나는 그의 열정을 느꼈다. 갤러리는 오후 6시에 닫는다. 나는 그곳에 5시에 도착했다. 그래서 1시간만 머무를 수 있었다. 나는 그곳에 내일 다시 방문할 것이다.

해설 갤러리의 위치와 갤러리를 만든 사람, 전시물, 닫는 시간을 언급했으나 관람 요금은 언급하지 않았다.

어휘 village 마을 photographer 사진작가 capture (분위기를) 포착하다 passion 열정 arrive 도착하다

06 숫자 정보 – 시각 | ④

해석

여 Mike, 우리는 오늘 단체 보고서를 써야 해. 학교 도서관에서 4시에 만나는 게 어때?

남 미안하지만, 나는 태권도 수업이 있어.

여 그것은 몇 시에 끝나는데?

남 5시에.

여 그러면 5시 30분은 어때?

남 그래, 그때 보자.

해설 남자의 태권도 수업이 5시에 끝나서 남자와 여자는 5시 30분에 만나기로 했다.

어휘 should ~ 해야 한다 write 작성하다, 집필하다 lesson 수업

07 관계·직업 – 장래 희망 | ①

해석

여 너는 영화 「더 콘서트」를 봤니?

남 응, 그 천재 피아니스트에 대한 이야기, 맞지?

여 응. 나는 그 여배우가 대단하다고 생각해. 나는 그녀의 연기가 좋아.

남 나도 그래. 나는 그녀가 피아노 치는 것을 많이 연습했다고 들었어. 그녀는 진짜 피아니스트처럼 보였어.

여 나도 동의해. 나도 그녀처럼 좋은 여배우가 되고 싶어.

해설 여자의 마지막 말에서 여자의 장래 희망이 영화배우라는 것을 알 수 있다.

어휘 genius 천재 pianist 피아니스트 actress 여배우 acting 연기 practice 연습하다 real 진짜의 agree 동의하다

08 심정·이유 – 심정 | ①

해석

남 너 그거 알아? 오늘 저녁 한국과 브라질의 축구 경기가 있대.

여 응, 나도 알아. 너는 어느 팀이 이길 것이라고 생각하니?

남 당연히 한국이지!

여 나도 그러길 바라.

남 나는 그 경기를 빨리 보고 싶어. 나는 아주 흥분돼.

여 나도 그래. 그것은 대단한 경기가 될 거야.

해설 남자는 한국과 브라질의 축구 경기를 빨리 보고 싶어 하고 있으므로 남자의 심정은 들떠 있을 것이다.

어휘 match 경기 Brazil 브라질 win 이기다 for sure 확실히, 틀림없이 I can't wait to see. 빨리 보고 싶다(기대가 된다).

09 세부 정보 I – 할 일 | ③

해석

여 너는 이번 주말에 무엇을 할 거니?

남 나는 부산에 계신 나의 조부모님을 방문할 거야. 너는 어때?

여 나는 내 가족과 함께 산에 캠핑하러 갈 거야.

남 재미있을 것 같다. 네 소유의 텐트를 가져가니?

여 응. 아빠가 그것을 설치하실 거야.

해설 여자는 주말에 가족과 함께 산으로 캠핑하러 간다고 했다. 남자가 주말에 할 일과 헷갈리지 않도록 주의한다.

어휘 grandparents 조부모님 bring 가져오다 own 자신(소유)의 set up 설치하다

10 주제 추론 – 무엇에 관한 내용 | ①

해석

남 너희 학교에서는 중간고사가 언제 시작하니?

여 다음 주 화요일에 시작해.

남 우리 학교와 똑같네. 너희는 시험을 4일 동안 보니?

여 아니. 그 시험은 3일 동안 계속돼.

남 오, 정말이야? 우리는 4일 동안 시험을 봐.

해설 남자와 여자는 중간고사 시작 날짜와 기간에 대해 대화하고 있으므로, 이 대화의 주제는 중간고사 일정이다.

어휘 mid-term exam 중간고사 the same as ~와 똑같은 take a test 시험을 치르다 last 지속되다, 계속되다; 마지막의

11 세부 정보 II – 교통수단 | ③

해석

남 Amy, 우리가 박물관에 어떻게 갈 수 있니?

여 우리는 지하철이나 버스를 탈 수 있어.

남 지하철역 아니면 버스 정류장 중 어느 것이 더 가깝니?

여 지하철역은 여기서부터 걸어서 대략 10분 거리야. 하지만 바로 길 건너편에 버스 정류장이 있어.

남 그러면 버스를 타자.

여 그래.

해설 남자와 여자는 박물관을 가기 위해 길 건너편에 있는 버스 정류장에서 버스를 타기로 했다.

어휘 museum 박물관 across ~의 건너편에

12 심정·이유 – 이유 | ④

해석

여 Mike, 너는 왜 전화를 받지 않았니?

남 저에게 전화하셨어요?

여 그래, 너한테 네 번 전화했어.

남 저는 수영장에 있어서, 그것을 몰랐어요.

여 나는 정말 걱정했단다.

남 죄송해요, 엄마.

해설 남자에 두 번째 말에서 수영장에 있어서 전화를 받지 못한 것을 알 수 있다.

어휘 answer the phone 전화를 받다 swimming pool 수영장 worried 걱정하는

13 관계·직업 – 관계 | ①

해석

남 안녕하세요. 저는 Teen's Life의 Tony Lou입니다.

여 Lou 선생님, 만나 뵙게 되어 반갑습니다. 제 새 앨범에 대해 이야기하게 되어 기쁩니다.

남 앨범 잘 들었습니다. 처음으로 힙합을 시도하신 거죠, 그렇죠?

여 네, MC Hoony와 함께 작업했습니다.

남 그는 훌륭한 음악가이지요. 콘서트 계획이 있으세요?

여 예, 다음 달에 콘서트를 할 것입니다.

남 콘서트를 기대하겠습니다. 시간을 내주셔서 감사합니다.

해설 남자는 Teen's Life라는 잡지사에서 일하고 있으며 여자에게 새 앨범과 콘서트에 대해 질문하는 것으로 보아 남자는 기자, 여자는 가수라는 것을 알 수 있다.

어휘 try 시도하다 hip-hop 힙합 for the first time 처음으로 musician 음악가 plan 계획 concert 콘서트 look forward to ~을 기대하다

14 장소 추론 – 길 안내 | ④

해석

여 실례합니다. 이 주변에 꽃집이 있나요?

남 네. 이 근처에 하나 있습니다.

여 그것이 어디에 있는지 말씀해 주실 수 있으세요?

남 한 블록을 쭉 가셔서 좌회전하세요. 그러면, 당신의 왼편에서 제과점을 보실 거예요. 꽃집은 제과점 옆에 있어요.

여 알겠습니다. 감사합니다.

해설 현재 있는 장소에서 한 블록 직진하여 좌회전 한 후 제과점 바로 옆에 있는 곳의 위치는 ④이다.

어휘 around ~의 주변에, 주위에 near ~에서 가까이; 가까운

15 세부 정보 I – 부탁한 일 | ⑤

해석

여 Steve, 너는 내 부탁을 들어줄 수 있니?

남 물론이죠, 엄마. 무엇인데요?

여 내가 오늘 늦을 것 같다. 네 여동생과 저녁 식사를 할 수 있니?

남 네.

여 냉장고 안에 약간의 빵과 채소가 있단다. 너는 그것들로 샌드위치를 만들어도 돼. 아니면 네가 원한다면 너는 피자를 주문해도 돼.

남 알겠어요, 엄마. 걱정하지 마세요.

해설 여자의 두 번째 말에서 여자가 남자에게 남자의 여동생과 함께 저녁 식사를 할 것을 부탁하고 있는 것을 알 수 있다.

어휘 do ~ a favor ~의 부탁을 들어주다 vegetable 채소 refrigerator 냉장고 order 주문하다

16 세부 정보 II – 제안한 것 | ③

해석

남 Jane, 너는 줄넘기 줄을 가져왔니?

여 왜?

남 우리는 체육 시간에 그것이 필요해.

여 오, 나 잊어버렸어. 나는 너무 자주 잊어버려. 너는 어떻게 그렇게 잘 기억하니?

남 나는 보통 메모를 하고 자기 전에 그것들을 확인해. 너도 메모를 하는 것이 어때?

여 그것 좋은 생각이다.

해설 줄넘기 줄을 가져오는 것을 깜빡한 여자는 기억력이 좋은 남자에게 조언을 구하였고, 남자는 메모를 하고, 메모를 확인하는 방법을 제안하였다.

어휘 jump rope 줄넘기 줄 P.E. 체육(= Physical Education) forget 잊다 remember 기억하다 take notes 기록(메모)하다

17 세부 정보 II – 잃어버린 물건 | ②

해석

[전화벨이 울린다.]

남 여보세요. Universal Studios의 분실물 센터입니다.

여 여보세요. 제 아들이 Harry Potter Land에서 모자를 잃어버렸어요.

남 어떤 색이죠?

여 흰색이고, 모자에 토끼가 있어요.

남 그 밖에 다른 무엇인가 있나요?

여 아뇨, 오직 분홍색 토끼 하나만 있어요.

해설 여자의 첫 번째 말에서 여자의 아들이 모자를 잃어버린 것을 알 수 있다. Harry Potter Land, rabbit을 듣고 오답을 고르지 않도록 주의한다.

어휘 lost and found 분실물 센터 lose 잃어버리다 cap 모자 anything else 그 밖에 다른 것

18 관계 · 직업 – 직업 | ③

해석

남 미나, 나 드디어 내가 원하던 직업을 얻었어.

여 오, 진짜? 너는 너의 직업에 대해서 무엇이 좋니?

남 나는 내가 아픈 사람들을 병원에 데려다줄 때 내 자신에 대해서 좋게 느껴.

여 좋은데! 네 직업이 무엇이니?

남 나는 구급차를 운전해.

해설 남자의 마지막 말에서 남자의 직업이 구급차 운전기사라는 것을 알 수 있다.

어휘 take *A* to *B* A를 B로 데려가다 ambulance 구급차

19 마지막 말에 적절하게 응답하기 – 이어질 여자의 응답 | ⑤

해석

여 어제 너희 반이 축구 경기를 이겼니?

남 나도 아직 몰라. 우리 반 친구들에게 물어봐야 해.

여 네가 그 중요한 경기를 보지 않았다고? 왜?

남 나는 어제 심한 감기에 걸렸기 때문에 결석했어. 나는 하루 종일 침대에 누워 있었어.

여 그 말을 들으니 유감이구나.

해설 남자가 심한 감기에 걸려서 결석했다고 말하는 상황이므로 유감을 표현하는 대답인 ⑤가 답으로 적절하다.

① 그거 멋지다.

② 그렇게 좋지 않아.

③ 미안하지만, 난 할 수 없어.

④ 너를 만나서 기뻐.

어휘 yet 아직 absent 결석한 have a cold 감기에 걸리다 stay in bed 침대에 (계속) 누워 있다 all day 하루 종일

20 마지막 말에 적절하게 응답하기 – 이어질 여자의 응답 | ②

[해석]

여 안녕하세요. 도와드릴까요?

남 제가 이 도시에서 3시간을 보낼 거예요. 방문할 장소를 좀 추천해 주실 수 있으세요?

여 N타워를 방문하시는 게 어때요? 그곳에서 가장 아름다운 야경을 즐기실 수 있으세요.

남 여기에서 그곳까지 어떻게 갈 수 있죠?

여 <u>7번 버스를 타세요.</u>

[해설] 남자가 여자에게 N타워에 가는 방법을 물어본 상황이므로 7번 버스를 타라는 대답인 ②가 답으로 적절하다.

① 단지 10분이 걸려요.

③ 그곳을 방문하기에 최고의 시기에요.

④ 많은 사람들이 매일 그 타워를 방문해요.

⑤ 나는 그린 파크에 방문하고 싶어요.

[어휘] recommend 추천하다 visit 방문하다 How about -ing? ~하는 건 어때? enjoy 즐기다 night view 야경

 실전 모의고사   p.110-111

01 ② 02 ④ 03 ④ 04 ⑤ 05 ④ 06 ③
07 ④ 08 ④ 09 ⑤ 10 ② 11 ② 12 ④
13 ② 14 ⑤ 15 ④ 16 ③ 17 ③ 18 ②
19 ② 20 ⑤

 Dictation Test   p.112-117

01 ❶work on ❷moving this around ❸sounds like

02 ❶for his birthday ❷How about this one ❸with a fried egg

03 ❶sunny and clear ❷when you go out

04 ❶You're not hurt ❷all right ❸play with your ball

05 ❶had five classes ❷the second math ❸we learned

06 ❶watch the movie ❷in front of ❸How about meeting

07 ❶I'm interested in ❷traveling and helping people ❸flight attendant

08 ❶I'm not good at ❷played the role ❸how you felt

09 ❶art report ❷give me a second ❸watering the flowers

10 ❶I'm interested in ❷would be better ❸from milk

11 ❶like our presentation ❷By subway or bus ❸take a taxi

12 ❶should go ❷have to return ❸read storybooks to kids

13 ❶fit me ❷Stay like that ❸turn your head

14 ❶next to the restaurant ❷one block away ❸it's across from

15 ❶went down ❷restart it ❸won't take long

16 ❶How's your new school ❷have friends ❸joining a school club

17 ❶you were looking for ❷forgot to do it ❸I'll bring them

18 ❶your driver's license ❷driving faster ❸in a school zone

19 ❶look excited ❷do better next time

20 ❶watched the movie ❷very moving ❸What is it about

01 그림 정보 – this가 가리키는 것 | ②

[해석]

여 당신은 이것을 컴퓨터에서 작업할 때 사용합니다. 이것을 당신의 손으로 여기저기로 움직임으로써, 당신은 컴퓨터 화면에서 몇몇 아이콘을 선택할 수 있습니다. 그것의 이름은 실제 동물의 이름처럼 들립니다. 이것은 무엇인가요?

[해설] 컴퓨터 화면에서 아이콘을 선택하기 위해서 사용하며, 동물의 이름과 비슷한 이름을 지니고 있는 물건은 컴퓨터 마우스이다.

[어휘] move around 여기저기로 움직이다 choose 선택하다 icon (컴퓨터 화면의) 아이콘 sound like ~처럼 들리다

02 그림 정보 – 티셔츠 | ④

[해석]

남 Justin의 생일이 다음 주야.

여 생일 선물로 그에게 티셔츠를 사 주자.

남 좋은 생각이야. 인터넷으로 티셔츠를 검색하자.

여 슈퍼히어로 캐릭터가 있는 이 티셔츠는 어때?

남 그는 (그런) 캐릭터를 좋아하지 않아. 대학 로고가 있는 이건 어때?

여 이봐, 그건 예쁘지 않아. 나는 달걀 프라이가 있는 티셔츠가 좋아.

남 오, 너무 귀엽다. 좋아. 그걸로 사자.

해설 남자와 여자는 Justin에게 달걀 프라이 그림이 있는 티셔츠를 사 주기로 했다.

어휘 search 검색하다 character 캐릭터, 등장인물 logo 상징 fried egg 달걀 프라이

03 그림 정보 – 날씨 | ④

해석

남 좋은 아침입니다. 오늘의 일기예보입니다. 지금은 화창하고 맑습니다. 하지만 오늘 저녁에는 구름이 낄 예정입니다. 오늘 밤에는 비가 오기 시작할 것입니다. 외출할 때 우산을 반드시 챙기세요. 감사합니다.

해설 일기예보에서 오늘 밤에 비가 오기 시작할 것이라고 했다.

어휘 be sure to 반드시 ~ 해라 carry 가지고 다니다 go out 외출하다

04 의도 · 목적 – 의도 | ⑤

해석

남 엄마, 정말 죄송해요. 제가 공놀이를 하다가 제 방의 창문을 깼어요.

여 뭐라고? 너 괜찮니? 너 다치지 않았지, 그렇지?

남 저는 괜찮아요.

여 휴… 내가 말했잖니. 네 방에서 공을 가지고 놀아선 안 돼.

해설 여자가 남자에게 방에서 공을 갖고 놀지 말라고 말했으므로 여자의 마지막 말의 의도는 금지이다.

어휘 play ball 공놀이하다 hurt 다친

05 세부 정보 II – 언급하지 않은 것 | ④

해석

남 오늘 저는 5개의 수업이 있었습니다. 첫 번째 수업은 국어였고, 두 번째는 수학이었습니다. 그리고 나서, 저는 두 개의 미술 수업이 있었습니다. 점심 식사 후에 저는 체육 수업이 있었지만, 우리의 체육 선생님께서 학교에 오시지 않았습니다. 그래서 우리는 그 대신에 영어를 배웠습니다.

해설 체육 수업이 있었지만 체육 선생님이 오시지 않아 영어 수업을 대신 들었다고 했으므로 남자는 오늘 체육 수업을 받지 않았다.

어휘 class 수업 instead 그 대신에

06 숫자 정보 – 시각 | ③

해석

여 우리 이번 주 토요일에 영화 「진실」을 볼까?

남 좋은 생각이야! 우리 언제 만날까?

여 영화는 4시 반에 시작해. 영화관 앞에서 4시 15분에 만나자.

남 4시에 만나는 것은 어때? 나는 팝콘이랑 음료수를 사고 싶어.

여 좋아. 그때 보자.

해설 남자는 여자에게 팝콘과 음료수를 사고 싶다고 하며 4시에 보는 것을 제안하였고, 여자는 이에 동의했다.

어휘 half past 4 4시 반 theater 극장

07 관계 · 직업 – 장래 희망 | ④

해석

남 Cindy야, 너는 무엇이 되고 싶니?

여 나는 다양한 종류의 건물에 관심이 있어서 건축가가 되고 싶어. 너는?

남 나는 여행과 사람들을 도와주는 것을 좋아해.

여 그러면, 여행 가이드가 되고 싶니?

남 아니, 나는 비행기 승무원이 되고 싶어.

해설 남자는 여행과 사람들을 돕는 것을 좋아해서 비행기 승무원이 되고 싶다고 했다.

어휘 type 유형, 종류 architect 건축가 tour guide 여행 가이드 flight attendant 비행기 승무원

08 심정 · 이유 – 심정 | ④

해석

여 안녕, Tom. 어제 네 연극은 어땠어?

남 나는 내가 연기를 못하는 것 같아.

여 무슨 일이 있었어?

남 내가 선생님 역할을 했는데, 내 대사들을 잊어버렸어. 나는 무대에서 어떤 말도 할 수 없었어.

여 오, 이런! 나는 네가 어떻게 느꼈을지 이해해.

해설 연극에서 대사를 잊어버려 속상하고 있는 남자의 심정은 좌절하고 있다고 할 수 있다.

어휘 play 극, 연극; ~을 연기하다 be good at ~을 잘하다 role 역할 line (영화 · 연극의) 대사 on stage 무대 위에서

09 세부 정보 I – 할 일 | ⑤

해석

여 James, 너 어디 가니?

남 나는 미술관에 가. 그 미술 보고서 기억해?

여 오, 세상에. 나는 그것에 대해서 잊어버렸어.

남 너는 나랑 같이 가도 돼. 함께하면 더 재미있을 거야.

여 그래도 돼? 그런데 나를 잠시 기다려 줄 수 있니? 나는 꽃에 물을 주는 것을 끝내야 해.

남 물론이지. 내가 너를 도와줄게.

여 고마워.

[해설] 여자와 남자는 꽃에 물을 주는 것을 끝내고 함께 미술관에 가기로 했다. 먼저 할 일에 대해서 물어보고 있으므로 미술관 가기와 헷갈리지 않도록 주의한다.

[어휘] gallery 미술관, 화랑 give ~ a second ~을 잠깐 기다리다; ~에게 잠깐 시간을 주다 water (화초 등에) 물을 주다

10 주제 추론 – 무엇에 관한 내용 | ②
[해석]

여 너는 우리 과학 프로젝트로 어떤 주제에 관심이 있니?

남 나는 박테리아에 관심이 있어. 너는 어때?

여 그거 좋을 것 같은데, 좀 덜 어려운 주제가 나을 거야.

남 흠…. 그러면 우리가 실험을 하나 계획하는 것이 어때? 우유로 요구르트를 만들자.

여 좋아!

[해설] 여자와 남자는 과학 숙제 주제를 선택하기 위해 대화하고 있다.

[어휘] topic 주제 be interested in ~에 관심이 있다 bacteria 박테리아, 세균 less 덜 ~한 experiment 실험

11 세부 정보 II – 집에 갈 방법 | ②
[해석]

여 만세! 드디어 끝났다!

남 선생님이 우리 발표를 좋아하시길 바라.

여 나는 선생님이 우리의 발표를 좋아하실 거라고 확신해. 오, 정말로 늦었다. 집에 가야 해.

남 집에 어떻게 가니? 지하철이나 버스?

여 아니, 택시를 타야 할 것 같아.

남 그럼 내가 택시를 불러 줄게.

[해설] 여자의 마지막 말에서 여자가 시간이 늦어서 택시를 탈 것을 알 수 있다.

[어휘] hooray 만세 finished (~와의 관계·일 등이) 끝난 presentation 발표 subway 지하철 take a taxi 택시를 타다

12 심정·이유 – 이유 | ④
[해석]

남 몇 시야?

여 3시 40분이야.

남 나는 가야만 해. 도서관에 가야 해.

여 왜? 너는 책을 반납해야 하니?

남 아니, 나는 월요일 4시에 그곳에서 자원봉사를 해.

여 대단하다! 너는 그곳에서 무엇을 해?

남 나는 아이들에게 이야기책을 읽어 줘.

[해설] 남자의 세 번째 말에서 남자는 도서관에서 자원봉사를 한다는 것을 알 수 있다.

[어휘] need to ~해야 한다 return 반납하다 volunteer 자원봉사하다 storybook 이야기책

13 관계·직업 – 관계 | ②
[해석]

남 그 청바지는 당신에게 잘 어울려요.

여 고마워요. 그것은 저에게 정말 잘 맞아요.

남 오, 지금 그거 좋은 자세네요. (그 자세) 그대로 있어요.

여 알겠어요.

남 이제, 머리를 살짝 왼쪽으로 돌려 주세요.

여 이렇게요?

남 멋진 장면이에요! 당신은 사진을 정말 잘 받네요.

[해설] 남자는 사진을 찍기 위해 여자에게 자세를 알려 주고 있고, 마지막에 여자에게 사진을 잘 받는다고 칭찬하고 있으므로 남자는 사진작가이고, 여자는 모델이다.

[어휘] look good on ~에 잘 어울리다 fit 꼭 맞다 pose 자세 stay 그대로 있다 take good pictures 사진이 잘 받다

14 장소 추론 – 길 안내 | ⑤
[해석]

남 조 선생님, 우리는 이제 어디에 가나요?

여 Max's 식당에서 저녁을 먹고 난타라는 쇼를 볼 거예요.

남 난타 극장이 어디에 있어요? 식당 옆에 있나요?

여 아니요, 그것은 식당에서 한 블록 떨어져 있어요.

남 우체국 옆에 있는 건물을 말씀하시나요?

여 아니요, 우체국 맞은편에 있어요.

[해설] Max's 식당에서 한 블록 떨어져 있고, 우체국 맞은편에 있는 곳의 위치는 ⑤이다.

[어휘] dinner 저녁 식사 block (도로로 나뉘는) 구역 away 떨어져 있는 next to ~바로 옆에 across from ~의 맞은편에 있는

15 세부 정보 I – 부탁한 일 | ④
[해석]

여 너 바쁘니?

남 아니 별로. 무슨 일이야?

여 내가 온라인으로 콘서트 티켓을 예약하고 있었어. 그런데 내 컴퓨터가 갑자기 작동하지 않았어.

남 컴퓨터를 다시 시작하는 것이 어때?

여 그랬는데, 효과가 없었어. 네가 내 컴퓨터를 확인해 줄 수 있어?

남 당연하지, 그런데 지금 내가 하고 있는 작업을 끝내게 해 줘. 오래 걸리진 않을 거야.

해설 여자의 세 번째 말에서 여자가 남자에게 컴퓨터 점검을 부탁한 것을 알 수 있다.

어휘 book 예매하다 online 온라인으로 suddenly 갑자기 go down 작동이 중단되다 restart 다시 시작하다 work 효과가 있다; 일, 작업 take long 오래 걸리다

16 세부 정보 II – 제안한 것 | ③

해석

[휴대전화벨이 울린다.]

여 안녕, Tony야. 어떻게 지내니?

남 잘 지내. 수진아, 새 학교는 어떠니?

여 좋아, 하지만 아직 친구가 없어. 매일 혼자 학교에 가.

남 학교 동아리에 가입하는 게 어때니? 그곳에서 많은 사람들을 만날 수 있을 거야.

여 좋은 생각이야. 생각해 볼게.

해설 여자가 새로운 학교에서 아직 친구를 사귀지 못했다고 하자 남자가 여자에게 동아리에 가입하는 것을 제안했다.

어휘 yet 아직 every day 매일 join 가입하다 club 동아리

17 세부 정보 I – 할 일 | ③

해석

여 Johnson 선생님, 저를 찾으셨다고 들었어요.

남 응. 나는 너의 도움이 필요하단다.

여 무엇인데요?

남 네가 너의 학급 친구들로부터 영어 숙제를 걷어 줄 수 있니? 내가 수업에서 그것을 하는 것을 잊어버렸어.

여 문제없어요. 제가 종례 전에 그것들을 가져올게요.

남 고맙다.

해설 남자는 여자에게 학급 친구들의 영어 보고서를 걷어 올 것을 부탁하였고, 여자는 알겠다고 하였다.

어휘 collect 모으다, 수거하다 in class 수업 중에 end-of-the-day meeting 종례

18 관계 · 직업 – 직업 | ②

해석

남 실례합니다. 운전 면허증을 볼 수 있을까요?

여 무슨 문제가 있나요?

남 제한 속도보다 빠르게 운전을 하셨습니다.

여 아니에요. 저는 대략 시속 50km로 달리고 있었어요.

남 당신은 어린이 보호 구역에 있어요. 당신은 더 느리게 운전해야 합니다.

해설 남자가 여자에게 제한 속도를 지키지 않았다고 말하며 운전 면허증을 보여 줄 것을 요구하고 있으므로 남자의 직업은 경찰관이다.

어휘 driver's license 운전 면허증 speed limit 제한 속도 around 대략, 약 school zone 어린이 보호 구역

19 마지막 말에 적절하게 응답하기 – 이어질 여자의 응답 | ②

해석

여 너 신나 보여. 무슨 일이야?

남 나는 수학 시험에서 85점을 맞았어.

여 와, 잘했다.

남 고마워. 나는 다음번에는 더 잘하고 싶어.

여 행운을 빌어.

해설 남자가 다음 시험에서 수학 점수를 더 잘 받고 싶다고 말한 상황이므로 이에 대해 행운을 빈다는 대답인 ②가 답으로 적절하다.
① 힘내. ③ 문제없어. ④ 알았어, 그럴게. ⑤ 괜찮아.

어휘 excited 즐거운, 흥분된 get (점수를) 얻다 do better 더 잘하다

20 마지막 말에 적절하게 응답하기 – 이어질 여자의 응답 | ⑤

해석

남 너는 어제 무엇을 했어, Emily?

여 나는 내 친구들과 「Freedom Writers」라는 영화를 보았어.

남 어땠어? 나는 그것을 보고 싶었어.

여 그것은 굉장히 감동적이었어. 나는 영화 내내 울었어.

남 그것은 무엇에 대한 거야?

여 그것은 학생들을 위한 한 선생님의 사랑에 대한 것이야.

해설 남자가 여자에게 영화 줄거리를 물어본 상황이므로 영화 줄거리를 알려 주는 대답인 ⑤가 답으로 적절하다.
① 나는 줄거리가 정말 좋았어.
② Hillary Swank가 주인공을 연기해.
③ 영화의 결말이 슬퍼.
④ 좋았어. 나는 주인공이 좋았어.

어휘 moving 가슴을 뭉클하게 하는, 감동적인 throughout ~ 동안 죽, 내내

○3회 실전 모의고사
p.118-119

01 ①	02 ⑤	03 ②	04 ④	05 ④	06 ⑤
07 ⑤	08 ③	09 ④	10 ①	11 ③	12 ④
13 ②	14 ③	15 ⑤	16 ③	17 ②	18 ⑤
19 ④	20 ⑤				

01 ❶these keys ❷with their fingers ❸its sound

02 ❶present for my friend ❷coloring book ❸in one pen

03 ❶weekly weather report ❷The rain will stop ❸it'll be sunny

04 ❶It was excellent ❷order some more ❸should stop

05 ❶I'm from ❷enjoy spending time ❸take pictures of

06 ❶I didn't ❷Shall we watch it ❸How about six?

07 ❶playing games ❷you want to be ❸a video game writer

08 ❶with me ❷Where should I go ❸right away

09 ❶Can I try on ❷are left ❸if they have them

10 ❶in your free time ❷like cooking ❸make one new dish

11 ❶how do you go ❷goes straight ❸take the bus

12 ❶I thought ❷couldn't go ❸take care of him

13 ❶can't believe ❷how happy I am ❸It's my pleasure

14 ❶the one across from ❷next to ❸it's open

15 ❶cut my hair short ❷won't take long ❸just sit

16 ❶Mom coming home ❷do something for her ❸clean the house

17 ❶in your orange skirt ❷buy clothes ❸important to me

18 ❶I'm happy to talk ❷flowers and animals ❸very professional

19 ❶waited so long ❷turn it on ❸press the button

20 ❶I saw it ❷I can do it ❸have a great talent

01 그림 정보 – it이 가리키는 것 | ①

해석

남 우리는 그것으로 음악을 연주합니다. 그것은 88개의 건반을 가지고 있고, 이 건반들은 까맣고 하얗습니다. 사람들은 음악을 연주하기 위해서 그들의 손가락으로 건반을 누릅니다. 그것은 또한 세 개의 페달이 있어서, 그것들이 그것의 소리를 조절합니다. 그것은 보통 나무로 만들어집니다. 이것은 무엇인가요?

해설 88개의 까만 건반과 흰 건반이 있고, 세 개의 페달로 소리를 조절하는 악기는 피아노이다.

어휘 key 건반; 열쇠 press 누르다 pedal 페달 control 조절하다 be made of ~으로 만들어지다

02 그림 정보 – 문구 | ⑤

해석

여 안녕하세요. 도와드릴까요?

남 친구에게 줄 선물을 찾고 있어요.

여 친구가 그림 그리기를 좋아하나요? 이 색칠하기 책이 아주 인기가 있어요.

남 글쎄요, 그녀는 쓰는 것을 즐겨요. 펜을 좀 볼 수 있을까요?

여 여자아이들은 이 만화 캐릭터 펜을 좋아해요. 이 다용도 펜도 매우 유용해요.

남 오, 하나의 펜에 세 가지 색이 있네요. 좋은데요. 이걸로 할게요.

해설 남자는 하나의 펜 안에 세 개의 색이 있는 다용도 펜을 사겠다고 했다.

어휘 present 선물 drawing 그림 그리기 coloring book 색칠하기 책 cartoon character 만화 캐릭터 useful 유용한

03 그림 정보 – 날씨 | ②

해석

여 주간 일기예보입니다. 월요일과 화요일에는 비가 내리고 바람이 불 것입니다. 비는 수요일 밤에 멈출 것이므로, 목요일 아침에는 해를 볼 수 있습니다. 그리고 주말에는 화창해질 것입니다. 감사합니다.

해설 일기예보에서 목요일 아침에는 해를 볼 수 있다고 했다.

어휘 weekly 주간의, 매주의 on the weekend 주말에

04 의도 · 목적 – 의도 | ④

해석

여 네 식사는 어땠니, Tom?

남 그것은 훌륭했어요, 엄마. 그렇지만 저는 여전히 배가 고파요.

여 좀 더 주문하겠다는 말이니?

남 네, 감자튀김 하나 더 주문해 주세요. 그리고 저는 콜라도 마시고 싶어요.

여 하지만, Tom, 나는 네가 정크 푸드를 그만 먹어야 한다고 생각해.

해설 남자가 감자튀김과 콜라를 주문하려고 하자 여자는 남자에게 정크 푸드를 그만 먹어야 한다고 말하고 있으므로, 여자의 마지막 말의 의도는 충고이다.

어휘 meal 식사 still 여전히 mean to ~할 셈(의도)이다 order 주문하다; 주문 junk food 정크 푸드(건강에 좋지 않은 인스턴트 음식이나 패스트푸드)

05 세부 정보 Ⅱ – 언급하지 않은 것 | ④

해석

남 안녕하세요. 제 이름은 Randy예요. 저는 호주에서 왔어요. 지금 저는 부산에 살아요. 저는 이곳에 2년 전에 왔어요. 저는 해운대 해변에서 시간을 보내는 것을 즐겨요. 저는 자연 사진 찍는 것을 좋아하고, 사진작가가 되고 싶어요.

해설 남자의 이름은 Randy이고, 호주에서 왔으며 취미는 해변에서 시간을 보내는 것과, 자연 사진을 찍는 것이며 장래 희망은 사진작가이다. 남자의 나이는 언급하지 않았다.

어휘 Australia 호주 take a picture of ~의 사진을 찍다 nature 자연 photographer 사진작가

06 숫자 정보 – 시각 | ⑤

해석

남 Amy, 너 「인사이드 아웃」 봤니?

여 아니, 안 봤어. 하지만 나는 그 DVD가 있어. 우리 그것을 같이 볼까?

남 좋지!

여 좋아. 너 우리 집에 오후 5시에 올 수 있어?

남 내 수영 수업이 5시 30분에 끝나. 6시는 어때?

여 그래. 그때 보자.

해설 남자의 수영 수업이 5시 30분에 끝나서 두 사람은 6시에 보기로 했다.

어휘 end 끝나다

07 관계 · 직업 – 장래 희망 | ⑤

해석

여 Jack, 너는 무엇에 관심이 있니?

남 나는 게임하는 것과 이야기 쓰는 것에 흥미가 있어.

여 그러면, 너는 무엇이 되고 싶니? 아마도 너는 프로게이머나 소설가가 되고 싶겠네.

남 나도 그 직업들에 대해 생각해 봤지만, 나는 비디오 게임 작가가 되기로 결심했어.

여 와, 그거 멋진 직업이로구나.

해설 남자의 마지막 말에서 남자는 비디오 게임 작가가 되기로 결심한 것을 알 수 있다.

어휘 professional 전문적인 novelist 소설가 decide 결정하다 video game writer 비디오 게임 작가 cool 멋진

08 심정 · 이유 – 심정 | ③

해석

[휴대전화벨이 울린다.]

남 여보세요.

여 Bob, 너 지금 어디니? 너 집에 있니?

남 네, 저 집에 있어요. 무슨 일이에요, 엄마?

여 내가 슈퍼마켓에 내 지갑을 가져오는 것을 잊어버렸어. 내게 그것을 가져다줄 수 있니?

남 물론이죠. 제가 어디로 가야 해요?

여 나는 우리 아파트의 정문 앞에 서 있어.

남 알겠어요, 엄마. 제가 그곳으로 바로 갈게요.

여 고맙다.

해설 남자가 여자의 지갑을 가져다주기로 했을 때 여자는 안심이 되었을 것이다.

어휘 bring 가져오다; 데려오다 purse 지갑, 핸드백 right away 즉시

09 세부 정보 Ⅰ – 할 일 | ④

해석

남 도와드릴까요?

여 저는 조깅용 신발을 찾고 있어요. [잠시 후] 제가 저 갈색 신발을 한번 신어 봐도 될까요?

남 물론이죠. 당신은 어떤 사이즈를 신으세요?

여 240이요.

남 죄송합니다. 그 사이즈는 모두 팔렸습니다. 큰 사이즈들만이 남았어요.

여 다른 가게에서 그것들을 갖고 있는지 알기 위해 다른 가게에 전화해 주실 수 있으세요?

남 알겠습니다. 잠시 기다려 주세요.

해설 여자가 남자에게 원하는 신발 사이즈가 있는지 다른 가게에 연락하는 것을 부탁하였고, 남자가 알겠다고 했으므로 대화 직후 남자가 할 일은 ④이다.

어휘 try on 한번 신어(입어) 보다 sell out 다 팔다 be left 남아 있다 if ~인지 아닌지 (목적절을 이끌 때) Hold on, please. 잠시만 기다려 주세요.

10 주제 추론 – 무엇에 관한 내용 | ①

해석

남 Sally, 너는 여가 시간에 주로 무엇을 하니?

여 나는 보통 내 남동생과 테니스를 쳐. 너는 어때?

남 나는 요리하는 것을 좋아해서 매주 하나의 새로운 요리를 만들려고 노력해.

여 그거 멋지다!

해설 여자는 여가 생활로 남동생과 테니스를 치고, 남자는 여가 시간에 요리를 한다고 대화하고 있으므로 이 대화의 주제는 여가 시간 활동이다.

11 세부 정보 II – 집에 갈 방법 | ③

해석

여 Luke야, 넌 학교 근처에서 사니?

남 아니, 우리 집은 학교에서 조금 멀어. 나는 Maple Street에 있는 ABC 은행 근처에 살아.

여 나는 그 지역을 알아. 그러면 집에 어떻게 가니?

남 나는 지하철을 타. 30분 정도 걸려.

여 학교 앞에서 143번 버스를 타 봐. 그 버스는 네 집으로 곧장 가서 시간을 절약시켜 줄 거야.

남 알려 줘서 고마워. 오늘은 그 버스를 타야겠다.

해설 남자의 마지막 말에서 남자가 여자가 알려 준 버스를 타기로 한 것을 알 수 있다.

어휘 a bit 약간 far from ~에서 먼 area 지역 about 대략 in front of ~ 앞에서 straight 곧장

12 심정 · 이유 – 이유 | ④

해석

여 네 휴가 어땠어, Mike?

남 그렇게 좋지 않았어.

여 왜? 나는 네가 하와이에서 재미있었을 거라고 생각했는데.

남 나는 그곳에 갈 수 없었어.

여 왜 못 갔어? 너는 정말 그곳에 가고 싶어 했잖아.

남 내 남동생이 심한 감기에 걸려서 침대에 누워 있어야 했어. 그리고 엄마가 그를 돌봐야 했어.

여 그렇다니 유감이다.

해설 남자의 세 번째 말에서 남자의 남동생이 심한 감기에 걸려서 여행을 가지 못한 것을 알 수 있다.

어휘 holiday 휴가; 방학 have fun 즐거운 시간을 보내다 bad cold 독감 Sorry to hear that. 그 말을 들으니 유감이다.

13 관계 · 직업 – 관계 | ②

해석

여 제가 드디어 당신을 만나고 있다니 저는 믿을 수가 없군요. 저는 정말 기뻐요!

남 만나서 반갑습니다.

여 당신은 제가 얼마나 기쁜지 상상도 못 할 거예요! 저는 당신의 노래들을 정말 좋아해요. 제가 당신과 사진을 찍어도 될까요?

남 물론이죠. 저도 기쁩니다.

여 정말 감사합니다.

해설 여자가 남자의 노래를 좋아한다고 말한 것으로 미루어 보아 남자는 가수이고, 여자는 가수의 팬이라는 것을 알 수 있다.

어휘 imagine 상상하다 It's my pleasure. (감사 인사에 대한 대답으로) 천만에요.

14 장소 추론 – 길 안내 | ③

해석

남 실례합니다. 이 근처에 꽃집이 있나요?

여 예, 콘서트홀 근처에 한 곳이 있어요.

남 콘서트홀 맞은편에 있는 것을 말씀하시나요? 그것은 닫혀있어요.

여 제 생각에는 꽃집이 하나가 더 있어요. 그 꽃집은 Dream 서점 근처에 있어요.

남 Han's 식당 옆에 있는 건물을 말씀하세요?

여 네, 그곳은 열려 있을 것으로 확신해요.

남 알겠어요. 고마워요.

해설 문을 연 꽃집이 있는 Dream 서점 근처 Han's 식당 옆에 있는 곳의 위치는 ③이다.

어휘 flower shop 꽃집 mean 의미하다 closed 닫힌 sure 확신하는 open 영업을 하는

15 세부 정보 I – 부탁한 일 | ⑤

해석

남 이봐, Jenny. 뭘 보고 있는 거니?

여 내 머리카락. 이번 주 일요일에 내 머리를 짧게 잘라야 할 것 같아. 나랑 같이 가 줄래?

남 글쎄, 나는 너무 오래 기다리는 것을 싫어해.

여 그러지 말고. 오래 걸리지 않을 거야. 너는 그냥 앉아서 잡지를 읽으면 돼.

남 알았어.

해설 여자는 남자에게 미용실에 같이 가 줄 것을 부탁했다.

어휘 take long (시간이) 오래 걸리다 magazine 잡지

16 세부 정보 II – 제안한 것 | ③

해석

여 Luke, 엄마 언제 집에 오시니?

남 엄마가 방금 문자 보내셨어. 1시간 후에 집에 오실 거래.

여 벌써 7시야. 엄마는 정말 피곤하실 거야.

남 맞아. 우리 엄마를 위해 무언가를 하는 것이 어떨까?

여 집을 청소하자.

남 좋은 생각이야. 엄마가 좋아하실 거야.

해설 엄마가 늦게 오셔서 피곤하실 것이므로 남자가 여자에게 집을 청소하는 것을 제안하였고, 여자는 이에 동의했다.

어휘 text 문자를 보내다 already 벌써 must ~임에 틀림없다 tired 피곤한 clean the house 집을 청소하다

17 세부 정보 II – 옷을 고르는 기준 | ②

해석

남 너 오늘 그 주황색 치마 입으니 멋져 보인다.

여 고마워.

남 너는 주로 어디에서 옷을 사니?

여 나는 옷을 싼 가격에 사기 위해 아웃렛에 가. 그곳에는 싼 옷들이 많이 있어. 가격은 나에게 중요해.

남 오, 그렇구나. 나한테는 색깔이 가장 중요한 것이야.

해설 여자의 두 번째 말에서 여자에게 옷을 사는 가장 중요한 기준이 가격이라는 것을 알 수 있다. 남자가 중요하게 생각하는 기준인 색깔과 헷갈리지 않도록 주의한다.

어휘 outlet 할인점, 아웃렛 cheap (가격이) 싼 important 중요한

18 관계 · 직업 – 직업 | ⑤

해석

남 만나 뵙게 되어 영광입니다. 저는 Teen's Magazine의 김현무입니다.

여 만나서 반갑습니다. 십대들에게 제 직업에 대해 이야기하게 되어서 기쁩니다.

남 몇 가지 질문을 하겠습니다. 당신은 사진으로 무엇을 찍나요?

여 주로 꽃과 동물을 찍습니다.

남 동물이요! 동물 사진을 어떻게 찍으시나요? 동물들은 계속 움직이잖아요.

여 저는 몇몇 동물 모델을 압니다. 그들은 매우 전문적이에요.

해설 여자는 주로 꽃과 동물의 사진을 찍는다고 했으므로 여자의 직업이 사진작가라는 것을 알 수 있다.

어휘 honor 영광 teenager 십대 let me ~ ~하게 해 주다 mostly 주로 take pictures of ~의 사진을 찍다 keep -ing 계속해서 ~하다 professional 전문적인

19 마지막 말에 적절하게 응답하기 – 이어질 여자의 응답 | ④

해석

여 와! 너 새로운 커피 추출기를 샀니?

남 응. 나는 이 모델이 출시되기를 정말 오래 기다렸어.

여 이거 멋지다! 내게 이것을 어떻게 사용하는지 알려 줄 수 있니?

남 물론이야. 먼저, 코드를 꽂아. 다음으로, 전원을 켜. 그 다음에, 커피 캡슐을 넣고 버튼을 눌러. 이해하니?

여 <u>응, 나 이해해.</u>

해설 남자가 여자에게 커피 추출기 사용 방법을 설명하고 있고, 여자에게 사용 방법을 이해했는지 확인하는 상황이므로 이해한다고 대답하는 ④가 답으로 적절하다.

① 응, 부탁해.
② 편히 해.
③ 아니, 나는 기다릴 수 없어.
⑤ 그 말을 들으니 행복해.

어휘 come out 출시되다 plug in (코드를) 꽂다 press 누르다 get it 이해하다

20 마지막 말에 적절하게 응답하기 – 이어질 여자의 응답 | ⑤

해석

남 Jenny, 저 포스터를 봐. 음악 축제가 있어.

여 나도 그것을 봤어.

남 네가 거기 참가하는 것이 어때? 너는 기타를 잘 치잖아.

여 나는 내가 그것을 할 수 없을 것 같아.

남 해 봐. 나는 네가 음악에 훌륭한 재능이 있다고 생각해.

여 <u>정말? 내가 그것에 대해서 생각해 볼게.</u>

해설 남자가 여자에게 음악 축제에 참가할 것을 권유하고 있는 상황이므로 참가를 생각해 본다는 대답인 ⑤가 답으로 적절하다.

① 포기하지 마.
② 그것참 안됐다.
③ 나도 그렇게 생각해.
④ 물론이지. 너는 할 수 있어.

어휘 take part in ~에 참여하다 be good at -ing ~하는 것을 잘하다 talent 재능

○4회 실전 모의고사
p.126-127

01 ②	02 ⑤	03 ①	04 ④	05 ③	06 ④
07 ⑤	08 ②	09 ⑤	10 ②	11 ③	12 ⑤
13 ⑤	14 ②	15 ③	16 ②	17 ③	18 ①
19 ②	20 ③				

○4회 Dictation Test
p.128-133

01 ❶jump high ❷carry my babies ❸here and there

02 ❶the latest model ❷the most about it ❸Of course

03 ❶with no clouds ❷go down ❸snow falling

04 ❶good news ❷got a perfect score ❸proud of you

05 ❶from Monday to Friday ❷pick up the students ❸when I drive

06 ❶I'll watch it ❷to get there ❸doesn't it ❹in one hour

07 ❶the war memorial ❷very excited ❸want to teach history

08 ❶book a single room ❷fully booked ❸within an hour's drive

09 ❶first interview ❷How do I look ❸give you a ride

10 ❶enough for me ❷ask the teacher ❸sending him

11 ❶get off at ❷for visitors to find ❸you'd better

12 ❶have a coupon ❷I want to ❸miss them

13 ❶ask you some questions ❷seems right ❸see it sometime

14 ❶show me the way ❷you'll see it ❸across from

15 ❶woke up late ❷what to study ❸get it back

16 ❶have a stomachache ❷with today's lunch ❸take some medicine

17 ❶this shirt ❷finish your homework ❸Twelve dollars

18 ❶We'll be arriving ❷walk around ❸stay in your seat

19 ❶next Saturday ❷Tickets are free

20 ❶favorite kind of music ❷different kinds of ❸these days

01 그림 정보 – I가 가리키는 것 | ②
해석
남 나는 네 개의 다리를 가지고 있고, 나는 내 뒷다리로 높이 뛸 수 있습니다. 나는 내 배에 주머니를 하나 가지고 있어서, 그곳에 내 새끼들을 넣어 다닙니다. 나는 호주의 상징입니다. 만약 당신이 호주를 방문한다면, 나를 여기저기에서 볼 수 있을 것입니다.
해설 배에 주머니가 있고 그 주머니 안에 아이를 넣어 다니며 호주의 상징인 동물은 캥거루이다.
어휘 high 높게; 높은 pocket 주머니 stomach 배(복부); 위 carry 가지고 다니다 symbol 상징 Australia 호주

02 그림 정보 – 선물 | ⑤
해석
남 너 그거 알아? 엄마가 내 생일에 이 휴대전화를 사 주셨어.
여 와! 이것은 최신 모델이네. 너는 이것에 대해서 어떤

점이 가장 맘에 드니?
남 나는 커다란 액정 화면이 맘에 들어. 이것은 또한 뛰어난 카메라가 있어.
여 멋지다! 그러면 내가 사진을 몇 장 찍어 볼게.
남 물론.
해설 남자는 커다란 액정 화면과 카메라가 있는 휴대전화를 생일 선물로 받았다.
어휘 the latest 가장 최신의 screen display 액정 화면

03 그림 정보 – 날씨 | ①
해석
여 좋은 아침입니다. 일기예보입니다. 지금은, 구름 없이 화창합니다만, 오후에는 구름이 끼고 바람이 불 것입니다. 오늘 밤에는, 기온이 내려갈 것이며, 내일 아침에는 눈이 내리는 것을 볼 수 있습니다. 감사합니다.
해설 일기예보에서 내일 아침에 눈이 내린다고 했다.
어휘 temperature 기온, 온도 fall (비·눈이) 내리다

04 의도·목적 – 의도 | ④
해석
여 너 신나 보이네. 무슨 좋은 소식이라도 있니?
남 맞혀 보세요, 엄마.
여 어서. 무슨 일이 있었는지 말해 보렴.
남 저는 과학 시험에서 만점을 받았어요.
여 네가 드디어 해냈구나! 네가 아주 자랑스럽구나.
해설 여자는 남자가 과학 시험에서 만점을 받아 남자가 자랑스럽다고 말하며 남자를 칭찬하고 있다.
어휘 guess 추측하다 perfect score 만점, 백 점 be proud of ~을 자랑스러워하다

05 세부 정보 Ⅱ – 언급하지 않은 것 | ③
해석
남 안녕하세요. 제 이름은 Jason입니다. 저는 울산에서 제 아내와 두 딸과 함께 삽니다. 저는 월요일부터 금요일까지 노란색 스쿨버스를 운전합니다. 저는 매일 아침 학생들을 태우러 가서 행복합니다. 저는 운전할 때 항상 클래식 음악을 듣습니다.
해설 남자의 이름은 Jason이며, 남자는 울산에서 아내와 두 딸과 함께 살고 있고, 직업은 스쿨버스 운전기사라고 했다. 남자의 특기는 알 수 없다.
어휘 daughter 딸 pick up ~을 (차에) 태우다 classical music 클래식 음악

06 숫자 정보 - 시각 | ④

해석

여 너는 오늘 그 축구 경기를 볼 예정이니?

남 응. 나는 그것을 시청 광장에서 볼 거야.

여 그렇다면 너는 서두르는 것이 좋을 거야. 지금 4시야. 그곳에 도착하는 데에 한 시간 정도 걸릴 거야.

남 경기는 6시에 시작해, 그렇지 않니?

여 아니. 그것은 1시간 후에 시작할 거야.

해설 지금은 4시이고, 경기는 1시간 후에 시작한다고 했으므로 축구 경기 시작 시각은 5시이다.

어휘 square 광장 hurry 서두르다

07 관계 · 직업 - 장래 희망 | ⑤

해석

남 너 왜 교복을 안 입었니?

여 오늘 나는 전쟁 기념관에 현장 학습을 가.

남 너 매우 신나 보인다.

여 물론이지. 나는 전쟁사에 흥미가 있어.

남 너는 사학자가 되고 싶니?

여 아니, 나는 고등학교에서 역사를 가르치고 싶어.

해설 여자의 마지막 말을 통해 여자의 장래 희망이 고등학교 역사 교사라는 것을 알 수 있다.

어휘 put on ~을 입다 school uniform 교복 field trip 현장 학습 war memorial 전쟁 기념관 look ~해 보이다 history 역사 historian 사학자

08 심정 · 이유 - 심정 | ②

해석

여 티아라 호텔입니다. 무엇을 도와드릴까요?

남 저는 이번 주말에 묵을 1인실을 예약하고 싶은데요.

여 죄송합니다, 손님. 저희는 이번 주에 완전히 예약이 다 되어 있습니다.

남 정말이요? 그렇다면 당신 근처 다른 호텔을 추천해 주시겠어요?

여 죄송합니다만, 저희에서 차로 1시간 거리에는 호텔이 없습니다.

남 오, 알겠습니다.

해설 남자는 호텔을 예약하려고 했으나, 예약이 다 되어 있어서 예약을 하지 못했다. 차로 1시간 거리에도 호텔이 없다고 하였으므로, 남자는 실망스러운 감정을 느낄 것이다.

어휘 book 예약하다 a single room 1인실 fully 완전히 recommend 추천하다 within ~이내의

09 세부 정보 I - 할 일 | ⑤

해석

여 나는 매우 긴장돼. 이것은 내 첫 인터뷰야.

남 진정해. 숨을 깊게 들이쉬어 봐.

여 알겠어. 나는 어때 보이니?

남 네 재킷 입으니까 멋져 보여. 행운을 빌게.

여 고마워.

남 네가 준비되었으면, 우리 지금 가자. 내가 너를 역까지 태워다 줄 수 있어.

해설 남자의 마지막 말에서 남자가 여자를 역까지 태워다 준다고 했다.

어휘 nervous 긴장된 take a breath 숨을 쉬다 keep one's fingers crossed 행운을 빌어 주다 give ~ a ride ~을 태워 주다

10 주제 추론 - 무엇에 관한 내용 | ②

해석

남 Anne, 너는 어떻게 영어 시험에서 항상 A를 받니? 네 비결이 뭐야?

여 나는 매일 수업들을 복습해.

남 그것은 내겐 충분하지 않아. 영어 문법은 이해하기 매우 어려워.

여 그런 경우, 나는 보통 선생님께 여쭈어봐.

남 나는 너무 수줍음을 많이 타. 나는 그렇게 못하겠어.

여 그렇다면 그에게 이메일을 보내는 것은 어때?

해설 남자가 여자에게 영어 시험에서 A를 받는 방법에 대해 물어보고 있으므로, 이 대화의 주제는 성적을 향상시키는 방법이다.

어휘 review 복습하다 grammar 문법 in that case 그러한 경우에 shy 수줍음이 많은; 부끄러워하는

11 세부 정보 II - 교통수단 | ③

해석

남 실례합니다. 저는 북촌 마을로 가고 있어요. 제가 어느 역에서 내려야 하나요?

여 경복궁역에서 내리세요.

남 감사합니다.

여 그런데요, 방문객들이 북촌 마을을 찾기는 어려워요. 제 생각에 당신이 지하철역에서 택시를 타는 것이 좋을 것 같아요.

남 감사합니다.

해설 여자는 남자에게 방문객들이 북촌 마을을 찾기 어려워하기 때문에 지하철역에서 택시를 타는 것을 제안하고 있다.

어휘 village 마을 get off (차에서) 내리다 visitor 방문객

12 심정·이유 – 이유 | ⑤

해석

여 나는 학교 식당 무료 식사 쿠폰이 있어. 우리 오늘 오후에 그곳에 가지 않을래?

남 나도 그러고 싶은데, 나는 안 돼.

여 왜 안 돼? 너 방과 후 수업이 있어?

남 아니. 우리 조부모님이 나를 보러 오셔.

여 와, 그것 좋다.

남 응. 나는 그들이 정말 보고 싶어.

해설 남자의 두 번째 말에서 오늘 조부모님을 뵙기로 하여 함께 식사를 하지 못하는 것을 알 수 있다.

어휘 free 무료의 meal 식사 cafeteria 식당, 구내식당 miss 그리워하다

13 관계·직업 – 관계 | ⑤

해석

여 안녕하세요. 저는 신문에서 이 광고를 봤습니다. 제가 당신에게 질문을 좀 해도 될까요?

남 물론이죠. 하세요.

여 집이 얼마나 큰가요? 그것은 차고도 있나요?

남 침실 세 개, 화장실 두 개, 그리고 차고 하나입니다.

여 그것이 저한테 맞는 것 같네요. 제가 언젠가 집을 방문해서 볼 수 있을까요?

남 물론이죠.

해설 여자는 남자에게 신문에서 광고하는 집에 대해서 질문하고 그 집에 방문할 것을 요청하고 있으므로 남자는 부동산 중개사, 여자는 고객이라는 것을 알 수 있다.

어휘 ad 광고(= advertisement) garage 차고 seem ~처럼 보이다 sometime 언젠가

14 장소 추론 – 길 안내 | ②

해석

여 실례합니다. 저에게 S-Mart로 가는 길을 알려 주시겠어요?

남 한 블록 가서 우회전하세요.

여 우회전이요? 그리고 나서요?

남 길을 따라 걸어 내려오면, 당신은 그것을 당신의 왼쪽에서 보실 거예요.

여 알겠습니다.

남 그것은 우체국 건너편에 있어요.

여 감사합니다.

해설 현재 있는 장소에서 한 블록 직진해서 우회전한 후, 왼쪽에 있고 우체국 건너편인 곳의 위치는 ②이다.

어휘 show ~ the way to ~에게 …으로 가는 길을 안내하다

15 세부 정보 I – 부탁한 일 | ③

해석

여 John, 너는 오늘 왜 늦었니?

남 나는 오늘 아침에 늦게 일어났어.

여 그렇구나, 하지만 너는 과학 수업을 놓쳤어. Smith 선생님께서 우리에게 시험을 위해 무엇을 공부할지 말씀해 주셨는데.

남 오, 이런! 내가 네 과학 공책을 빌릴 수 있을까?

여 그래, 하지만 너는 그것을 나에게 내일까지 돌려줘야 해.

해설 남자는 과학 수업에 결석해 여자에게 공책을 빌려 달라고 부탁하고 있다.

어휘 miss 놓치다 borrow 빌리다 notebook 공책

16 세부 정보 II – 제안한 것 | ②

해석

남 너 무슨 일이야? 땀을 많이 흘리고 있잖아.

여 나는 배가 아파.

남 정말이야? 오늘 점심에 무슨 문제가 있었니? 너는 무엇을 먹었니?

여 나는 스파게티를 먹고 후식으로 아이스크림을 먹었어.

남 양호 선생님을 보러 가는 것이 어때? 너는 약을 좀 먹는 게 좋겠어.

여 알았어, 그렇게.

해설 남자의 세 번째 말에서 남자는 여자에게 양호 선생님을 보러 가는 것을 제안하고 있다.

어휘 sweat 땀을 흘리다 stomachache 복통 dessert 후식 take medicine 약을 복용하다

17 어색한 대화 고르기 | ③

해석

① 남 너는 Sarah에게 무엇을 사 줄 거니?
　 여 영화 티켓.

② 남 이 셔츠 어때?
　 여 그것은 너에게 잘 어울려.

③ 남 너는 네 숙제를 끝냈니?
　 여 나도 그렇게 생각해.

④ 남 도와드릴까요?
　 여 저는 주머니가 있는 청바지를 찾고 있어요.

⑤ 남 이 도넛들은 얼마예요?
　 여 열두 개에 12달러입니다.

해설 ③의 Did you finish your homework?는 숙제를 끝냈는지 물어보는 표현이다. 이에 대해 Yes, I did(응, 나 했어.)나 No, I didn't.(아니, 나 하지 않았어.) 등으로 대답하는 것이 적절하다.

어휘 jeans 청바지 doughnut 도넛 dozen 12개

18 관계·직업 – 직업 | ①

해석

남 실례합니다. 제가 지금 화장실에 가도 되나요?

여 죄송합니다, 손님. 저희는 잠시 후에 공항에 도착할 것입니다. 착륙 도중에 걸어 다니는 것은 위험합니다.

남 오, 알겠습니다.

여 자리에 머물러 주시고 안전벨트를 채워 주세요.

남 알겠습니다.

여 감사합니다.

해설 여자는 남자에게 비행기가 곧 공항에 도착하고, 착륙 도중에 걸어 다니는 것은 위험하다고 말하고 있으므로 여자는 비행기 승무원이라는 것을 알 수 있다.

어휘 restroom 화장실 a few 몇몇의 dangerous 위험한 landing 착륙 seat 자리, 좌석 fasten 조이다, 채우다

19 마지막 말에 적절하게 응답하기 – 이어질 남자의 응답 | ②

해석

여 Mike, 너는 새 놀이공원이 다음 주 토요일에 개장할 예정이라는 것을 아니?

남 와! 우리 함께 가자.

여 티켓은 개장일부터 일주일 동안 무료야. 그리고 우리는 무료 티켓을 온라인으로 구할 수 있어.

남 무료 티켓? 그거 좋다.

해설 여자가 남자에게 놀이공원 무료 티켓을 구할 수 있다고 말하는 상황이므로 무료 티켓에 대한 긍정적인 대답인 ②가 답으로 적절하다.

① 티켓은 얼마야?

③ 그것은 언제 개장해?

④ 온라인 쇼핑은 시간을 절약해줘.

⑤ 나는 놀이공원에 가고 싶지 않아.

어휘 amusement park 놀이공원 opening date 개장일

20 마지막 말에 적절하게 응답하기 – 이어질 남자의 응답 | ③

해석

남 네가 가장 좋아하는 음악의 종류는 무엇이니?

여 나는 록 음악을 좋아해. 너는 어때?

남 나는 모든 종류의 음악을 좋아해. 나는 세계 곳곳의 다른 종류들의 음악을 들어.

여 너는 요즘 무엇을 듣니?

남 나는 J-pop을 듣고 있어.

해설 여자가 남자에게 요즘 무슨 음악을 듣고 있는지 물어보는 상황이므로 J-pop을 듣는다는 대답인 ③이 답으로 적절하다.

① 나는 예술을 매우 좋아해.

② 그 음악은 매우 좋아.

④ 나는 음악 듣는 것을 좋아하지 않아.

⑤ 너는 언제 그 콘서트에 갈 예정이니?

어휘 all over the world 세계 도처에 J-pop 일본 팝 음악

○5회 실전 모의고사　　p.134-135

01 ②	02 ①	03 ③	04 ④	05 ②	06 ②
07 ①	08 ⑤	09 ④	10 ③	11 ②	12 ①
13 ①	14 ②	15 ④	16 ①	17 ③	18 ⑤
19 ①	20 ⑤				

○5회 Dictation Test　　p.136-141

01 ❶cold place ❷most of my time ❸stay on land

02 ❶I'm interested in ❷That's fine with me ❸I'll bring two

03 ❶the wind is blowing ❷stop late ❸lots of sunshine

04 ❶look worried ❷the lens broke ❸should tell him

05 ❶live in ❷with dolls ❸My favorite subjects

06 ❶this evening ❷starts at ❸no problem

07 ❶play the guitar ❷teach science to students ❸to be an announcer

08 ❶What did you think ❷went by ❸What was so bad

09 ❶throw a surprise party ❷bring some drinks ❸need to

10 ❶for a second ❷didn't even look at ❸Just ask her

11 ❶the subway or bus ❷get there ❸right over there

12 ❶couldn't sleep ❷a lot of noise ❸have a party

13 ❶have seen ❷that's so sweet ❸you liked it

14 ❶Is there ❷Go straight two blocks ❸You can't miss it

15 ❶do me a favor ❷have to visit ❸Don't forget to

16 ❶there's nothing to eat ❷want to stay home

17 ❶was born on ❷after dinner ❸I would like that

18 ❶the last lesson ❷how to swim ❸I'm so excited

19 ❶have you been ❷took part in

20 ❶what's wrong ❷Where were you ❸left it

1 **그림 정보 – 'I'가 가리키는 것 | ②**

해석

여 나는 새이지만, 날 수 없습니다. 나는 추운 곳에 삽니다. 나는 짧은 날개가 있고 수영할 때 그것을 사용합니다. 나는 수영을 아주 잘하고 대부분 내 시간을 바다에서 먹이를 찾으면서 보냅니다. 하지만 내가 알이나 새끼를 낳을 때는, 보통 땅에서 머무릅니다.

해설 추운 곳에서 살며 날 수는 없지만, 수영을 잘하며 짧은 날개가 있는 새는 펭귄이다.

어휘 wing 날개 spend time -ing ~하면서 시간을 보내다 land 육지, 땅

2 **그림 정보 – 운동 | ①**

해석

남 너는 좋아하는 스포츠가 있니? 나는 농구와 야구하는 것을 즐겨.

여 나는 테니스 치는 것을 좋아해.

남 정말? 너는 내게 테니스 치는 법을 가르쳐 줄 수 있니? 나는 스포츠 배우는 것에 관심이 있어.

여 물론이지. 내일은 어때?

남 난 괜찮아. 하지만 나는 라켓이 없어.

여 내가 두 개를 가져올게.

해설 남자가 여자에게 테니스 치는 법을 알려 달라고 부탁하였고, 여자가 남자에게 내일 테니스를 알려 주기로 했다.

어휘 be interested in ~에 관심이 있다 That's fine with me. 나는 괜찮아. (동의, 긍정) racket (테니스 · 탁구) 라켓

3 **그림 정보 – 날씨 | ③**

해석

여 MBS 아침 날씨 정보입니다. 지금은 비가 내리고 있고, 심한 뇌우로 인해 바람이 세게 불고 있습니다. 실내에 머무는 것이 좋습니다. 하지만, 비는 저녁 늦게 멈출 예정이고, 오늘 밤에는 구름이 낄 것입니다. 내일 아침에는, 많은 햇빛을 즐길 수 있게 될 것입니다. 현재로는 그것이 전부입니다.

해설 일기예보에서 내일 아침에 많은 햇빛을 즐길 수 있다고 했다.

어휘 blow hard (바람이) 세차게 불다 thunderstorm 뇌우 (천둥 · 번개를 동반한 비) indoors 실내에서 be able to ~할 수 있다 sunshine 햇빛 for now 현재로는, 지금은

4 **의도 · 목적 – 의도 | ④**

해석

여 Rick, 무슨 일이야? 너 걱정 있어 보여.

남 내가 James의 카메라를 떨어뜨려서 렌즈가 깨졌어.

여 오, 저런.

남 그가 내게 화를 낼 거야. 나는 어떻게 해야 해?

여 나는 네가 그에게 무슨 일이 있었는지 말하고 사과해야 한다고 생각해.

해설 남자가 James의 카메라 렌즈를 깨서 당황스러워 하자 여자가 남자에게 James에게 사과해야 한다고 충고하고 있다.

어휘 drop 떨어뜨리다 say sorry 사과하다

5 **세부 정보 Ⅱ – 언급하지 않은 것 | ②**

해석

남 안녕하세요. 저는 이수현입니다. 저는 한국의 서울에서 삽니다. 제 가족은 네 명입니다. 저희 아버지는 비행기 조종사이고, 저희 어머니는 요리사입니다. 저는 여동생이 한 명 있습니다. 그녀는 10살이고 인형을 가지고 노는 것을 좋아합니다. 저는 음악 듣는 것을 좋아합니다. 제가 가장 좋아하는 과목은 영어와 체육입니다.

해설 남자가 사는 곳은 서울이고, 남자의 아버지는 비행기 조종사, 어머니는 요리사이다. 남자의 가족 관계는 부모님과 여동생이며, 좋아하는 과목은 영어와 체육이다. 남자는 자신의 장래 희망은 언급하지 않았다.

어휘 pilot 비행기 조종사 cook 요리사 doll 인형 subject 과목

6 **숫자 정보 – 시각 | ②**

해석

남 너는 우리가 오늘 저녁에 그 쇼를 보기로 한 것을 기억하지, 맞니?

여 물론이지. 우리 몇 시에 만날까?

남 그 쇼는 7시에 시작해. 우리 서울아트센터 앞에서 6시 50분에 만나자.

여 너무 늦어. 쇼가 시작하기 30분 전은 어때?

남 좋아, 문제없어.

여 그때 보자.

해설 남자와 여자는 쇼가 시작하기 30분 전에 만나기로 했다. 쇼는 7시에 시작하므로 두 사람이 만날 시각은 6시 30분이다.

어휘 watch the show 쇼를 보다 in front of ~앞에

7 **관계 · 직업 – 장래 희망 | ①**

해석

여 Jim, 너는 어떤 동아리에 있니?

남 나는 학교 밴드에서 기타를 쳐.

여 와! 너는 장래에 기타 연주자가 되고 싶니?

남 글쎄, 나는 기타 연주하는 것을 좋아해. 하지만 나는 정말로 학생들에게 과학을 가르치고 싶어. 너는 어때?

여 나는 아나운서가 되고 싶어.

해설 남자는 기타 연주하는 것을 좋아하지만, 장래 희망은 과학 교사이다. 여자의 장래 희망인 아나운서와 헷갈리지 않도록 주의한다.

어휘 club 동아리 guitarist 기타 연주자 announcer 아나운서

8 심정 · 이유 – 심정 | ⑤

해석

여 너는 그 영화에 대해서 어떻게 생각했니?

남 나는 그것이 좋았다고 생각했어. 모든 배우들이 연기를 잘했고, 나는 줄거리가 맘에 들었어. 두 시간이 아주 빠르게 지나갔어.

여 너 진심이야? 그 영화는 끔찍했어.

남 왜? 그것에 대해 뭐가 그렇게 나빴니?

여 줄거리는 너무 단순하고 지루했어. 그것은 그냥 구식의 사랑 이야기였어!

해설 여자가 영화를 보고 영화의 줄거리가 단순하고, 지루하다고 말하고 있으므로 여자는 실망스러웠을 것이다.

어휘 perform 연기(공연)하다 storyline 줄거리 go by 지나가다(흐르다) Are you serious? 너 진심이야? boring 지루한 old-fashioned 구식의

9 세부 정보 I – 할 일 | ④

해석

여 너 그거 아니? 민희의 생일이 다음 주 금요일이야.

남 정말? 그러면 그녀를 위해 깜짝 파티를 열자.

여 좋아. 내가 약간의 음식을 준비할게.

남 그러면 나는 약간의 음료를 가져올게. 오, 우리는 먼저 우리의 친구들을 초대해야 해.

여 맞아. 그들에게 이 카드를 보내자.

남 그래. 아! 우리는 우리가 누구를 초대할지를 정해야 해. 우리 친구들의 명단을 작성해 보자.

해설 남자와 여자는 친구의 생일 파티에 초대할 친구 명단을 작성해 보자고 했으므로 먼저 할 일은 친구 명단 작성하기이다.

어휘 throw a surprise party 깜짝 파티를 열다 prepare 준비하다 drinks 음료 invite 초대하다 decide 결정하다 make a list of ~의 목록을 작성하다

10 주제 추론 – 무엇에 관한 내용 | ③

해석

여 조 선생님, 잠시 저와 이야기할 수 있으세요?

남 물론이지, Jenny. 무슨 일이니?

여 Katie가 오늘 저에게 말을 하지 않고 심지어 저를 쳐다보지도 않았어요.

남 왜 그녀가 너에게 화가 났니?

여 전혀 모르겠어요. 어제, 저희는 학교 연극을 위해 함께 서로의 배역을 연습했어요.

남 아마 그때 무슨 일이 일어났나 보다. 그냥 그녀에게 왜 화가 났는지 물어보렴.

해설 여자는 남자에게 자신의 친구 Katie와의 관계에 대해 고민 상담을 하고 있으므로, 이 대화의 주제는 교우 관계이다.

어휘 even 심지어 I have no idea. 전혀 모르겠다. practice 연습하다 part 배역, 역할; 부분 play 연극

11 세부 정보 II – 교통수단 | ②

해석

여 실례합니다. 제게 서울역으로 가는 길을 알려 주실 수 있으세요?

남 당신은 지하철이나 버스를 타야 합니다.

여 지하철역은 여기에서 가깝나요?

남 조금 멀어요.

여 알겠습니다. 그곳에 가는데 버스로 얼마나 걸리나요?

남 40분 정도요. 바로 저기에 버스 정류장이 있어요.

여 감사합니다, 선생님.

해설 여자는 서울역을 가기 위해 지하철이나 버스를 타야 하지만, 지하철역이 조금 멀어서 남자는 여자에게 버스 타는 것을 제안했다.

어휘 a bit 다소, 약간 far (거리가) 먼

12 심정 · 이유 – 이유 | ①

해석

여 무슨 일이야? 너 피곤해 보여.

남 어젯밤에 잠을 잘 수가 없었어.

여 왜? 너 나쁜 꿈을 꿨어?

남 아니, 옆집에서 큰 소음이 있었어.

여 옆집 사람들이 파티 같은 거라도 했어?

남 아니, 안 했어. 그들의 새 개가 밤새도록 짖었어.

해설 남자의 마지막 말에서 남자의 옆집 개가 밤새도록 짖어서 잠을 자지 못한 것을 알 수 있다.

어휘 noise 소음 next door 옆집에; 옆방에 neighbor 이웃 bark (개 등이) 짖다

13 관계 · 직업 – 관계 | ①

해석

여 저는 당신의 열혈 팬이에요. 저는 당신의 모든 영화와 TV 쇼들을 보았어요.

남 오, 정말 친절하시네요! 당신이 가장 좋아하는 것이 무엇이죠?

여 저는 특히 영화 「피아니스트」를 좋아해요. 당신의 연기는 환상적이었고, 줄거리는 매우 감동적이었어요.

남 당신이 그것을 좋아했다니 기쁘군요. 대단히 감사합니다.

여 사인해 주실 수 있으세요?

남 물론이죠! 성함이 어떻게 되세요?

해설 여자는 남자의 연기가 환상적이라고 말하며 남자가 출연한 영화와 TV 쇼들을 모두 보았다고 했으므로 남자는 영화배우, 여자는 영화배우의 팬이라는 것을 알 수 있다.

어휘 sweet (기분) 좋은, 다정한 especially 특히 touching 감동적인 autograph (유명인의) 사인

14 장소 추론 – 길 안내 | ②

해석

여 실례합니다. 여기 근처에 꽃집이 있나요?

남 네.

여 그곳에 어떻게 갈 수 있나요?

남 두 블록을 직진하셔서 좌회전하시면, 도서관을 보실 거예요.

여 그렇군요. 도서관 옆에 있나요?

남 아니오. 그것은 도서관의 맞은편에 있어요. 당신은 그것을 쉽게 찾으실 거예요.

여 정말 감사해요.

해설 현재 있는 장소에서 두 블록을 직진하고, 좌회전을 한 후 도서관 맞은편에 있는 곳의 위치는 ②이다.

어휘 opposite ~의 맞은편에(전치사)

15 세부 정보 I – 부탁한 일 | ④

해석

여 Tom, 내 부탁 좀 들어줄래?

남 물론이지. 뭔데?

여 이번 주말에 내 개 Max를 돌봐 줄 수 있니?

남 문제없어, 그런데 이유를 물어봐도 될까?

여 나는 이틀 정도 할머니를 방문해야 해. 그녀는 병으로 누워 계시거든.

남 그럼 좋아. 그의 음식과 장난감을 가져오는 것을 잊지 마.

해설 여자는 할머니 병문안을 가기 위해 여자의 개 Max를 남자에게 돌봐 달라고 부탁했다.

어휘 do ~ a favor ~의 부탁을 들어주다 take care of ~을 돌보다 a couple of 두서너 개의; 둘의 sick in bed 아파서 누워 있다

16 세부 정보 II – 제안한 것 | ①

해석

여 아빠, 저 배고파요.

남 잠시 기다리렴. [잠시 후] 오, 냉장고에 먹을 것이 아

무것도 없네.

여 뭐라고요? 그리고 엄마는 집에 늦게 오신다구요.

남 중국집에서 외식하는 것이 어떠니?

여 음, 오늘 학교에서 힘든 날이었어요. 저는 그냥 집에 있고 싶어요.

남 그러면 우리 피자를 주문해서 집에서 먹는 것이 어떨까?

여 좋아요.

해설 남자의 세 번째 말에서 남자가 여자에게 피자를 주문하는 것을 제안한 것을 알 수 있다.

어휘 refrigerator 냉장고 eat out 외식하다 order 주문하다

17 어색한 대화 고르기 | ③

해석

① **남** 네 생일은 언제니?

　 여 나는 3월 12일에 태어났어.

② **남** 불을 꺼.

　 여 알았어. 그렇게.

③ **남** 장화를 신는 것이 어떠니?

　 여 비가 많이 오기 때문이야.

④ **남** 너는 저녁 식사 후에 무엇을 하니?

　 여 나는 보통 TV를 보거나 컴퓨터 게임을 해.

⑤ **남** 우리 잠깐 걸을 수 있을까?

　 여 물론. 나도 그러고 싶어.

해설 ③의 Why don't you wear rain boots?는 장화를 신는 것을 제안할 때 사용하는 표현이다. 이에 대해 That's a good idea.(좋은 생각이야.) 등으로 대답하는 것이 적절하다.

어휘 It's raining hard. 비가 많이 오고 있다. take a walk 산책하다

18 관계 · 직업 – 직업 | ⑤

해석

남 이봐요, Jenny. 무슨 일 있었어요? 당신은 지난 수업을 빠졌네요.

여 저는 병원에서 건강 검진을 받았어요.

남 그렇군요. 당신은 지난번에 돌핀 킥을 배웠어요, 그렇죠? 오늘, 저는 당신에게 접영 하는 방법을 가르쳐 줄 거예요.

여 정말요? 저는 정말 신나요.

남 좋아요. 물에 들어가기 전에, 5분 동안 스트레칭하세요.

해설 남자가 여자에게 접영을 하는 방법을 가르쳐 주고, 여자가 지난번에는 돌핀 킥하는 법을 배웠다고 하는 것으로 보아 남자의 직업은 수영 강사이다.

어휘 miss 빠트리다 last 지난 medical checkup 건강 검진 dolphin kick (접영의) 발놀림 kick 차기, 킥 butterfly (수영의) 접영 stretch (팔이나 다리를) 뻗다, 스트레칭하다

19 마지막 말에 적절하게 응답하기 – 이어질 여자의 응답 | ①

[해석]

여 이봐, Pat. 정말 오랜만이다. 어떻게 지냈어?

남 좋아. 너는 어때?

여 아주 좋아. 나는 네가 피아노 대회에 참가했다고 들었어. 너 잘했니?

남 나 1등 했어.

여 잘됐다!(축하해!)

[해설] 남자가 피아노 대회에서 1등한 상황이므로 남자를 축하해 주는 대답인 ①이 답으로 적절하다.

② 네가 먼저 해.

③ 괜찮아.

④ 평소와 똑같아.

⑤ 이것은 내가 제일 좋아하는 노래야.

[어휘] It's been a while. 오랜만이다. take part in ~에 참가하다 do well 잘하다 win first place 1등을 하다

20 마지막 말에 적절하게 응답하기 – 이어질 여자의 응답 | ⑤

[해석]

여 이봐, 무슨 일이야? 너 뭔가를 찾고 있는 거니?

남 응, 내 지갑이 보이지 않아.

여 진정해. 너는 이곳에 오기 전에 어디에 있었어?

남 음…, 집…, 카페…, 지하철…, 오, 나는 그것을 지하철에 두고 왔어! 어떻게 해야 하지?

여 분실물 센터에 가 보는 것이 어때?

[해설] 남자가 지하철에서 지갑을 놓고 온 상황이므로 분실물 센터에 가는 것을 조언하는 대답인 ⑤가 답으로 적절하다.

① 택시를 타는 것은 어때?

② 고마워. 정말 좋은 지갑이다!

③ 네 자신을 잘 돌보렴.

④ 너는 지하철에서 조용히 해야 해.

[어휘] wallet (남성용) 지갑 Calm down. 진정해. lost and found 분실물 보관소

Memo

Memo

온라인강의 **무료체험권**이 들어 있습니다.

VISANG

발행일 2017년 10월 1일
펴낸날 2017년 10월 1일
펴낸곳 (주)비상교육
펴낸이 양태회
등록번호 제 14–1654호
출판사업총괄 최대찬
개발총괄 김희정
개발책임 이상태
디자인책임 김재훈
표지디자인 닷츠
영업책임 이지웅
마케팅책임 김동남
품질책임 석진안
대표전화 1544–0554
주소 서울특별시 구로구 디지털로33길 48
　　　대륭포스트타워 7차 20층

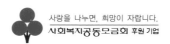